Formación y adiestramiento sensible al género del personal cívico-militar y el empoderamiento de la mujer

Reflexiones en torno a las Operaciones de Paz en el marco de la Política Exterior y de Seguridad Común de la Unión Europea

FORMACIÓN Y ADIESTRAMIENTO SENSIBLE AL GÉNERO DEL PERSONAL CÍVICO-MILITAR Y EL EMPODERAMIENTO DE LA MUJER

Reflexiones en torno a las Operaciones de Paz en el marco de la Política Exterior y de Seguridad Común de la Unión Europea

Susana De Tomás Morales

(Directora)

Cristina Amich Elías

(Coordinadora)

Gracia Abad Quintanal

Alberto Priego Moreno

Ana Pilar Velázquez Ortiz

GOBIERNO DE ESPAÑA
MINISTERIO DE ASUNTOS EXTERIORES Y DE COOPERACIÓN
DIRECCIÓN GENERAL DE POLÍTICA EXTERIOR Y ASUNTOS MULTILATERALES, GLOBALES Y DE SEGURIDAD
OFICINA DE DERECHOS HUMANOS

Dykinson, S.L.

Este libro se enmarca dentro del proyecto "Formación y adiestramiento sensible al género del personal cívico-militar y el empoderamiento de la mujer. Reflexiones en torno a las Operaciones de Paz en el marco de la Política Exterior y de Seguridad Común de la Unión Europea" subvencionado por la Oficina de Derechos Humanos del Ministerio de Asuntos Exteriores y Cooperación en virtud de la Resolución de 11 de octubre de 2012, de la Secretaria de Estado de Asuntos Exteriores (BOE núm. 258, 26 de octubre de 2012).

Foto de portada: Ministerio de Defensa de España

Editorial DYKINSON, S.L. Meléndez Valdés, 61 - 28015 Madrid
Teléfono (+34) 91 544 28 46 - (+34) 91 544 28 69
e-mail: info@dykinson.com
http://www.dykinson.es
http://www.dykinson.com
Consejo Editorial véase www.dykinson.com/quienessomos

ISBN: 978-84-9031-740-2
Depósito Legal: M-33327-2013

ÍNDICE

PARTE II:
¿CÓMO HA DE SER UN ADIESTRAMIENTO SENSIBLE AL GÉNERO PARA EMPODERAR A LA MUJER?

PRESENTACIÓN

La obra que se presenta ofrece los resultados del esfuerzo investigador realizado por los miembros del equipo que ha desarrollado el proyecto *"Formación y adiestramiento sensible al género del personal cívico-militar y el empoderamiento de la mujer. Reflexiones en torno a las Operaciones de Paz en el marco de la Política Exterior y de Seguridad Común de la Unión Europea"* subvencionado por la Oficina de Derechos Humanos del Ministerio de Asuntos Exteriores y Cooperación en virtud de la Resolución de 11 de octubre de 2012, de la Secretaria de Estado de Asuntos Exteriores (BOE núm. 258, 26 de octubre de 2012).

Los autores de la presente obra han formado parte del equipo investigador, bajo la Dirección de la Profª Dra. Susana De Tomás Morales.

Esta obra constituye una reflexión colectiva sobre la necesidad de ofrecer un enfoque integral del tema objeto de estudio, destacando de forma principal, pero no exclusiva, el adiestramiento especializado que se ofrece en el ámbito internacional. El grupo investigador, a través de los distintos capítulos de la presente obra, ha abordado, desde un enfoque politológico y jurídico, los distintos obstáculos que dificultan una correcta formación/adiestramiento sensible al género, en el contexto de las operaciones de paz. A través de la misma se ofrece un innovador enfoque integral en materia de formación y adiestramiento, tanto del personal civil como militar, incorporando y combinando las estrategias del *gender mainstreaming* y del empoderamiento. Por otra parte, se atiende al personal civil y militar que desarrolla sus funciones en una misma Zona de operaciones como formadores en Derechos Humanos y en Derecho Internacional Humanitario, sensible al género, de la propia población civil y fuerzas y cuerpos de seguridad de los Estados donde se encuentran desplegados.

Para la consecución de dichos fines, la obra se estructura en tres partes, íntimamente relacionadas entre sí, de tal forma que pueda presentarse un único texto consolidado de los resultados obtenidos por el grupo investigador. A continuación, se presenta la estructura de la misma, acompañando unas breves notas biográficas de los autores en cuya responsabilidad ha recaído la autoría de los sucesivos capítulos de la presente obra.

La primera parte de la obra nos ofrece un marco de partida sobre la complejidad de las Operaciones de Paz y la atención a las cuestiones de género, con el título *"Operaciones de Paz y Género"*, a través de dos capítulos, bajo la coautoría de la Profesora Dra. Gracia Abad Quintanal y el Profesor Dr. Alberto Priego Moreno.

La Dra. Gracia Abad es profesora de Ciencia Política y Relaciones Internacionales en la Universidad Antonio de Nebrija. Doctora en Relaciones Internacionales y Licenciada en Ciencias Políticas y de la Administración por la Universidad Complutense de Madrid. Ha sido investigadora visitante en Royal Holloway, Universidad de Londres, el European Policy Center de Bruselas y la Rajaratnam School of International Studies de Singapur. Entre sus líneas de investigación cabe destacar las organizaciones internacionales, los procesos de integración y el multilateralismo, la seguridad internacional, las relaciones internacionales de Asia Oriental y la política exterior y de seguridad china. Es autora y coautora de numerosas publicaciones sobre estos temas.

El Profesor Doctor Alberto Priego es Director del Departamento de Relaciones Internacionales de la Universidad Pontificia Comillas. Doctor en Ciencia Política por la Universidad Complutense de Madrid, Especialista en Seguridad en el Mediterráneo y Especialista en Prevención de Conflictos por la misma Universidad. El Dr. Alberto Priego ha sido investigador visitante en la East-West, en Bruselas; en CEAS-University of Reading, en Reino Unido; en IDSS-Nan-Yang Technological University, en Singapur.

Miembro del Observatorio sobre Asia Central del Real Instituto Elcano-CIDOB-Casa Asia. Autor y coautor de múltiples publicaciones en temas de su especialidad.

La Dra. Abad y el Dr. Priego, a través del capítulo primero de la obra, nos acercan al notable proceso de expansión y diversificación que han experimentado las Operaciones de Paz desde el Fin de la Guerra Fría, como consecuencia, entre otras causas, de los cambios acontecidos en el concepto de seguridad y en la naturaleza de los conflictos. Estos cambios también han dado lugar a una importante transformación de las propias Operaciones de Paz, tanto en relación con la filosofía en que se basan como en lo que respecta a su estructura y organización y a las actividades que desarrollan. Así, el capítulo primero delimita conceptualmente las Operaciones de Paz, estableciendo las diferencias con conceptos próximos, dando cuenta de las principales aproximaciones a dichas operaciones desde la Teoría de las Relaciones Internacionales y analizando la transformación que experimentan desde el fin de la Guerra Fría.

En el capítulo segundo, relativo a la teoría de género, ambos autores abordan las principales cuestiones relacionadas con esta materia. En un primer momento, como marco de referencia, se analizan los orígenes y el desarrollo del feminismo como teoría general de las Ciencias Sociales. A continuación, se especifican las particularidades de la teoría feminista aplicada a las Relaciones internacionales. En este apartado se abordan tres aproximaciones diferentes: empírica, analítica y normativa. En un tercer apartado del capítulo segundo, se abordan las cuestiones de seguridad desde una óptica de género con especial atención a las Operaciones de Mantenimiento de la Paz. Por último, el capítulo muestra cómo las organizaciones internacionales implicadas (OTAN; UE y ONU) abordan las cuestiones de género en el ámbito de las operaciones de paz.

La Segunda parte, bajo el título *¿Cómo ha de ser un adiestramiento sensible al género para empoderar a la mujer?*, se encuentra integrada por los capítulos tres, cuatro y cinco, en los que se ofrecen las respuestas oportunas al referido interrogante.

La redacción del capítulo tercero ha recaído bajo la responsabilidad de la Profesora Doctora Susana De Tomás Morales. Esta autora es la Directora del Departamento de Derecho Público y Coordinadora del Área de Derecho Internacional Público y Relaciones Internacionales de la Facultad de Derecho (ICADE) de la Universidad Pontificia Comillas. Doctora en Derecho y Especialista en Derechos Humanos por la Universidad Complutense de Madrid, posee una dilatada y fructífera experiencia docente e investigadora, demostrada a través de sus múltiples publicaciones, dirección de tesis doctorales y liderazgo en proyectos de investigación financiados en concurrencia competitiva. Concretamente en el campo del empoderamiento de la mujer cuenta con destacadas aportaciones, entre otras, las publicaciones "Las Operaciones de Mantenimiento de la Paz en el sistema de Naciones Unidas" (2009), "La mujer y las Operaciones de Mantenimiento de la Paz" (2010), "Mujeres y Conflictos armados: La labor del Consejo de Europa" (2010), "El empoderamiento de la mujer en situaciones de conflicto armado" (2011), "La resolución 1325 y el enjuiciamiento del crimen de violación de las mujeres y niñas en situaciones de conflicto armado" (2012). Ha sido galardonada con el Premio Defensa 2013 en la modalidad "Premio Francisco José de Querol y Lombardero", junto a la autora Ana Pilar Velázquez Ortiz.

En el capítulo tercero, la Dra. Susana De Tomás presenta las claves sobre cómo ha de ofrecerse una formación o adiestramiento integral, según corresponda, sensible al género del personal civil y militar que desarrolle sus funciones en una misma Zona de operaciones. Para ello, la autora tendrá como punto de partida las distintas propuestas ofrecidas desde el ámbito de las Naciones Unidas y de la Unión Europea sobre qué debería incluirse en dicho adiestramiento y cómo debería ofrecerse para cumplir su función formadora y, además, conseguir la necesaria sensibilización y receptividad del personal civil y militar receptor, de tal manera que puedan cumplir, a su vez, funciones de formadores en los terceros Estados sobre los que serán desplegados. Dentro de esta formación/adiestramiento, ocupan un lugar destacado dos materias que serán objeto de mayor profundización en los capítulos cuarto y quinto, a saber: adiestramiento en las normas convencionales y consuetudinarias de Derecho Internacional Humanitario especialmente dirigidas a la protección de la mujer; y un adiestramiento específico en materia de VIH/SIDA.

El capítulo cuarto ha sido redactado por la Capitán Auditor del Cuerpo Jurídico Militar Ana Pilar Velázquez Ortiz, quien se encuentra destinada en la Asesoría Jurídica de la Dirección General de la Guardia Civil. La Capitán Velázquez fue Asesora del Jefe del Batallón Multinacional de la Unión Europea en Sarajevo (Bosnia) para la Operación de Mantenimiento de la Paz ALTHEA, en 2007, aportando al grupo investigador su experiencia sobre el terreno. Igualmente relevante ha resultado su participación en las siguientes reuniones representando a la Asesoría Jurídica del Jefe del Estado Mayor de la Defensa, de 2007 a 2010: Cuartel General de la OTAN; Estado Mayor de la Unión Europea (Bruselas); Grupo de Expertos Legales de Eurocuerpo (Estrasburgo); Grupo de Expertos Legales de Eurofuerzas en Lisboa. Igualmente, ha desempeñado labores de asesoramiento al Mando Militar representante de España en reuniones internacionales tales como el Comité de Directores NAMSA (OTAN), en Luxemburgo; en la reunión preparatoria del Cuartel General Operacional de la Unión Europea, en París; o en las reuniones relativas al desarrollo del Programa HELIOS, en París, entre otras. Máster en Investigación en Ciencias Jurídicas por la Facultad de Derecho (ICADE) de la Universidad Pontificia Comillas, es coautora del trabajo galardonado con el Premio Defensa 2013 en la modalidad "Premio José Francisco Querol y Lomabradero", junto a la Dra. Susana De Tomás. En su haber cuenta con varias publicaciones y participaciones de Congresos y Jornadas.

El capítulo cuarto tiene como primer objetivo analizar el contenido de los Convenios de Ginebra y de sus Protocolos Adicionales, así como del Derecho Internacional Humanitario consuetudinario, en aquellos aspectos relativos a las condiciones que han de respetarse durante el desarrollo de los conflictos armados, tendentes a conseguir una efectiva protección de la mujer, bien porque ésta se encuentra en una situación de especial vulnerabilidad, como potencial víctima civil de dicho conflicto, bien en atención a su participación activa en el mismo. La necesidad de este nuevo estudio viene motivada por el hecho de que, como ha manifestado el Comité Internacional de Cruz Roja, estas previsiones se han revelado insuficientes. Por lo tanto, es momento de plantear si esta insuficiencia ha de residenciarse en una escasez de previsión normativa o, por el contrario, se debe al mero incumplimiento del DIH. En un momento posterior, el análisis de esta materia requiere su estudio a la luz de las Resoluciones aprobadas por las Naciones Unidas. Ello resulta determinante para presentar la situación actual en relación a la protección de la mujer en los conflictos armados. Se presentarán, así, los objetivos planteados en las Resoluciones de Naciones Unidas, tendentes a conseguir la protección y empoderamiento de la mujer. Dichos objetivos resultan inalcanzables sin el ofrecimiento de un adiestramiento en la materia, que permita un correcto cumplimiento de las normas de DIH, por parte de quienes tienen encomendado el planeamiento y posterior participación en las operaciones y las labores de reconstrucción post-conflicto.

El capítulo quinto ha sido redactado por la Teniente Auditor del Cuerpo Jurídico Militar Cristina Amich Elías, quien, en la actualidad, desempeña sus funciones en la Asesoría Jurídica del Estado Mayor de la Defensa. Aporta su experiencia en la materia tanto desde el ámbito castrense como académico. Especialmente, en relación con la materia atendida en la presente obra, cabe destacar que ha sido representante española en el *Committee on Gender Perspectives* de la OTAN, es vocal del Observatorio de Igualdad del Ministerio de Defensa, y ha aportado su experiencia sobre el terreno en la Misión "Apoyo a Malí" de las Fuerzas Armadas en Dakar (Senegal). La Teniente Amich es Doctora por la Universidad de Salamanca, Licenciada en Derecho por la Universidad de Salamanca y en Ciencias de la Información por la Universidad Pontificia de Salamanca. Parte de su actividad docente e investigadora ha estado dirigida a la temática de los derechos sexuales y reproductivos, así como a los derechos de la infancia y la perspectiva de género, contando en su haber con diversas publicaciones en la temática, entre otras, "Problemas ético-jurídicos en el reconocimiento de los derechos sexuales y reproductivos" (2006), "La regulación de la reproducción asistida en España" (2007), "Cultura homosexual, sujeto homosexual y derechos humanos" (2007). Es miembro del Centro de Estudios de la Mujer de la Universidad de Salamanca.

El capítulo quinto aborda la relevancia del conocimiento sobre VIH/SIDA y su vinculación con el género y la violencia sexual en el ámbito del adiestramiento de los operadores de paz. El objetivo es poner de manifiesto las complejidades de la enfermedad y su impacto e interconexiones en situaciones de conflicto y postconflicto con el empoderamiento de la mujer, lo que a su vez se vincula a la importancia de la inclusión de una capacitación en VIH/SIDA en el desarrollo de programas de adiestramiento integral sensible al género de los operadores de paz.

La tercera y última parte de la presente obra, bajo el título *"la necesidad de evaluación del sistema y el desarrollo de indicadores eficaces para la mejora del adiestramiento integral"* presenta, a modo de conclusión del trabajo investigador, una novedosa propuesta de indicadores y unas reflexiones finales.

De esta manera, bajo la responsabilidad de la Teniente Auditor Amich, el capítulo sexto aborda, en primera instancia, la evaluación que Naciones Unidas ha ido componiendo y aplicando en relación con el adiestramiento diseñado para los operadores de paz en el marco de sus diversas misiones, al tiempo que se revisan brevemente los indicadores para el monitoreo del adiestramiento en cuestiones vinculadas con el género en el ámbito de otras organizaciones como la OTAN o la UE. Partiendo de dicha situación en materia de evaluación del adiestramiento, se pone de manifiesto la necesidad de desarrollar sistemas de monitoreo de la existencia, diseño e impacto de un adiestramiento integral sensible al género a través de una serie de indicadores, los cuales se proponen en la parte final, divididos en cuatro niveles de aplicación, con el objetivo de ayudar a realizar reformas y propuestas en esta temática. Finaliza la obra con unas reflexiones finales a cargo de la Dra. Susana De Tomás Morales.

Para finalizar, quisiéramos mostrar nuestro agradecimiento a Dª María Cruz Lascorz Collada, miembro del equipo investigador, quien ha desarrollado una importante labor de recopilación y actualización de documentación, en la primera fase de desarrollo del proyecto de investigación.

Con el convencimiento de que la atención a las cuestiones referidas a la mujer en el adiestramiento ha de ofrecerse desde un enfoque integral, de tal forma que se llegue a tomar conciencia sobre la importancia de la aplicación práctica de su formación y sobre cómo incorporar esos conocimientos al ejercicio de sus funciones sobre el terreno, como se afirmará en el capítulo tercero de la presente obra, deseamos poder contribuir, al menos, a hacer visibles los obstáculos que impiden el ofrecer una formación y adiestramiento sensible al género e indicar medios para que esta formación especializada sensible al género permita el empoderamiento de la mujer.

SUSANA DE TOMÁS MORALES

PARTE I:

OPERACIONES DE PAZ Y GÉNERO

CAPÍTULO 1:
LAS OPERACIONES DE PAZ: CONCEPTO, OBJETIVOS Y TRANSFORMACIÓN

Alberto Priego Moreno y Gracia Abad Quintanal

1. INTRODUCCIÓN

Las Operaciones de Paz son probablemente uno de los fenómenos de la realidad internacional con los que el gran público está más familiarizado. Esta circunstancia se ve favorecida, además, por la expansión del número y tipos de este tipo de operaciones tras el fin de la Guerra Fría[1]; una expansión que se hace posible gracias a la desaparición del enfrentamiento entre bloques y, con él, de los bloqueos que hasta entonces habían paralizado constantemente el Consejo de Seguridad como consecuencia del recurso reiterado al derecho de veto por parte de las dos superpotencias de la Guerra Fría: los Estados Unidos y la Unión Soviética.

Sin embargo, el del incremento de su número no será el único cambio que experimenten las Operaciones de Paz en los años siguientes; por el contrario los cambios en los principios en los que se asientan tales operaciones, en sus objetivos, en su

[1] TILL, G., "The Evolution of Strategy and the New World Order", en SNYDER, C.A. (Ed.) *Contemporary Security and Strategy*, Londres, Palgrave Macmillan, 2008, p 115.

legitimación y en su organización serán cuando menos igual de importantes.

Por otra parte y, pese a ser un ámbito el de las Operaciones de Paz acerca del que hay cierto conocimiento general, o quizá precisamente por ello, es un terreno en el que las imprecisiones terminológicas –cuando no los errores de concepto– abundan.

Por ello, el presente capítulo tratará de revisar las aproximaciones teóricas más frecuentes en el estudio de las Operaciones de Paz, el marco conceptual de las mismas así como sus objetivos, y las transformaciones que se han operado en sus diferentes dimensiones desde los años 90.

2. APROXIMACIONES TEÓRICAS AL ESTUDIO DE LAS OPERACIONES DE PAZ

El de las Operaciones de Paz se caracteriza por ser un ámbito en relación con el cual las aproximaciones de carácter teórico no han sido demasiado numerosas. Sin embargo, la expansión de estas operaciones –a que hacíamos referencia más arriba– y los cambios en sus objetivos y contenido –de los que nos ocupamos más adelante en estas páginas– han contribuido probablemente a la aparición de algunos trabajos al respecto.

Entre las aproximaciones más frecuentes de los trabajos que se ocupan de esta cuestión, siguiendo a Alex Bellamy y Paul Williams, cabe mencionar la teoría liberal, la teoría de la sociedad mundial, el cosmopolitismo y la teoría crítica[2].

Desde la teoría liberal, la aproximación a esta cuestión es la ya clásica de la "teoría de la paz liberal" que se caracteriza por partir de la base de que las democracias no se enfrentan militarmente entre ellas y son, al propio tiempo, menos tendentes a caer en situaciones de guerra civil o anarquía[3].

---

[2] BELLAMY, A., Y WILLIAMS, P.D. *Understanding Peacekeeping*, Cambridge, Polity Press, 2010, p 23 y ss.

[3] Idem, p 23.

Así, esta teoría verá en las Operaciones de Paz un valioso instrumento la creación y expansión de lo que denominarán "zonas de paz", esto es de áreas donde la existencia de sistemas democráticos de carácter liberal reduce la probabilidad de conflictos. Se trataría por tanto de fomentar la expansión de los sistemas políticos de democracia representativa y los sistemas de economía de mercado.

Con todo, este planteamiento ha sido puesto en cuestión en numerosas ocasiones. Así, junto a quienes consideran que no está ni mucho menos comprobado que los sistemas democráticos sean menos tendentes al conflicto en general –aun cuando sí se reconozca en muchos casos que sí son menos propensos a recurrir a la fuerza en el contexto de las relaciones entre ellos–, están quienes señalan que un proceso de transición a la democracia y la economía de mercado demasiado rápido tras un conflicto puede tener efectos contraproducentes, ser fuente de inestabilidad y dificultar la consolidación de una paz duradera[4].

Más allá de ello y, si bien ésta es la aproximación desde la que en mayor medida se han analizado y aún auspiciado las Operaciones de Paz, no es menos cierto que han sido también numerosas y bien audibles las voces contra ella[5]. En este sentido, en particular desde los estados en vías de desarrollo y no democráticos, se ha insistido en numerosas ocasiones en que las Operaciones de Paz deben ser un instrumento que contribuya a la paz y a la solución pacífica de diferencias y no un medio para fomentar una ideología o un modelo determinados[6], mientras que las Operaciones de Paz entendidas a la luz de la teoría de la paz liberal o paz democrática en realidad lo que persiguen es fomentar el dominio de las potencias occidentales, aunque lo escondan detrás de los supuestos objetivos de extender la libertad y la igualdad[7].

---

[4] PARIS, R., *At War's End: Building Peace After Civil Conflict, Cambridge,* Cambridge University Press, 2004, recogido por Bellamy, Alex y Williams, Paul D. op. cit., p 25.

[5] BELLAMY, A., Y WILLIAMS, P.D,. op. cit., p 25.

[6] Ibidem.

[7] CATLING. H., "Is liberalism a force for peace in the world", *e-ir.info,* 5 de agosto de 2011, p 2.

De lo que no hay duda es que esta teoría parecería explicar el hecho de que los estados democráticos hayan sido los que en mayor medida hayan contribuido a las Operaciones de Paz y que hayan buscado fundamentalmente intervenir en estados no democráticos y permitir la emergencia de sistemas democráticos en ellos[8]. Sin embargo, esta realidad también podría servir como argumento para apoyar algunas de las críticas expuestas más arriba.

Por otra parte, desde la Teoría de la Sociedad Mundial, se insistirá en la existencia de una cultura global integrada por reglas tanto formales como informales que orientan la vida internacional[9]. Desde esa perspectiva, las Operaciones de Paz, como parte de esa vida internacional, se verían igualmente influidas por esa cultura global, que sería la que determinaría la forma en que se llevan a cabo, su contenido y finalidad, etc[10].

Junto a estos planteamientos, hay que constatar la existencia de una aproximación de carácter cosmopolita a las Operaciones de Paz crecientemente importante. En esta línea autores como Mary Kaldor insisten en la importancia de concebir las Operaciones de Paz como instrumentos que "obliguen al cumplimiento del derecho humanitario y el respeto de los derechos humanos", favoreciendo así a un tiempo la persecución de los crímenes de guerra y la protección de los civiles que resultan víctimas de los conflictos. Unos planteamientos que, por otra, parte, están claramente en línea con las ideas que ya introdujo en 2000 el informe Brahimi[11].

Por último, hay que mencionar también la existencia de trabajos que analizan las Operaciones de Mantenimiento de la Paz (OMP) desde la perspectiva de la teoría crítica. Estos trabajos insistirán en la importancia de prestar atención a los valores, ideologías, intereses e identidades que subyacen y/o se quieren fomen-

---

8 PAVÓN GUINEA, A., "Expanding UN Peackeeping Operations Since 1990", *e-ir.info*, 18 de enero de 2013, p 3.

9 PARIS; R., "Peacekeepting and the Constraints of Global Culture", European Journal of International Relations 9, 3, p 441-473, recogido por BELLAMY, A., Y WILLIAMS, P.D.,. op. cit., p 25.

10 BELLAMY, A., Y WILLIAMS, P.D.,. op. cit., p 25.

11 Idem, p 26 y ss.

tar mediante las Operaciones de Mantenimiento de la Paz (OMP) al tiempo que plantean que las actividades que den contenido a tales Operaciones deben ser aquellas que en mayor medida garanticen avances en la emancipación humana[12]. Dentro de las teorías críticas –entendidas éstas en sentido amplio– deben ser destacados los trabajos realizados por la teoría feminista. Este asunto se tratará de forma pormenorizada en el Capítulo 2 de este trabajo.

En otro orden de cosas, en línea con la aproximación militar tradicional, la mayor parte de los estudios, en su análisis, tienen en cuenta tres niveles: estratégico (diseño político de la misión), operativo (dirección de la misión) y táctico (dirección de cada uno de los elementos que componen la misión sobre el terreno)[13], centrándose en uno o varios de ellos en mayor medida.

Sin embargo, autores como Williams y Bellamy insisten en la conveniencia de introducir un enfoque más amplio que tuviera en cuenta no sólo tres, sino múltiples niveles. Al respecto, los citados autores consideran que sería recomendable prestar atención al menos a cinco niveles diferentes –local, nacional, regional, global y estructural o macro– a la hora de analizar apropiadamente las Operaciones de Paz, en cada uno de los cuales se analizarían diferentes cuestiones:

El nivel macro o estructural permite identificar aquellos factores estructurales como la cultura global o la discriminación de género que pueden influir en forma en que se concibe y desarrolla una operación de paz.

En el nivel global se analizarán los niveles y procesos de toma de decisiones a nivel global, en marcos como las propias Naciones Unidas y se valora en qué medida cuestiones como las correlaciones de fuerzas, las normas o la legitimidad de diferentes actores o que se adquiera siguiendo determinados procedimientos han jugado un papel.

En el nivel regional se analizan las concepciones que puedan existir en determinadas áreas del planeta en relación con las

---

[12] Idem, p 27 y ss.

[13] Idem, p 20.

Operaciones de Paz y con cuáles deban ser sus funciones y actividades. Las diferencias entre unas zonas y otras pueden ser muy importantes.

El nivel nacional es en el que, en la actualidad, tienen lugar un mayor número de operaciones, puesto que los conflictos son en numerosos casos y, como señalábamos más arriba, de carácter interno.

Por último y, en la medida en que las operaciones busquen lograr una situación de paz duradera, debemos prestar atención al nivel local. En este nivel tendremos que observar en qué medida determinados grupos pueden no haber sido tenidos en cuenta suficientemente en la operación, las necesidades específicas de ciertos grupos de población que puedan estar o sentirse más inseguros, cuestiones de género... En este mismo sentido, en este nivel se prestará atención a la imagen que la población tiene de las fuerzas de paz, cuestión no siempre suficientemente valorada, pero muchas veces clave para el éxito de las misiones. Asimismo, será el momento de analizar en qué medida se ha implicado a los actores locales en las actividades, cuestión muy relevante tanto para una buena aceptación de la fuerza de paz por parte de la población local como, en parte como consecuencia, para el éxito de la misión[14].

3. OPERACIONES DE PAZ: CONCEPTO Y TIPOS

Las cuestiones de definición en relación con el tema que nos ocupa son importantes no sólo porque no es infrecuente ver que se entienden las Operaciones de Paz como sinónimo de intervención, cuando ni toda Operación de Paz presupone una intervención ni, lo que es aún más claro, toda intervención constituye una Operación de Paz, sino porque tampoco existe entre expertos y líderes políticos un consenso claro acerca de lo que son las Operaciones de Paz y qué tipos diferentes cabe diferenciar.

Una dificultad a la que sin duda contribuye no sólo que el término *Operaciones de Paz* no aparezca en la Carta de Naciones

---

[14] Idem, pp 21.

Unidas, del mismo modo que tampoco encontramos el de *Peacekeeping*[15] sino que las propias Naciones Unidas tampoco hayan delimitado con precisión el significado de estos términos hasta el momento.

En cualquier caso, como señala Michael J. Arnold, por intervención podemos entender cualquier:

> *"action by one state or group of states against another state or group of states designed to halt or change a course of action deemed undesirable by the intervening state or group of states"*[16].

Las intervenciones podrán, por otra parte y, como señala el propio Michael J. Arnold implicar o no el uso de la fuerza armada lo que determinará que sean o no militares. En el segundo caso las podremos considerar políticas, diplomáticas, económicas[17], etc según el caso concreto.

Ahora bien, las intervenciones, así entendidas pueden ir orientadas a la paz y/o tener una finalidad benigna para el estado en el que se interviene o su población, contando incluso en algunos casos con el consentimiento de tal estado o, en el otro extremo, constituir una agresión armada de un estado o grupo de estados por otro o, cuando menos, estar motivadas únicamente por el interés egoísta de los protagonistas de la intervención. En consecuencia, serán los objetivos de la intervención los que determinen si puede ser considerada una misión de paz –o intervención para la paz siguiendo a A.J. Bellamy y P.D Williams[18]– o no[19].

Más en concreto, siguiendo a los citados autores, definiremos operación de paz como aquella que implique:

> *"el empleo de personal uniformado, con o sin autorización de las Naciones Unidas, con un mandato para: prestar asistencia en la prevención de un con-*

---

15 Idem, p 14.

16 ARNOLD, M., "Intervention" en SNYDER,C.A. (Ed.) *op. cit.* p 192.

17 Ibidem.

18 BELLAMY, A., Y WILLIAMS, P.D., "Who's Keeping the Peace? Regionalization and Contemporary Peace Operations", *International Security*, 29, 4:157-95.

19 ARNOLD, M.,, op. cit. pp 193.

flicto armado apoyando un proceso de paz; vigilar o colaborar en la aplicación de un alto el fuego o un acuerdo de paz; o obligar al cumplimiento de un alto el fuego, un acuerdo de paz o la voluntad del Consejo de Seguridad de Naciones Unidas en relación con la creación de una situación de paz estable"[20].

De forma similar William Durch define las Operaciones de Paz como

"*esfuerzos civil-militares, multilaterales y autorizados orientados a fomentar y proteger las transiciones de la guerra a la paz*"[21].

Por otra parte, en función del caso concreto, de la fase del conflicto en que nos encontremos y de las tareas a desarrollar podremos diferenciar diferentes tipos de Operaciones de Paz: misiones de mantenimiento de la paz (*peacekeeping*), misiones de establecimiento de la paz (*peacemaking*), misiones humanitarias y misiones de estabilización post-conflicto o construcción de la paz (*peacebuilding*)[22]. Con todo, como señalan Bellamy y Williams, parece conveniente constatar la tendencia a incluir numerosas operaciones bajo la "etiqueta" de *peacekeeping*, entendiendo que ello contribuye a darles mayor legitimidad[23].

En una línea similar las Naciones Unidas han considerado reiteradamente que entre las Operaciones de Paz cabe incluir cinco tipos principales de actividades: Prevención de Conflictos, Establecimiento de la Paz, Mantenimiento de la Paz, Imposición de la Paz y Construcción de la Paz; una enumeración que debe mucho a los planteamientos al respecto del documento "Una Agenda para la Paz" elaborado por el Exsecretario General de las Naciones Unidas Boutros Ghali en 1992[24].

Mención aparte merece el mantenimiento de la paz que, como decíamos no queda recogido ni definido en la carta. En realidad

---

[20] BELLAMY, A., Y WILLIAMS, P.D., *Understanding...*, op. cit., p 18.

[21] DURCH, W., (Ed.) *Twenty First Century Peace Operations,* Washington, United States Institute of Peace, 2006... recogido por Bellamy, Alex y Williams, Paul D. *Understanding...*, op. cit. p 17.

[22] ARNOLD, M.,, op. cit. pp 193.

[23] BELLAMY, A., Y WILLIAMS, P.D,. *Understanding...*, op. cit., p 14.

[24] Idem, p 15.

surge en buena medida como consecuencia de las dificultadas que las Naciones Unidas encuentran durante la Guerra Fría para hacer valer su función como organización de seguridad colectiva y cumplir lo establecido por la Carta en el Artículo 1 cuando señala que su principal función es "mantener la paz y seguridad internacionales" ya que el veto de los miembros permanentes llevaba frecuentemente al bloqueo al Consejo de seguridad y reducía considerablemente la utilidad del Capítulo VII de la Carta. A partir el Mantenimiento de la Paz se ha ido desarrollando de la mano de las respuestas que se iban dando a problemas concretos[25], convirtiéndose en un ámbito en permanente evolución y mucho más expuesto de lo que sería deseable a la posibilidad de fracaso, como consecuencia en muchos casos de la insuficiente preparación de las operaciones o la falta de apoyo a las mismas[26].

Por lo demás y, separándose de la línea que como vemos han mantenido las Naciones Unidas, no faltarán quienes empleen el concepto Mantenimiento de la Paz en sentido amplio, considerando como Operación de Mantenimiento de la Paz toda Operación de Paz y no solamente aquellas que específicamente pueden ser consideradas como *peacekeeping*.

4. LOS OBJETIVOS DE LAS OPERACIONES DE MANTENIMIENTO DE LA PAZ

El de los objetivos es sin duda uno de los ámbitos donde más evidente puede ser la evolución de las Operaciones de Paz. Con todo, ese cambio, no responde al capricho o a los juegos de intereses sino a la evolución de dos cuestiones estrechamente relacionadas con estas operaciones: los conflictos y la concepción de la seguridad.

En cuanto a los conflictos, es notoria la transformación experimentada tras la Guerra Fría. El aspecto más claro ha sido sin duda

---

[25] PAVÓN GUINEA, A., op. cit., p.1.

[26] RITLI, E., "United Nations Peackeeping and the Question of Reform", *e-ir. info*, 18 de Julio de 2011, p 2.

la reducción de los conflictos interestatales y el paralelo incremento de los intraestatales observable desde los años noventa. Una situación que es consecuencia, al menos en parte, de la reducción relativa de la importancia de los estados en el contexto de la globalización y del incremento de la importancia de otros actores, muchos de ellos de carácter transnacional o con vínculos transnacionales[27], pero que se refleja en otros muchos elementos como la revolución en las tecnologías de la información, la proliferación de las armas de destrucción masiva, la aplicación con fines militares de tecnología que no es estrictamente militar, la existencia de conflictos con muy limitada tecnología, el recurso a nuevas y/o diferentes técnicas de combate, la disponibilidad de nuevas fuentes de financiación y los vínculos con el crimen transnacional y el terrorismo.

Se trata, por otra parte, en muchos casos, de lo que podríamos denominar como conflictos de baja intensidad, a los que subyacen motivaciones que en muchos casos son más económicas que políticas, que en algunos casos causan menos víctimas mortales que la guerra convencional, que tienen sus principales escenarios en África y Asia y que en no pocos casos dan lugar a *estados fallidos* o se producen en ellos[28].

En lo que hace a la seguridad hay que tener presente la notable ampliación experimentada por el concepto, que ha pasado de estar restringido a la seguridad estrictamente militar a incluir numerosas dimensiones entre las que cabe mencionar la seguridad social, económica, medioambiental y también personal y la creciente importancia del individuo como objeto referente de la seguridad, en detrimento del estado.

Así, no es extraño que los cambios en el panorama internacional en términos de conflictos y seguridad se tradujeran en nuevas expectativas en relación con la conducta y los estándares de comportamiento a nivel internacional, también en términos de Operaciones de Paz[29]. Dicho de otro modo, mientras que en un primer

---

[27] BELLAMY, A., Y WILLIAMS, P.D., *Understanding…*, op. cit., p 13.

[28] WIHARTA, S., MELVIN, N., AND AVEZOV, X., *The New Geopolitics of Peace Operations: Mapping the Emerging Landscape*, SIPRI, Estocolmo, Septiembre 2012, p 3.

[29] NEWMAN, E., *A Crisis of Global Institutions?* Routledge, Abingdom, 2007, p 61.

momento las Operaciones de Paz habrían ido orientadas a permitir el restablecimiento de las relaciones pacíficas entre los estados, cuando ya había un alto el fuego, generando un contexto en el que pudieran negociar una solución pacífica a sus diferencias, tras la Guerra Fría irán orientándose crecientemente al restablecimiento de un entorno pacífico dentro de un estado, prestando asistencia humanitaria a las poblaciones y tratando de protegerlos de posibles violaciones masivas de los derechos humanos cuando en muchos casos el conflicto está aún en marcha[30]. Se podría decir que se habría pasado, en palabras de Andersson de la *realpolitik* a la *idealpolitik*[31].

En otras palabras, cabría decir que el objetivo de las operaciones será crecientemente contribuir a proteger la seguridad humana de las poblaciones afectadas por los conflictos y a asegurar el buen gobierno en los estados donde tienen lugar, dando paso a lo que se ha denominado *Responsabilidad de Proteger*, concepto surgido en 2001 del informe del mismo nombre elaborado por la Comisión Internacional sobre Intervención y Soberanía Estatal (ICISS en sus siglas en inglés)[32] y respaldado por todos los estados miembros de las Naciones Unidas en la Cumbre Mundial de 2005.

Algo que, en cierto modo ya apunta el Preámbulo de la Carta de Naciones Unidas cuando reafirma la "fe en los derechos humanos y en la dignidad y valor de la persona humana" y que la nueva concepción de las Operaciones de Paz sólo vendría a proteger[33].

Con todo, el cambio no es menor y, de hecho dará lugar a numerosos trabajos académicos que tratarán de establecer las diferencias entre el mantenimiento de la paz tradicional, propio de una concepción estrictamente *westfaliana* de la soberanía, marcada por un estricto respeto del principio de no injerencia en los asuntos internos[34] y un nuevo tipo de mantenimiento de la paz,

---

30 GLOVER, N., "A Critique of the theory and practice of R2P", *e-ir.info*, 27 de septiembre de 2011.

31 ANDERSSON, A., "Democracies and UN Peacekeeping Operations" en *International Peacekeeping*, 7, 2, 1-22, 2000, p 18.

32 NEWMAN, E., *A Crisis of Global Institutions?* Routledge, Abingdom, 2007, p 61.

33 WIHARTA, S.; MELVIN, N., AND AVEZOV, X., op. cit., p 36.

34 Idem, p 29.

post-westfaliano, acorde con un contexto en el que las fronteras entre lo interno y lo internacional se han difuminado como consecuencia de la globalización[35] y donde cabe constatar una cierta pérdida de poder del estado.

Las diferencias entre ambos planteamientos de las Operaciones de Paz son múltiples, empezando por el debilitamiento del consentimiento como requisito del mantenimiento de la paz que se produce en el caso de las nuevas operaciones[36].

En realidad éste es el origen de todo un debate de gran calado al que asistimos a lo largo de los últimos años acerca no sólo de la nueva naturaleza del mantenimiento de la paz, sino de la interpretación del propio concepto de soberanía. En efecto, mientras que son muchos los que consideran que, en el nuevo periodo que se abre tras el fin de la Guerra Fría la soberanía se ve desafiada constantemente[37], no son menos los que, muchas veces sin negarlo, plantean que en el contexto de la globalización no cabe mantener la concepción de la soberanía de 1648, entre otras cosas porque los efectos de lo que ocurre en un estado no quedan limitados al mismo.

Por otra parte, como apuntó el que fuera Secretario General de la ONU, Kofi Annan, hay que entender la soberanía como "soberanía del pueblo, no soberanía de los gobernantes"[38]. Algo que supondría, en línea con lo que plantean autores como Edward Newman desligar la soberanía del territorio y ligarla mucho más a la población[39], es decir, la soberanía no es tanto sobre un territorio a proteger como sobre una población que hay que proteger y hacia la que se tienen contraídas obligaciones.

Así, en este nuevo periodo se abre paso una nueva concepción de la soberanía entendida como responsabilidad[40] en virtud de la

---

35 Idem, p 33.

36 Idem, p 14.

37 ARNOLD, M., *op. cit.*, p 203.

38 CUNCLIFFE, P. "Sovereignty and The Politics of Responsibility", en CUNCLIFFE, P., BIKERTON, C., AND GOUREVITCH, A. (Eds.) *Politics without Sovereingty: A critique of Contemporary International Relations*, Nueva York, University College London Press, 2007, p 51.

39 NEWMAN, E., *A Crisis of Global Institutions?* Routledge, Abingdom, 2007, p 62.

40 BELLAMY, A., Y WILLIAMS, P.D., *Understanding…*, op. cit., p 13.

cual los estados son soberanos en la medida en que puedan y quieran garantizar los derechos fundamentales de sus ciudadanos. De esa consideración se derivan dos circunstancias principales:

- En aquellos casos en que los estados no puedan garantizar los derechos fundamentales de sus ciudadanos deben pedir la ayuda de la sociedad internacional que, muchas veces por medio de las Operaciones de Paz, acudirá en su auxilio
- En aquellos casos en que los estados no quieran garantizar los derechos fundamentales de sus ciudadanos, correspondería a la sociedad internacional la obligación de intervenir, muchas veces mediante una operación de paz.

Si bien para algunos autores y líderes políticos esta nueva concepción supone debilitar el concepto de soberanía, para otros es razonable entender esta última como un atributo condicionado, efectivo solamente en la medida en que un estado puede proteger convenientemente a sus ciudadanos[41].

En concreto, entre los más críticos con estos planteamientos, y pese a su cada vez más importante participación en Operaciones de Paz estarán muchos de los considerados “emergentes”, unos estados, por lo general, muy apegados a una concepción claramente tradicional de la soberanía[42]. En realidad, estos estados ven en las Operaciones de Paz así desarrolladas la puesta en práctica de la teoría de la paz liberal y el intento por parte de los estados occidentales de imponer un determinado modelo.

Así, un estado como Brasil, no ha dudado en insistir en la necesidad de agotar todos los medios pacíficos antes de plantearse el uso de la fuerza, apostando no tanto por la “Responsabilidad de Proteger” sino por lo que ha considerado “Responsabilidad mientras se protege”. Desde esta perspectiva, en cierto modo de término medio, se insiste en la importancia del respeto de derecho internacional y el derecho internacional humanitario, también en el marco de las intervenciones y en la importancia de medidas que permitan garantizar la rendición de cuentas. En otras palabras la

---

41 Ibidem.

42 WIHARTA, S., MELVIN, N., AND AVEZOV, X., op. cit., p 10.

Responsabilidad de Proteger sería aceptable sólo si es verdaderamente legítima, no se ha empleado la fuerza si no era absolutamente inevitable, están claras las condiciones que pueden dar lugar a una intervención y se es consciente de que sólo las Naciones Unidas tienen capacidad para autorizar intervenciones[43].

Frente a ellos, otras voces, como la del que fuera Secretario General de las Naciones Unidas, Kofi Annan, se preguntan cómo entonces se debe responder a violaciones graves y sistemáticas de los derechos humanos como las que se produjeron en los casos de Rwanda o Srebrenica[44].

En cualquier caso, los nuevos planteamientos no carecen de sentido si, siguiendo a Hobbes y, sobre todo a Locke, recordamos que en la razón de ser del estado está la protección de la vida, la propiedad y la libertad de los ciudadanos.

Por otra parte, los planteamientos acerca de la legitimidad de la intervención no serán sino una reedición de la aproximación ya clásica acerca de la "guerra justa", toda vez que, como recuerda Arnold se planteará la necesidad de que la intervención: responda a una causa justa, cuente con legitimidad política, se hayan explorado todas las alternativas posibles para acabar con el conflicto, sea viable y permita una mejora de las circunstancias que motivaron la necesidad de intervención, cuente con una clara voluntad política que la respalde y responda a una finalidad política que se traduzca en una misión militar clara y definida, y se articule mediante una misión militar dotada de unidad de mando[45].

Ahora bien, lo que es innegable es que estos cambios suponen cuando menos un desplazamiento y muy probablemente también un debilitamiento de los límites que separan el mantenimiento de la paz y la guerra ya que en algunos casos se empleará la violencia en los esfuerzos para crear condiciones seguras en las que se pueda dar paso a verdaderos procesos de construcción de la paz[46].

---

43 Idem, p 19.

44 GLOVER, N., op. cit, p 1.

45 ARNOLD, M., op. cit pp 203 y ss.

46 MITCHELL, A., "Can Peace-Building be and Act of Violence?", *e-ir.info*, 25 de agosto de 2012, p 1.

La consecuencia inevitable será, como acabamos de apuntar, un resurgimiento de los debates acerca de cuándo y por qué es legítimo el recurso a la fuerza[47] de la mano de la re-emergencia de las discusiones acerca de la legitimidad de la intervención humanitaria[48].

Por lo demás, todo parece indicar que los objetivos d las Operaciones de Paz no pueden considerarse como fijados de forma definitiva ya que la cada vez más importante participación de las consideradas como potencias emergentes en las Operaciones de Paz, bien podría tener como consecuencia el surgimiento de nuevos objetivos que sustituyan o complementen a los actuales[49].

5. LA NATURALEZA Y ORGANIZACIÓN DE LAS OPERACIONES DE MANTENIMIENTO DE LA PAZ

Como consecuencia de los cambios en los conflictos, en la concepción de la seguridad y en los propios objetivos de las Operaciones de Mantenimiento de la Paz, se ha ido transformando también la propia naturaleza de estas últimas; una transformación, por otra parte, siempre necesaria y siempre reclamada[50]. Así, las operaciones son cada vez más intrusivas, más amplias, de mayor alcance y, en buena medida, parte de procesos más amplios de estabilización y reconstrucción del estado[51], además de contar tanto con personal civil como militar. En este contexto resulta importante incluir la perspectiva de género tanto en la configuración de misión como en su desarrollo; así han surgido figuras fundamentales como los Oficiales de Género. Este aspecto se desarrollará de forma pormenorizada en el Capítulo 2.

Nos encontramos por tanto, cada vez más con operaciones complejas[52] donde los componentes humanitario, político y mi-

---

[47] WIHARTA, S., MELVIN, N., AND AVEZOV, X., op. cit. p 9.

[48] NEWMAN, E., op. cit., p 57.

[49] WIHARTA, S., MELVIN, N., AND AVEZOV, X., op. cit., pp 22.

[50] RITLI, E., op. cit., p 1.

[51] WIHARTA, S., MELVIN, N., AND AVEZOV, X., op, cit. p 3.

[52] RITTBERGER, V., and ZANGL, B., *International Organization*, Palgrave McMillan, Basingstoke, 2006, p 135.

litar son frecuentemente inseparables y donde el mantenimiento de la paz propiamente dicho se mezcla muchas veces con la entrega de ayuda humanitaria, la reconstrucción post-conflicto y algunos aspectos de imposición de la paz[53].

Por otra parte, la voluntad de que las Operaciones de Paz sirvan como elemento de protección de la población civil ha hecho necesario un progresivo robustecimiento de unos *peacekeepers* que tradicionalmente habían ido, por definición, "*ligeramente armados*" y que no contemplaban en ningún caso el uso de la fuerza si no era en legítima defensa. En esa misma línea, también los mandatos que sirven de marco legal a las operaciones se han ido reforzando, contemplando en mayor medida el uso de la fuerza[54]. Se tiende así a lo que se ha denominado *robust peacekeeping*[55], que está cada vez más lejos del capítulo VI de la Carta de Naciones Unidas y más cerca del Capítulo VII. Sería, parafraseando al que fuera Secretario General de las Naciones Unidas, Daj Hammarskjöld, no ya un "capítulo VI y medio" sino un "capítulo VI y tres cuartos".

Que las operaciones respondan a tales características no es extraño si se tiene en cuenta que se trata de proteger a poblaciones civiles indefensas frente a posibles violaciones masivas de los derechos humanos al tiempo que se abordan efectivamente las causas de situaciones de violencia generalizada y facilitar la articulación de soluciones políticas que hagan posible que se creen las condiciones de una paz duradera y se evite el retorno a la violencia[56].

Por lo demás, la expansión del número de operaciones y la creciente complejidad que, como planteábamos más arriba presentan, hace que las Naciones Unidas se vean frecuentemente al límite de su capacidad para llevarlas a cabo. Como consecuencia, el recurso a la cooperación con organizaciones regionales, previsto por la Carta de las Naciones Unidas en su Capítulo VIII, en los artículos 52 a 54, se ha ido haciendo frecuente. En concreto la OTAN, la Unión Europea y la Unión Africana destacan como

---

[53] PAVÓN GUINEA, A., op. cit p 2.

[54] WIHARTA, S., MELVIN, N., AND AVEZOV, X., op. cit., pp 18.

[55] RITTBERGER, V., AND ZANGL, B., op. cit., p 135.

[56] Idem, pp 4 y ss.

las organizaciones internacionales que más han liderado operaciones en ese marco y con el respaldo de las Naciones Unidas[57]. Estas y otras cuestiones con perspectiva de género se abordan con mayor detalle en el Capítulo 2 de este trabajo.

Junto a ellas, otras organizaciones como la Organización del Tratado de Seguridad Colectiva (CSTO), la Liga Árabe, el Consejo de Cooperación del Golfo (GCC), la Asociación de Naciones del Sudeste Asiático (ASEAN), la Organización de Cooperación de Shanghái (SCO) –todas ellas según sus siglas en inglés– están haciendo crecientes esfuerzos en lo relacionado con el desarrollo de capacidades para participar en Operaciones de Paz y/o liderarlas[58].

La participación de tales organizaciones permite en muchos casos una división de tareas que facilita la realización de misiones tan complejas como las que estamos describiendo[59].

En realidad resulta interesante comprobar que muchos de estos cambios no son sino el resultado de haber llevado a la práctica muchas de las sugerencias que, ya a la altura del año 2000, y con el trasfondo de algunos de los fracasos de las Naciones Unidas en materia de mantenimiento de la paz, como Rwanda o Srebrenica, había hecho el conocido como informe Brahimi. En efecto, en él se señalaba que, en el contexto de las "nuevas guerras" características de la post-Guerra Fría, las Operaciones de Paz tendrían que superar un tanto la neutralidad para ser imparciales y robustas, se decía que en lo sucesivo las tareas encaminadas a permitir la reconstrucción, el desarrollo y la paz sostenible serían prioritarias y que sería cada vez más necesario el concurso de organizaciones regionales y subregionales[60].

6. CONCLUSIONES

La conceptualización, explicación teórica y determinación del contenido de las Operaciones de Paz constituye un notable

---

[57] Idem, pp 6.

[58] Idem, pp 24.

[59] DURAND, L., "How Did the Brahimi Report Improve the Effectiveness of UN Peacekeeping Operations?", *e-ir.info*, 5 de septiembre de 2012, p 1.

[60] Ibidem.

desafío como consecuencia, entre otras cosas de los cambios en el contexto en que deben desarrollarse tales operaciones y de las transformaciones que implican en las mismas.

Con todo, parece claro que las Operaciones de Paz no sólo no tienden a reducirse, sino que asistimos a una progresiva expansión tanto del número como de las dimensiones y complejidad de tales operaciones. Una expansión que es el resultado de la transformación de la seguridad y los conflictos y la creciente presencia de misiones que podríamos considerar propias de un contexto internacional *post-westfaliano* donde no se prima la soberanía entendida estrictamente en términos territoriales, sino la soberanía como responsabilidad y, donde el debate acerca de la primacía de la protección de los derechos humanos resurge.

Así, no faltarán las críticas a tal visión de las Operaciones de Paz, considerándolas auspiciadas por la teoría de la paz liberal y, en buena medida, un instrumento al servicio fundamentalmente de los estados de Occidente y orientado a la generalización de un orden internacional liberal. Sin embargo, no es menos cierto que la conciencia colectiva que parece abrirse paso acerca de la necesidad de no permitir graves y repetidas violaciones de los derechos humanos y/o de obligar a los líderes de los distintos estados al cumplimiento del derecho internacional en materia de derechos humanos así como a responder por ello en caso contrario, llevarían más bien a considerar los planteamientos de carácter cosmopolita o la teoría de la sociedad mundial como mejores explicaciones para la realidad actual de las Operaciones de Paz.

En cualquier caso, parece claro que si bien, por un lado, las Operaciones de Paz no han alcanzado ni alcanzarán unas características definitivas sino que seguirán cambiando en función de las transformaciones en la seguridad, los objetivos de las operaciones y la propia estructura del sistema internacional, por otro, el debate acerca tanto de su explicación teórica como de su justificación legal y su legitimidad seguirá en marcha.

7. BIBLIOGRAFÍA

Libros

BELLAMY, A., Y WILLIAMS, P.D., *Understanding Peacekeeping,* Polity Press, Cambridge, 2010.

CUNCLIFFE, P., BIKERTON, C., Y GOUREVITCH, A. (Eds.), *Politics without Sovereingty: A critique of Contemporary International Relations,* University College London Press, New York, 2007.

DURCH, W. (Ed.), *Twenty First Century Peace Operations,* United States Institute of Peace, Washington, 2006.

NEWMAN, E., *A Crisis of Global Institutions?,* Routledge, Abingdom, 2007.

PARIS, R., *At War's End: Building Peace After Civil Conflict,* Cambridge University Press, Cambridge, 2004.

PARIS, R., *At War's End: Building Peace After Civil Conflict,* Cambridge University Press, Cambridge, 2004.

RITTBERGER, V., Y ZANGL, B., *International Organization,* Palgrave McMillan, Basingstoke, 2006.

SNYDER, C.A. (Ed.), *Contemporary Security and Strategy,* Palgrave Macmillan, Londres, 2008.

WIHARTA, S., MELVIN, N. Y AVEZOV, X., *The New Geopolitics of Peace Operations: Mapping the Emerging Landscape,* SIPRI, Estocolmo, Septiembre 2012.

Artículos de Revista

ANDERSSON, A., "Democracies and UN Peacekeeping Operations" en *International Peacekeeping,* nº 7, Vol. 2, 2000; pp: 1-22.

BELLAMY A. J. Y WILLIAMS, P.D., "Who's Keeping the Peace? Regionalization and Contemporary Peace Operations", en *International Security,* nº 29, Vol. 4; pp:157-95.

CATLING, H., "Is liberalism a force for peace in the world", *e-ir.info,* 5 de agosto de 2011.

DURAND, L., "How Did the Brahimi Report Improve the Effectiveness of UN Peacekeeping Operations?", *e-ir.info,* 5 de septiembre de 2012.

GLOVER, N., "A Critique of the theory and practice of R2P", *e-ir.info,* 27 de septiembre de 2011.

MITCHELL, A., "Can Peace-Building be and Act of Violence?", *e-ir.info,* 25 de agosto de 2012.

PARIS, R., "Peacekeepting and the Constraints of Global Culture", en *European Journal of International Relations,* nº 9, Vol. 3, 2003; pp: 441 – 473.

PAVÖN GUINEA, A., "Expanding UN Peackeeping Operations Since 1990", *e-ir.info,* 18 de enero de 2013.

RITLI, E. "United Nations Peackeeping and the Question of Reform", *e-ir.info,* 18 de Julio de 2011.

CAPÍTULO 2
LA TEORÍA DE GÉNERO Y SUS IMPLICACIONES PARA LA SEGURIDAD

Alberto Priego Moreno y Gracia Abad Quintanal

En los últimos sesenta años la emergencia de las cuestiones de género ha modificado todas las estructuras de la Sociedad Internacional. Al final de los años cuarenta la mujer jugaba un rol muy limitado tanto a nivel nacional como a nivel internacional. Por ello, una de las críticas más habituales del feminismo es que los puestos más relevantes han sido tradicionalmente ocupados por hombres Diplomáticos, Jefes de Estado o altos cargos militares casi siempre han sido hombres lo que implica un cierto sesgo en la naturaleza de las relaciones internacionales[61].

Por ello, vamos a realizar un análisis del feminismo y sus implicaciones para la seguridad. El capítulo estará dividido en los siguientes apartados. En primer lugar un análisis general de la teoría feminista en Ciencias Sociales. A continuación, se abordará de forma específica como se ha adaptado esta teoría feminista a las relaciones internacionales. En cuarto lugar, se abordarán los principales términos relacionados con el feminismo en relaciones internacionales. En quinto lugar, pasaremos a estudiar la relación

---

[61] Goldstein, Joshua S., and Pevehouse, Jon C., *International Relations*. New York, Longman-Pearson, 2010, p. 99

entre seguridad y género, para abordar en sexto y último lugar la relación entre las misiones de paz, el género y el adiestramiento.

1. LOS PRIMEROS PASOS DEL FEMINISMO

Los primeros antecedentes relacionados con la teoría feminista se remontan a 1792 con la publicación de "*A Vindication of the Rights of Women*" por Mary Wollstonecraft. Sin embargo, estas ideas no tuvieron eco suficiente hasta que a mediados del siglo XIX se lanzó la lucha por el sufragio femenino. Este periodo se conoce como "*first-wave feminism*" y podríamos extenderlo hasta los años 60 del siglo XX. No obstante su auge estuvo centrado en las décadas de los veinte y los cincuenta, periodo en el que la mayor parte de los Estados comienzaron a aceptar el sufragio femenino. Es en esta primera época cuando encontramos alguna referencia feminista clave como el discurso de Susan B. Anthony "Speech after Arrest for Illegal voting" (1872) donde se cuestionaba la propia constitución americana por el uso del lenguaje sexista y su por tanto la marginación de una parte importante de la población.

Ya en los años 60, emerge un nuevo movimiento feminista que se vino a denominar "*second-wave feminism*". Esta nueva versión del feminismo era mucho más radical que la anterior y por ello sus reivindicaciones, en muchos casos revolucionarias, se centraban en la transformación del rol de la mujer en la sociedad. Podríamos resumir esta segunda ola en dos premisas que están relacionadas entre sí y que nos dan una idea de la naturaleza del movimiento:

a) La sociedad está viciada por una desigualdad que está centrada en el género. De acuerdo a esta teoría, las mujeres estarían marginadas por una estructura basada en "*superioridad masculina*".
b) Esta estructura con desigualdad de género debe ser revertida para lograr que la sociedad pueda funcionar.

Uno de los máximos exponentes de esta nueva ola de feminismo son los trabajos de Nacy Cott a debemos la distinción entre Feminismo Temprano y Tardío. Para Cott, "*Modern Feminism*" es un movimiento que pone a la mujer como una entidad universal y pretende la transformación de la sociedad en lo que a derechos políticos se refiere. Para Cott "*Late Feminism*" estaría más centrado en la construcción de la identidad de género y en la relación entre los dos géneros[62].

Uno de los principales autores de Ciencia Política, Andrey Heywood[63], distingue al menos tres grandes tradiciones dentro del pensamiento feminista.

a) **FEMINISMO LIBERAL**. Dentro de esta primera tradición encontraríamos a figuras clásicas como a la propia Wollstonecraft o a Betty Friedan. De acuerdo a estas autoras, estaríamos hablando de un desequilibrio en la distribución por géneros de derechos y oportunidades dentro de la sociedad. Algunos autores han denominado a este movimiento como "*Equal Rights Feminism*" ya que su objetivo era esencialmente la reforma de la esfera pública mejorando el estatus de la mujer. A través de esta mejora las mujeres alcanzarían, por tanto, mejores niveles educativos y posteriormente harían importantes avances profesionales. Por ello, a largo plazo y debido a los avances educativos y profesionales provocaría inevitablemente una mejora de su situación doméstica de la mujer. Una de las principales más representantivas de esta aproximación es Betty Friedan[64] cuya obra cumbre, *La Mística de la Feminicidad,* era una crítica feroz al rol de la mujer en las sociedades contemporáneas.
b) **FEMINISMO SOCIALISTA**. La segunda tradición estaría más centrada en una asociación inevitable entre capitalismo y desigualdad de género. De acuerdo a los defensores de esta teoría, el rol subordinado de la mujer en las sociedades sería una consecuencia de una concepción capita-

[62] Cott, Nancy *The Grounding of Modern Feminism,* New Haven, Yale University Press, 1987.
[63] Heywood, Andrew *Politics*. Palgrave, London, p. 63.
[64] Friedan, Betty., *The Femenine Mistique,* W.W. Norton and Co, New York, 1963.

lista e inegualitaria de las relaciones de humanas. Por ello el modo de producción capitalista y sus contradicciones internas se plasmaban en las relaciones sociales de todo tipo, incluyendo las personales y por tanto de género. Entre las autoras más representativas de tradición destacan de forma especial los trabajos de Evelin Reed que es la principal representante de la línea marxista del feminismo. Sus trabajos están centrados en cuestiones que ponen a la familia como institución[65] básica.

c) **FEMINISMO RADICAL**. La tercera gran tradición plantea que las divisiones de género se antojan como la más profunda de las fracturas sociales y que, por tante, sus bases son esencialmente políticas. Para los defensores de esta tradición las bases de la desigualdad en las sociedades actuales así como en las anteriores están en el patriarcado como modo de organización social. La frase que mejor resume el pensamiento de los defensores de esta teoría se la debemos a Kate Millet cuando afirma que el cincuenta por ciento de la población es mujer y se encuentra bajo el control de los hombres.

Algunas autoras han prestado especial importancia a la cultura como un elemento básico en la subordinación de la mujer. Entre otras podemos destacar a Maggie Humm cuyos trabajos se han centrado en el poder de los símbolos, la cultura y la ideología[66].

Como solución a esta desigualdad estructural los defensores de esta tradición se plantean una revolución de carácter sexual con implicaciones para las relaciones sociales, personal e incluso familiares. Las defensoras más radicales de esta teoría llegan, incluso, a plantear que el hombre es el "enemigo" y que la única salida para las mujeres es escapar de esta sociedad. Algunas autoras,

---

[65] Reed, Evelyn, *Women's Evolution from Matriarchal Clan to Patriarchal Family*, New York, Pathfinder, 1975.

[66] "*Women become feminists by becoming conscious of, and criticizing the power of symbols and the ideology of culture*" Humm, M., *Feminism criticism: Women as contemporary critics.* Sussex: The Harvester press, 1986.

especialmente las más radicales, defienden lo que se ha definido como lesbianismo político[67].

Los máximos exponentes de esta teoría son Ellen Willis[68], Julie Bindel[69] o la australiana Sheila Jeffries[70]. Esta última sería quien abanderaría el denominado Feminismo Separatista, una de las versiones más radicales que defendía la segragación de sexos.

2. LA LLEGADA DEL CONCEPTO GÉNERO EN LAS RELACIONES INTERNACIONALES[71]

Junto con el término feminismo se ha venido usando otro, género, que quizás defina mejor el concepto que estamos estudiando. Merece la pena poder dedicar un mínimo espacio a diferenciar los términos sexo y género. Para la mayor parte de los autores el concepto sexo estaría relacionado con una serie de atributos físicos que se configuran de forma diferentes en hombres y mujeres. Estos atributos nos vienen determinados desde nuestro nacimiento por lo que no podemos hacer nada para controlar su influencia. En cambio, el género sí que estaría relacionado con una construcción social de los roles que forman la masculinidad y la feminidad. Estos roles tendrían su base en el sexo pero de acuerdo a la teoría feminista no es más que una construcción artificial creada por las diferentes sociedades.

Aunque se trata de la diferenciación mayoritaria algunas autoras discrepan aportando, por tanto, una visión alternativa. Por ejemplo, Butler apunta que el concepto sexo es también una construcción social y por lo tanto artificial. Para defender este argumento, Butler lanza una idea que a nuestro enteder es excesiva-

---

67 Ramazanoglu, Caroline, *Feminism and the Contradictions of Oppression*, Basignsotke, Routledge, 1989

68 Willis, Ellen "Radical Feminism and Feminist Radicalism" *Social Text* No. 9/10, The 60's without Apology (Spring-Summer, 1984),

69 Julie Bindel, Location, location, orientation, *The Guardian*, 27th march 2004

70 Jeffries, Sheila *Love Your Enemy?: The Debate Between Heterosexual Feminism and Political Lesbianism*, London, Onlywomen Press, 1981

71 Burchill, Scott et al. *Theories of International Relations*, Palgrave, London, 2009.

mente polémica y que incluso roza lo absurdo. Para esta autora la interpretación sobre el cuerpo humano, sobre sus elementos físicos, ha sido realizada por un grupo de científicos que están marcados por una perspectiva de género determinada. Este hecho ha marcado sus investigaciones alejándoles de la "realidad". Por ello, Butler socava la cuestión "sexo" proponiendo visiones alternativas del cuerpo humano[72] que estén vinculadas a una diferenciación física entre hombres y mujeres.

En una línea similar encontramos los trabajos de Fausto-Sterling. La autora norteamericana considera que el sexo de un bebé es también una construcción social ya que la "deformación" genital que determina su sexo no debe ser encarcelada solo en las dos categorías hombre-mujer. La autora pone dos ejemplos:

1. Para Fausto-Sterling uno de cada 100 bebés no se identifica con estas dos categorías (hombre-mujer)
2. Siguiendo con esta argumentación, la autora considera que las hormonas masculinas/femeninas están presentes en los dos sexos por lo que esta cuestión debe ser abordada como una amplia escala donde se sitúan los seres humanos y no como una dicotomía.

También merecen ser destacados los trabajos de Heidi Hudson quien señala que buena parte de los problemas relacionados con este tema vienen de una confusión entre los términos "woman" y "gender". Para la autora sudafricana ambos términos en ocasiones se usan como sinónimos[73] lo que es a todas luces un error. Donna J. Haraway también aporta una interesante apreciación sobre qué y cómo debe entenderse por género. Para esta autora, biógola de formación y reconvertida al marximo el género es

> *"contest the naturalization of sexual difference in multiple arenas of struggle. Feminist Theory and Practice around gender seek to explain and*

---

[72] Butler, J., *Gender Trouble: Feminism and the Subversion of Identity,* London, Routledge, 1993.

[73] Hudson, Heidi "Human Security and Peacebuilding through a Gender Lens. Challenges of Implementations in Africa" DIIS Working Paper no 2006/37, p.11

change system of sexual difference whereby men and women are socially constituted and positioned in relations of hierarchy[74]"

No es hasta los años 80 cuando se comenzó a introducir el elemento género en los estudios de Relaciones Internacionales. A partir de este momento se comenzó a plantear que el género era un aspecto fundamental que merecía ser tenido en cuenta para comprender la realidad internacional. Al igual que le ocurre a otros estudios críticos se produce un cambio en el objeto de estudio pasando una perspectiva estado-estado a un enfoque comprensivo de carácter transnacional tanto en sus estructuras como en sus actores. Su atención ahora está centrada en actores no estatales y en ocasiones en colectivos marginados o conceptualizaciones alternativas del poder.

En lo que a la teoría feminista se refiere el siglo XX y sobre todo, el XXI ha supuesto un nuevo enfoque en lo que al género se refiere. El principal cambio fue la aparición de estudios que plantean la cuestión del género como una variable[75] básica para la explicación del comportamiento de los Estados en los conflictos internacionales. Se habla incluso de una Escuela Feminista de Relaciones Internacionales. Jacquie True nos señala tres grandes aproximaciones dentro de la esta escuela[76]:

a) Feminismo Empírico (*Empirical Feminism*) estaría centrado en los aspectos empíricos del género en las Relaciones Internacionales. Los estudios tradicionales sobre esta cuestión están centrados sólo en el lado masculino y excluyen la visión femenina que supone al menos el 50% de los académicos. Siguiendo a Grand y a Newland podemos afirmar que la experiencia vital de las mujeres no ha sido ni investigada ni tenida en cuenta por lo que, siguien-

---

[74] Haraway, Donna J., *Simians, Cyborg and Women*, Routledge, London, 1991, p.131.

[75] Uno de los estudios más conocidos en lo que a género se refiere es Enloe, Cynthia *Bananas, Beaches and Bases*, Pandora Press, London. En este trabajo se reivindica el rol de la mujer en la globalización.

[76] True, Jacqui "Feminism" en Burchill, Scott et al, *Theories of International Relations*, Palgrave, MacMillan, Basingstoke, p. 237.

do a estas autoras, no sólo ha sido obviada sino que ha sido deliveramente excluida.

Esta visión sesgada ha llevado a las Relaciones Internacionales a estar excesivamente centrada en conceptos como anarquía, conflicto, competición o conflicto[77]. Estos conceptos, según las autoras feministas, están marcados por espíritu de masculinidad que ha hecho del mundo un lugar poco pacífico.

En el campo de la seguridad hay que señalar los trabajos Caprioli, Boyer[78] o Regan[79] que aportan una línea muy novedosa de trabajo relacionando guerra y género. Según estas autores, aquellos estados donde hay una mayor igual de género en el ámbito doméstico hay menos tendencia estatal a la guerra[80]. Dentro de la seguridad pero con una óptica completamente distinta están los trabajos de Katherine Moon que señala que los servicios sexuales de las prostitutas locales son una parte significativa en las alianzas entre los Estados[81].

Mención especial merecen los trabajos centrados en la relación directa entre conflicto y género. Podemos destacar dos líneas la primera llevada a cabo por autoras como Korac[82] que se centran en los efectos de los conflictos sobre poblaciones desfavorecidas. Una segunda línea de investigación liderada por autoras como Miranda Allison[83] o Jacoby[84] se ha centrado en el estudio de las acciones de grupos no estatales y transfonterizos que tratan de frenar la violencia.

---

77 Grant R., and Newland, K., (ed.) *Gender and International Relations,* Routledge, London, 1991.

78 Caprioli, M., "Gendered Violence and International Conflicts" *Journal of Conflict Resolution,* 45

79 Regan, P.M. Paskeviciute, A. "Women's Access to Politics and Peaceful States" *Journal of Peace Research, 40.*

80 Caprioli, M., "Gendered Conflict" *Journal of Peace Research,* 37.

81 Moon, Katherine, *Sex Among Allies: Prostitution in US Korea Relations,* Columbia University Press, New York, 1997.

82 Korac, M., "Ethnic Nationalism, War and the Pattern of Social, Political and Sexual Violence against Women: The Case of the Post-Yugoslav Countries" *Identities,* Vol. 2 Isue 5.

83 Allison, Miranda., "Women as Agents of Political Violence. Gendering Security" *Security Dialogue,* 35

84 Jacoby, Susan., "Feminism. Nationalism and Difference: Reflections on the Palestinian Women's Movement", *Women's Studies International Forum Vol.*22, Issue 5.

b) Feminismo Analítico (*Analytical Feminism*) utiliza la cuestión del género como un marco teórico propio de las Relaciones Internacionales. Su principal objetivo es la deconstrucción de las identidades femenina y masculina ya que partiendo de postulados biológicos se ha construído imágenes absolutamente artificiales que son la base de la desigualdad. Según estas autoras por un lado tenemos la concepción Occidental de la masculinidad asociada a conceptos tales como soberanía, objetividad, universalismo, capacidad de razonar etc... Por el otro, la feminidad, que sería esencialmente lo contrario a las categorías que hemos seleccionado como masculinas. Un ejemplo sería el entrenamiento militar que, según Bárbara Roberts, es un ejercicio de masculinidad llevado al extremo donde se protege a mujeres y a niños a través del asesinato y eliminando emociones vinculadas al ser humano como el dolor o el cariño[85].

No se trata pues de eliminar las diferencias biológicas propias del ser humano sino de encauzarlas dentro del ámbito de la persona sin extenderlas a otros ámbitos de carácter político o social.

Caben ser desacados los trabajos de Helen Kinsella cuya principal aportación ha sido la crítica de los roles preestablecidos entre hombres y mujeres. Según esta profesora de University of Wisconsin-Madison que en tiempos de guerra aparecen como civiles y mujeres que son mencionadas como víctimas[86].

Por último, un fenómeno que ha sido también analizado por la teoría de género es el terrorismo y, en los últimos años, el fundamentalismo islámico. Los trabajos de Tickner and True analizan los discursos de los grupos terroristas y fundamentalistas donde se arremete contra las mujeres y los homosexuales. Según estas autoras la contienda no iría exclusivamente contra el modo de vida occidental sino contra las identidades de género desarrolladas en Occidente.

---

[85] Roberts, Barbara "The Death of Machothink: Feminist Research at the transformation of Peace Studies", *Women's studies international Forum,* 7, 1984.

[86] Kinsella, Hellen "Securing the Civilian: Sex and Gender in the Laws of War" en Barnett M., and Duvall, R., (Eds) Power in Global Governance, Cambridge, Cambridge University Press.

El nacimiento de Al Qaeda y sobre todo la emergencia del régimen de los Talibán en Afganistán implicó que muchas autoras vinculadas al feminismo centraran sus estudios en el trato que daban los Talibán a las mujeres[87].

c) Feminismo Normativo (*Normative Feminism*) trataría de ser una referencia para el cambio político y social. En cierta medida, toda la escuela feminista de las Relaciones Internacionales posee un carácter normativo ya que plantea como deben ser las cosas para adecuarse a las particularidades del género. El género debe ser entendido como una categoría transformadora que pretende cambiar la realidad en todos los niveles políticos y sociales de la vida. Si bien en feminismo empírico hace una revisión de la realidad y analítico pretende de-construirla, el normativo busca transformarla. Por ello, vemos que las tres grandes aproximaciones del Feminismo en Relaciones Internacionales no solo son complementarias sino que son completivas y forman un sistema donde cada una de las parte es esencial para el desarrollo de esta teoría.

GRÁFICO 1: Evolución de la Teoría Feminista en Relaciones Internacionales

FUENTE: Elaboración Propia

Si nos centramos en un eje temporal podemos hablar de varias generaciones de Feministas en Relaciones Internacionales, dentro del tercer debate de las relaciones internacionales. Podemos destacar algunos aspecto que son de gran interés. El primero es la crítica a la tradicional visión estato-céntrica que margina otras

87 Booth, Ken (Ed) *Critical Security Studies and World Politics*, Lyenne Rienner, Boulder (Co)/London, p. 46.

concepciones que plantean la vigencia de actores transnacionales como las mujeres como colectivo a nivel internacional. Del mismo modo las críticas de estas autoras están centradas en el excesivo positivimo[88] de los trabajos "tradicionales" acercándose a otras *teorías críticas como el constructivismo*[89]. Por ello, las defensoras de estas ideas consideran que han sido marginadas por realistas, liberales y por otros teóricos racionalistas de las Relaciones Internacionales. Incluso dentro de la Asociación Internacional de Profesores de Relaciones Internacionales (International Studies Association) dos prestigiosas profesoras Christine Sylvester y V. Spike Peterson crearon una sección de estudios feministas al sentirse marginadas en los congresos de la propia asociación.

También merecen ser destacados los trabajos de Carol Cohn especialmente su famoso artículo "Sex and Death in the Rational Wold of Defence Intellectuals" que vinculaba el enfoque masculino en las cuestiones de seguridad con la falta empatía por el género humano y la proliferación de conflictos armados[90].

En esta primera generación de trabajos feministas en Relaciones Internacionales forman parte de la aproximación postmoderna[91]. Los primeros trabajos se publicarían en la revista de la *London School of Economics* (*Millenium*) y posteriormente se irían creando publicaciones periódicas de corte puramente feminista como *Feminist Issues, Feminist Collections* o *International Feminist Journal of Politics.* En el campo de la Seguridad también hay que destacar otras revistas como *Alternatives* o *Security Dialogue*[92].

La segunda generación de trabajos de carácter feminista en Relaciones Internacionales se ha caracterizado por poner al género

---

[88] Zalewsky, Malesya ***Feminism After Postmodernism?:*** *Theorising Through Practice,* Taylor and Francis, Basingstoke, 2004.

[89] Smith, Steve; Booth, Ken, Zalewsky, Malesya *International Theory: Positivism and Beyond,* Cambridge University Press, Cambridge, 1996

[90] Cohn, Carol "Sex and Death in the Rational World of Defense Intellectuals" *Signs,* Vol. 12, No. 4, Summer 1987.

[91] Tampoco deben ser olvidados los trabajos de Linda Nicholson com por ejemplo Feminist Postmodernism publicado en 1990 por Routledge.

[92] Buzan, Barry and Hansen, Lene, *The Evolution of International Security Studies,* Cambridge, Cambridge University Press, 2009, p. 212.

en el centro de sus análisis. Sus estudios ha abordado temas tales como la política exterior, la seguridad o la economía. Se trata de una aproximación que aporta también elementos metodológicos por lo que permite asistir a las predecesoras en estas cuestiones.

Algunas autoras, como Ann Shola Orloff, han llegado incluso a apuntar que las cuestiones de género no sólo en Relaciones Internacionales sino en Ciencias Sociales en general lo que, sin duda, constituye un nuevo paradigma en los términos establecidos por Kuhn[93].

Sin lugar a dudas la autora más importantes de la Escuela Feminista de las Relaciones Internacional es J. Ann Ticker. Es por ello que merece una mención especial. Sus trabajos[94] son una referencia en este campo y aportan, con independencia de que se esté de acuerdo o no, ideas altamente innovadoras. En sus trabajos encontramos conceptos muy interesantes como su "*deconstructivist approach*" al conocimiento donde defiende la necesidad de partir de cero para lograr un verdadero enfoque no-masculino. Incluso llega a rechazar la metodología científica abogando por una más bottom-up que permita un rol más visible de la mujer en las Relaciones Internacionales[95].

En 2006, en la Convención de San Diego, J. Ann Ticker fue nombrada Presidenta de la *International Studies Asociation* pronunciando un discurso donde defendía esta perspectiva dentro de las Relaciones Internacionales. Las aportaciones de J. Ann Ticker suponen la consecución de los objetivos de la primera generación de autores feministas en las Relaciones Internacionales.

---

[93] "*the feminist challenge, gender studies can arguably be said to represent a paradigmatic change of Kuhnian variety*" Orloff, Ann Shola "Gender" Castle, Francis; Leibfried, Stephen; Lewis Jane; Obinger Herbert and Pierson, Christopher, *The Oxford Handbook of Welfare State,* Oxford, Oxford University Press, 2010., p. 253.

[94] Tickner, Ann J., *Gendering World Politics: Issues and Approaches in the Post-Cold War Era,* New York, Columbia University Press, 2001; Tickner, Ann J., *Gender in International Relations: Feminist Perspectives on Achieving International Security* New York, Columbia University Press, 1991; Tickner, Ann J., "You Just Don't Understand" *International Studies Quarterly* (1997) vol. 41

[95] Concretamente sobre metodología, feminismo y relaciones internacionales ver Tickner, Ann J., "What Is Your Research Program? Some Feminist Answers to International Relations Methodological Questions" *International Studies Quarterly* (2005) vol. 49.

Por último, debemos destacar un término de gran interés para el estudio de las Relaciones Internacionales enfocado desde la perspectiva de género en el que también ha estado involucarada J. Ann Ticker. En concreto nos estamos refiriendo al concepto "*Womanism*". Según las principales autoras femenistas las mujeres del Tercer Mundo tienen dos cargas de las que deben ser liberadas. La primera de ella sería la del género y los roles previamente asignados y la segunda la colonial o neo-colonial que se desprende de la perspectiva del feminismo liberal que asume una cierta superioridad y paternalismo con estas mujeres del Tercer Mundo.

Se trata de una idea nacida en el seno del postmodernismo feminista que pretende liberar a esta aproximación de la carga liberal y neo-patriarcal al tiempo que la acerca a las realidades de las zonas en estudio. Autoras como Puechguirbal[96] y sobre todo J. Ann Ticker considera que la liberación de la mujer debe ser total y no sólo respecto del género masculino sino también del deseo eurocentrista de aconsejar lo que se debe hacer.

El concepto está muy vinculado al mundo africano y concretamente a los conflictos que allí ocurren. Por ello, no sólo está desarrollado por importantes autores africanos como Kolawole[97] sino que la propia Carta Africana de los Derechos Humanos y de los Pueblos lo recoge en su artículo 18. Podemos hablar de tres elementos fundamentales en el concepto de "Womanism":

a. Énfasis en la contextualización cultural.
b. Centralidad de la Familia.
c. Cooperación con el hombre.

3. CONCEPTOS RELACIONADOS CON EL GÉNERO

Una vez hemos revisado la aproximación feminista en general y la visión feminista en Relaciones Internacionales en particular

---

[96] Puechguirbal, N.,"Involving women in peace processes: Lessons from four African countries ", en Karamé, K., (Ed) Gender and Peacebuilding in Africa, Oslo, NUPI, p. 47.

[97] Kolawole M., "Transcending incongruities: Rethinking Feminism and Dynamics in Identity in Africa". *Agenda,* No. 54, 2002.

vamos a detenernos mínimamente en algunos conceptos que merecen ser aclarados para dejar claro de qué estamos hablando.

Dejando claro que tanto género como sexo ya han sido tratados en apartados anteriores vamos adentrarnos más en otros aspectos que o bien no están tan claros o bien son desarrollo de los dos anteriores. El primero de estos conceptos sería el de "*gendering mainstreaming*". Por "*gendering mainstreaming*" debemos entender un esfuerzo por alcanzar la igualdad con implicaciones tanto para los hombres como para las mujeres y alcanzando por ende todos los ámbitos públicos de la vida. El concepto surge en Nairobi dentro del marco de la Tercera Conferencia de las Naciones Unidas sobre la Mujer en 1985 y se desarrolla plenamente diez años después en la Cuarta Conferencia que tuvo lugar en Beijing[98].

Otro concepto que se debe tener en cuenta es "*Gender Analysis*" que podría ser entendido como una recogida y análisis de la información teniendo en cuenta las diferencias de género y sociales con el fin de identificar y comprender las desigualdades entre hombre y mujeres. Esta definición, que es usada por la OTAN y debido a sus implicaciones para la seguridad nos resulta de utilidad[99], lleva implícita una visión reflectivista y postmoderna que hemos apuntado anteriormente cuando hemos repasado los trabajos de J. Ann Ticker.

En una misma línea debemos entender "*Gender Equality*". Se trata no un de medio como "*Gendering Mainstreaming*" o de una forma de ver el problema como "Gender Analysis" sino de una meta. Esta meta u objetivo se encuentra presente en múltiples textos de carácter legal como la *Declaración Universal de los Derechos Humanos* o en la *The Equal Rights Amendment*[100] de los Estados Unidos. Por ello, el

---

98 "*In addressing the inequality between men and women in the sharing of power and decision-making at all levels, Governments and other actors should promote an active and visible policy of mainstreaming a gender perspective in all policies and programmes so that before decisions are taken, an analysis is made of the effects on women and men, respectively*" *UN Fourth World Conference on Women, Platform for Action, Women in Power and Decision-Making,* p.189, Beijing, Sept. 1995.

99 NATO (2012), Bi-SC Directive 40-1 Revision1, p. 5.

100 La ERA ha sido aprobada en 16 estados, 21 con una versión similar y 5 no han aprobado nada relacionado con la ERA. Este es el texto "Section 1. Equality of rights

"*Gender Equality*", "*Sex Equality*" o "*Equality of the Genders*" son conceptos casi sinónimos con un fuerte carácter normativo que deben ser entendidos con la aproximación feminismo normativo que hemos visto con anterioridad. La tendencia mayoritaria apunta a que "*Gender Equality*" implica igualdad de oportunidades, derechos y responsabilidades de hombres y mujeres, de chicos y chicas.

Un concepto que se repite en muchos de los textos relacionados con los conflictos internacionales es "*Violencia Sexual*" o "*Sexual Violence*". Hablamos de un acto de naturaleza sexual, contra una o más personas causado por una o más personas, llevado a cabo por la fuerza, mediante amenazas o coerción[101]. Aunque se trata de una práctica que ha sido más común contra las mujeres, en los últimos años también se llevado a cabo contra los hombres[102]. La violación es usada como un arma de guerra ya que sus consecuencias psicológicas, sociales, económicas e incluso políticas se prolongan en el tiempo durante muchos años.

4. EL GÉNERO Y LA SEGURIDAD

La aproximación de género a la seguridad debe encuadrarse dentro de lo que se conoce como Estudios Críticos de Seguridad en la Seguridad Humana[103]. Quizás podemos destacar a la Escuela de Gales como el máximo exponente de esta aproximación[104]. Los estudios feministas de la seguridad al igual que los estudios críticos de seguridad han sido marginados por aquellos que consideran el estado como el centro de las cuestiones de seguridad. El objeto de estudio no es tan-

---

under the law shall not be denied or abridged by *the United States or by any State on account of sex. Section 2. The Congress shall have the power to enforce, by appropriate legislation, the provisions of this article. Section 3. This amendment shall take effect two years after the date of ratification"*

[101] Groothedde, Stephanie, *Gender Makes Sense. A way to improve your mission,* The Netherlands, Civil-Military Cooperation Center for Excellence (CCOE) 2013

[102] Ver Storr, Will "The rape of men" *The Observer, 17 de julio de 2011.*

[103] Buzan, Barry and Hansen, Lene, *The Evolution of International Security Studies,* Cambridge, Cambridge University Press, 2009, p. 208

[104] Booth, Ken (Ed) *Critical Security Studies and World Politics,* Lyenne Rienner, Boulder (Co)/London, p. 46.

to el estado, como colectivos especialmente maltratados en conflictos armados. Concretamente el feminismo en cuestiones de seguridad busca encargarse de víctimas de violaciones, tráficos de seres humanos etc… En otras palabras cambiando el objeto referente de la seguridad del Estado al individuo. Además estos trabajos diferencian entre las experiencias propias del hombre y las de las mujeres que son las que verdaderamente interesan a este grupo de académicos.

Tradicionalmente la implicación de las mujeres en los conflictos armados se han limitado a meros roles pasivos no más allá de madres o víctimas. Esta concepción se debe a una visión dicotómica hombre/mujer de la realidad. La mujer se reduce a un rol en el que sufre como madre por sus hijos que luchan y que ofrece cariño y amor frente al hombre que aparece más vinculado a la violencia[105]. El otro rol es el de víctima que sufre la crueldad de la violencia a manos de los hombres.

A modo de crítica se puede decir que la exclusión de las mujeres en la resolución de los conflictos es un error mayúsculo ya que no sólo puede minar el futuro proceso de paz sino que complica el desarrollo de las propias negociaciones. Veamos con cierto detenimiento estos dos puntos.

En primer lugar las mujeres suelen convertirse en una especie de fantasma invisible que aunque hayan sufrido las consecuencias del conflicto suelen desaparecer en las negociaciones del proceso de paz. Ejemplos como Ruanda –donde las mujeres que son el 50% de la población tan sólo ocupan un 9% de los cargos del gobierno– pueden ser un ejemplo de lo que no se debe hacer. Sin embargo, en ocasiones pueden llegar a ser peor ya que no se han tenido en cuenta los problemas que han podido surgir y desde luego no se plantean políticas concretas para ellas.

Por encima del resto, dos autores dstacan por haber trabajdo este tema. Se trata de Greenberg y Zuckerman[106], quienes propo-

---

[105] Hudson, Heidi "Human Security and Peacebuilding through a Gender Lens. Challenges of Implementations in Africa" DIIS Working Paper no 2006/37, p.11.

[106] Zuckerman, E and Greenberg, M., "The gender Dimension of post conflict reconstruction: an analytical framework for policy makers" en Sweetman, C., Gender, Peacebuilding and Reconstruction. Oxford, Oxfam, 2005.

nen medidas concretas de género dentro de los cuatro tradicionales pilares post-conflicto:

a. seguridad
b. justicia y reconciliación.
c. bienestar económico y social
d. gobernanza y participación.

Por ello, Zuckerman y Greenberg proponen tres dimensiones fundamentales para que la dimensión de género esté presente en la reconstrucción post conflicto y por tanto la paz será sostenible y duradera.

a. **Actividades centradas en la mujer** cuyo principal objetivo es la mejora de sus derechos tanto civiles como políticos. En muchas ocasiones, resulta especialmente complicado porque los líderes no ponen el empeño que deberían para conseguirlo.
b. **Programa de sensibilización y concienciación de género.** En muchas ocasiones es necesario llevar a cabo campañas específicas para que las mujeres sean objeto de las políticas públicas pudiendo así superarse problemas anclados en la sociedad. El plano económico es uno de los más importantes y por ello se requieren acciones macro, como presupuesto con acciones específicas, y acciones micro como los microcréditos.
c. **Transformación de los roles relacionados con el género para reparar el trauma, construir tejido social y acabar con la violencia.** Como consecuencia de las acciones violentas de las guerras es necesario llevar a cabo políticas a largo plazo que acaben con las heridas provocadas por la violencia. Se trata de acciones que aparentemente no se ven y son las más necesarias para que la paz pueda ser duradera. Por ello, es necesario que se transformen los roles y que se abandonen dicotomías como masculino/femenino y la asociación de género hombre con el militarismo.

En segundo lugar, hay que decir que las mujeres deben estar presentes en los procesos y negociaciones de paz si queremos, que éstas lleguen a buen puerto, y sobre todo, que pervivan en el tiempo. Uno de los problemas que suelen ocurrir en un proceso de paz, como hemos señalado anteriormente, es la marginación de las mujeres a la hora de abordar la paz tanto en un sentido negativo como positivo. En sentido positivo, no se tienen en cuenta las necesidades de las mujeres para la construcción de la paz. Este hecho es especialmente grave que son precisamentea las mujeres uno de los colectivos que más sufren las violaciones de derechos humanos, especialmente aquellas de carácter sexual[107].

Sin embargo, este elemento que podría pensarse que se lleva a cabo por marginación, también ocurre cuando se trata de implicar a mujeres que bien han sido cooperantes, cómplices o incluso culpables de violaciones de derechos humanos. Un ejemplo de este fenómeno sería la figura de "Adama Cut Hand" en Sierra Leona[108]. Es decir, en ocasiones hay una absoluta marginación de la mujer en estas situaciones tanto si ha sido víctima como si ha sido culpable.

Por último, tampoco debe ser desdeñada la influencia que en muchas ocasiones tienen las mujeres sobre los combatientes ya que los lazos personales, tal y como ocurrió en Somalia con el acuerdo de Arusha, pesan más que los militares y pueden hacer cambiar la posición de un grupo de combatientes. En esta misma línea tampoco se suelen tener en cuenta los papeles de las mujeres activos formales o informales para la economía del país ya que en la mayor parte de las ocasiones son ellas las que se ocupan del mantenimiento de la economía[109].

Así, debemos plantearnos que se antoja necesario introducir el elemento de género para abordar de forma adecuada los conflictos internacionales, primero en lo que a las víctimas y su tratamiento se refiere y en segundo lugar a la solución de los mismos. El Secretario General de las Naciones Unidas, Koffi Annan, incidió precisamente en estas dos cuestiones:

---

[107] Norville, Valerie "The Role of Women in Global Security" *Special Report –United States Insitute of Peace,* January 2011, p. 2.

[108] Sherwell, Peter "How British hones the skills of killers" *The Telegraph,* 10-09-2000.

[109] Norville, Valerie "The Role of Women in Global Security" *Special Report –United States Institute of Peace,* January 2011, p. 2

a. No se podía seguir ignorando las cuestiones relacionadas con el género en los conflictos y sobre todo en las operaciones de mantenimiento de la paz
b. Si estas cuestiones no eran atendidas no se podría alcanzar una paz sostenible y duradera[110].

4.1. Las Naciones Unidas

Las Naciones Unidas han prestado especial atención a las cuestiones de género. Podemos destacar tres líneas claras de actuación en lo que a género se refiere: Las World Conference on Women, los objetivos del Milenio y las Resoluciones relativas al Género con especial atención a la 1325.

4.1.1. United Nations World Conference on Women

En primer lugar podemos destacar las *United Nations World Conference on Women* que se han venido desarrollando desde 1975 cada cinco años hasta 1995.

a. First World Conference on Women (1975) celebrada en México DF coincidiendo con el Año Internacional de la Mujer. Un año después de la apertura de la Conferencia se declaró la Década de las Naciones Unidas sobre la mujer (1976-1985)
b. Second World Conference on Women (1980) celebrada en Copenhague estuvo centrada en igualdad, desarrollo y paz.
c. Third World Conference on Women (1985) celebrada en Nairobi estuvo centrada en la celebración de los 10 años de la reunión de México.
d. Fourth World Conference on Women (1995) fue la última de estas conferencias en la que se logró que un total de representantes de 189 Estado acudieran a este evento celebrado en Beijing. En esta convención se logró un Plan de Acción y una Declaración de puntos comunes sobre el género.

---

[110] *"We can no longer afford to minimize or ignore the contributions of women and girls to all stages of conflicts resolution, peacemaking, peace-building, peacekeeping and reconstruction processes. Sustainable peace will not be achieved without the full and equal participation of women and men" UN Report on Women, Peace and Security* (2002).

Aunque es cierto que no se ha continuado celebrando Conferencias sobre la Mujer en la sede de las Naciones Unidas, sí que se han creado una serie de organismos que han seguido trabajando en esta línea. Podemos destacar los siguientes organismos e iniciativas dentro las Naciones Unidas.

a. **UN WOMEN o United Nations Entity for Gender Equality** and the Empowerment of Women. Esta entidad fue creada en 2010 y es la heredera de otras iniciativas anteriores como la DAW (Division for Advancement of Women de 1946), la OSAGI (Office of the Special Adviser on Gender Issues and Advancement of Women) o el fondo de Naciones Unidas para el desarrollo de la mujer UNIFEM (United Nations Development Fund for Women.
Su principal función es el apoyo a los órganos intergubernamentales en la formulación de las políticas y en el establecimiento de los standares globales que permiten a los Estados miembros implementar las políticas de igualdad de género.
b. **Commission on the Status of Women.** Se trata de una subcomisión funcional dependiente Comité Económico y Social (ECOSOC) establecida en 1946. Su primera reunión se celebró en 1947 y desde entonces se reunen todos los años en Nueva York para revisar el status de la mujer en el mundo. Se trata de un órgano que vela por el status de la mujer y sobre todo por la igualdad de género.
c. **Committee on the Elimination of Discrimination against Women (CEDAW)** es el órgano que gestiona la puesta en práctica de la Convención para la Eliminación de toda Forma de Discriminación contra la Mujer. Acoge a un total de 159 estados miembros y el comité está compuesto por 23 jueces independientes.
d. **The Inter-Agency Network on Women and Gender Equality (IANWGE)** es una red de agencias especializadas dentro del sistema de Naciones Unidas centradas en la problemática de género. Se estableció en 2001 y acoge a todas las entidades que forman parte de las Naciones Unidas.

4.1.2. Los Objetivos del Milenio

Tras la caída del Muro de Berlín desapareció la confrontación Este-Oeste y la Ayuda Oficial al Desarrollo (AOD) dejó de estar politizada. Por este motivo se establecieron una serie de objetivos que la Humanidad debería alcanzar para 2015. Se trataba de ocho puntos fundamentales que harían del mundo un lugar más justo y pacífico.

El objetivo número tres de los denominados Objetivos del Milenio era la promoción de la igualdad de género y el empoderamiento de la mujer. Se establecía la siguiente meta (3.a) *"Eliminar las desigualdades entre los géneros en la enseñanza primaria y secundaria, preferiblemente para el año 2005, y en todos los niveles de la enseñanza antes de finales de 2015"* Dentro de las metas se establecieron una serie de indicadores que debían ayudar a la consecución de las metas. Estos son los relacionados con la igualdad de género.

- "3.1 Proporción de niñas y niños en la enseñanza primaria, secundaria y superior
- 3.2 Proporción de mujeres con empleos remunerados en el sector no agrícola
- 3.3 Proporción de escaños ocupados por mujeres en los parlamentos nacionales[111]".

En general parece que la situación de la mujer ha mejorado respecto al siglo pasado pero todavía no se puede hablar de igualdad. Naciones Unidas ha señalado importantes mejoras como el incremento del ratio niño/niña matriculados en la escuela o el porcentaje de mujeres presentes en los parlamentos[112]. Sin embargo todavía se está muy lejos de alcanzar los objetivos fijados para 2005 y que desde luego no podrán ser alcanzados en 2015.

4.1.3. Las Resoluciones con sensibilidad de género

En los últimos años las Naciones Unidas han aprobado una serie de Resoluciones que marcan una línea clara: la implicación de

---

[111] Ver Declaración del Milenio. Disponible en http://www.un.org/spanish/milenio/ares552.pdf

[112] Según Naciones Unidas ha pasado de 19.6% a 20.4% en 2012

las cuestiones de género en la Sociedad Internacional. Dentro de lo que se ha venido a denominar "*gender mainstreaming*" debemos prestar especial a las Resoluciones 1820, 1888, 1889 y sobre todo a la ya famosa 1325 de octubre de 2000. Esta última resolución se vio completada por la creacion de una Oficina del Representante para le Eliminación de la violencia Sexual contra las Mujeres y por un Plan para el desarrollo de la Resolución 1325.

El 31 de octubre del 2000 El Consejo de Seguridad de las Naciones Unidas aprobó una resolución histórica en lo que a la igualdad de género se refiere. La adopción de esta resolución debe ser contextualizada ya que se aprueba justo después de conflictos armadas especialmente violentos como el de Yugoslavia, Ruanda o Somalia. Se trata de tres guerras donde la crueldad se cebó especialmente con las mujeres y con los niños. De hecho, en los meses anteriores las Naciones Unidas aprobaron otras resoluciones similares relacionadas con la violencia contra niños y civiles.

El documento está inspirado en la Declaración de Windhoek y el Plan de Acción de Namibia de 1999 que pedía una mayor implicación de las mujeres en las operaciones de mantenimiento de la paz. Uno de los puntos fundamentales era el desproporcionado impacto que tienen sobre mujeres y niñas[113] y el poco reconocimiento que tienen las mujeres en su contribución a la prevención y resolución de los conflictos armados.

Uno de los aspectos más importantes es el llamamiento a los Estados para que las mujeres tengan una mayor implicación en los procesos de toma de decisiones[114]. Además, pide al Secretario

---

113 "*Reconociendo que la comprensión de los efectos de los conflictos armados en las mujeres y las niñas, unos mecanismos institucionales eficaces para garantizar su protección y la plena participación en el proceso de paz pueden contribuir considerablemente al mantenimiento y el fomento de la paz y la seguridad internacionales*" Resolución 1325 del Consejo de Seguridad de las Naciones Unidas, 31 de octubre de 2000, Disponible en http://www.ipu.org/splz-e/cuenca10/UN_1325.pdf

114 "*Insta a los Estados Miembros a velar por que aumente la representación de la mujer en todos los niveles de adopción de decisiones de las instituciones y mecanismos nacionales, regionales e internacionales para la prevención, la gestión y la solución de conflictos*"Resolución 1325 del Consejo de Seguridad de las Naciones Unidas, 31 de octubre de 2000, Disponible en http://www.ipu.org/splz-e/cuenca10/UN_1325.pdf

General que llame la atención de los Estados miembros sobre el adiestramiento especializado y pormenorizado en cuestiones especialmente sensibles al género[115].

Precisamente esta ha sido una de las facetas más importantes en los últimos años en lo que género y operaciones de paz se refiere. Por ello, tanto en este capítulo como en otros capítulos se abordará de forma particularizada.

En este mismo espíritu, en los siguientes años se han venido aprobando algunas otras resoluciones que vienen a desarrollar la Resolución 1325. Entre otras podemos destacar:

a. Resolución 1820 del Consejo de Seguridad de junio de 2008 que viene a completar a la 1325 en materia de prevención y respuesta a la violencia sexual en situaciones de conflicto y post-conflicto.
b. Resolución 1888 del Consejo de Seguridad de septiembre de 2009 que refuerza a la 1820. Esta resolución nombra a un Representante de las Naciones Unidad para acabar con la violencia sexual en los conflictos armados[116].
c. Resolución 1889 del Consejo de Seguridad de octubre de 2009 para el desarrollo de la 1325 en lo que recursos se refiere[117].
d. Resolución 1960 del Consejo de Seguridad de diciembre de 2010 que llama a los Estados a hacer explícitos y reales sus compromisos con la resolución 1325.

---

[115] "*Pide al Secretario General que proporcione a los Estados Miembros directrices y material de adiestramiento sobre la protección, los derechos y las necesidades especiales de las mujeres, así como sobre la importancia de la participación de las mujeres en la adopción de todas las medidas de mantenimiento de la paz y consolidación de la paz*" Resolución 1325 del Consejo de Seguridad de las Naciones Unidas, 31 de octubre de 2000, Disponible en http://www.ipu.org/splz-e/cuenca10/UN_1325.pdf

[116] Disponible en http://www.un.org/en/ga/search/view_doc.asp?symbol=S/RES/1888(2009)&referer=http://www.un.org/en/sc/documents/resolutions/2009.shtml&Lang=S

[117] Disponible en http://www.un.org/en/ga/search/view_doc.asp?symbol=S/RES/1889(2009)&referer=http://www.un.org/en/sc/documents/resolutions/2009.shtml&Lang=S

A pesar de que la Resolución 1325 puede ser considerada como un avance sin precedentes en lo que a la igualdad de género se refiere, si nos centramos en el ámbito concreto del mantenimiento de la paz todavía encontramos carencias importantes. En la creación de la Peace Building Commission de las Naciones Unidas se omitieron aspectos fundamentales como la sensibilidad de género en el lenguage. Si bien es cierto que en los primero borradores de la World Summit de 2005 se incluyeron éstos[118] al final no fueron tenidos en cuenta[119].

4.2. OTAN

Otra de las organizaciones internacionales que más han trabajado en el tema de la perspectiva de género ha sido la Organización del Tratado del Atlántico Norte (OTAN). Se trata de un asunto que siempre ha estado presente en la Alianza tal y como muestra la creación en 1976 del Gender Committee on Gender Perspective, un organismo asesor del Comité Militar para asesorarle en cuestiones de género. En 1996 se abrió una oficiana en el Cuartel General denominada NATO Office on Gender Perspectives (NOGP) para apoyar el trabajo de dicho comité.

En los últimos años la Organización del Tratado del Atlántico Norte (OTAN) se ha centrado más en estas cuestiones porque cada vez se ha convertido en un aspecto más importante para el trabajo de la organización. Tal y como señaló el actual Secretario General en la "Conference on the Role of Women in Global Security" la mujer es fundamental para la solución de los conflictos ya que es parte de la solución a los mismos[120]. Sin embargo, lejos de quedarse en mera

---

118 "*During the 2005 World Summit, women's right organizations worked to ensure the inclusion of gender sensitive language in the draft of the Summit outcome Document, including advocating for the participation of civil society and women's organization*" VVAA., *SCR 1325 and the Peace building Commission. Security Council Resolution 1325 on Women, Peace and Security-Six years on Report*. New York, United Nations, 2006, p. 8

119 "...categories of participants was omitted from the final document adopted by Member States" VVAA., *SCR 1325 and the Peace building Commission. Security Council Resolution 1325 on Women, Peace and Security-Six years on Report*. New York, United Nations, 2006, p. 8

120 "*But women are not just victims of conflict. They must also be part of the solution. If women are not active participants in peace building and reconciliation, the views, needs and*

retórica hay que decir que la OTAN lleva años trabajando en este punto al aplicar una perspectiva integral a sus operaciones. Un ejemplo de ello es Afganistán. Tanto la composición de la ISAF como las políticas aplicadas allí, en ambos casos se aprecia la implementación de las premisas de género señaladas en la Resolución 1325.

La Organización del Tratado del Atlántico Norte (OTAN) ha asumido la Resolución 1325 y la ha integrado tanto en su acervo como en su propia estructura. Para ello en 2009 publicó una directiva (BI-SC Directive 40-1) donde asumía la Resolución 1325 tanto en estructura de mando como en la planificación, ejecución y evaluación de sus tareas. Esta directiva fue reforzada en las Cumbres de Lisboa y Chicago en 2010 y 2012 respectivamente lo que conllevó una actualización del documento aprobado dos años antes.

Si acudimos a cuestiones más concretamos podemos ver que la OTAN ha aplicado la Resolución 1325 creando GENAD, GFAs y GFP en todos los niveles de su organización. Tanto al nivel estratégico (ACO y ACT) como a nivel operacional y especialmente a nivel de misión se han aplicado los postulados mencionados anteriormente. Destaca especialmente las misiones ISAF en Bosnia, KFOR en Kosovo y sobre todo ISAF en Afganistán donde la labor de género ha resultado fundamental. En esta última misión la perspectiva de género ha sido incluso más importante que en la anteriores.

Por ultimo en lo que a la estructura institucional se refiere debemos señalar que la OTAN ha nombrado Mari Skare como Representante Especial para asuntos de Mujer, Paz y Seguridad. Su principal misión es vela por la aplicación de la Resolución 1325 y la coordinación con las Naciones Unidas en cuestiones de género.

4.3. Unión Europea

La Unión Europea siempre se ha caracterizado por su compromiso con el género. Desde sus tratados constitutivos siempre se

---

interests of half of the population in a conflict area are not properly represented. That is simply wrong. It can also undermine the peace" Speech by NATO Secretary General Anders Fogh Rasmussen at the Conference on the Role of Women in global Security in Copenhagen, 29 de octubre de 2010.

Disponible en http://www.nato.int/cps/en/natolive/opinions_67602.htm

han introducido elementos que promovían la igualdad de género aunque es concretamente en 1997 con el Tratado de Ámsterdam cuando se hace más hincapié en estos temas. Entre los años 1975 y 2010 la Unión Europea aprobó un total de 15 directivas centradas en las cuestiones de género. Probablemente el hito más importante en lo que a igualdad de género se refiere sea el artículo 23 de la Carta Europa de los Derechos Fundamentales donde se reconoce la igualdad entre hombre y mujeres como un derecho.

De forma oficial, la Unión Europea ha reconocido que la igualdad de género es una cuestión fundamental para alcanzar los Objetivos del Milenio. La Unión Europea reconoce que la igualdad y el empoderamiento de la mujer no sólo es una fuerza sino una meta para la consecución de una Sociedad Internacional más justa y libre. Por ello, al igual que la Unión Europea ha fomentado valores como la cooperación o la democracia, la igualdad de género se considera un valor a promover en sus relaciones con otros actores internacionales.

Podemos destacar algunos documentos aprobados por la Unión Europea que demuestran el compromiso de la unión con el género sobre todo en lo que a sus relaciones exteriores se refiere. En primer lugar podemos destacar la EU Women's Charter de 2006 y en segundo lugar el EU Consnesus on Development. Respecto del primero podemos decir que establece que la economía, la cohesión social, el crecimiento sostenible, la competitividad e incluso el equilibrio demográfico dependen de la igualdad entre hombres y mujeres[121].En segundo lugar, el documento denominado "EU Consensus on Development" reconocer que la igualdad de género es uno de los cinco pilares básicos en que se basa la cooperación de la Unión Europea.

Desde el punto de vista institucional, en 2007 se estableció el European Institute for Gender Equality (EIGE). Se trata de una agencia de la Unión Europea que apoya a los Estados miembros en la consecución de la igualdad de género. En esta misma línea

---

[121] EU Women's Charter http://ec.europa.eu/commission_2010-2014/president/news/documents/pdf/20100305_1_en.pdf

se deben destacar al Comité de los Derechos de la Mujer y la Igualdad de Género (FEMM) del Parlamento Europeo que ejerce de lobby para influir en las políticas de la Unión Europea en cuestiones de género.

Por último mencionar otras acciones como EU Gender Action Plan o la Agenda on MDGs que tratan de impulsar acciones favorables a la igualdad de género.

5. EL GÉNERO Y LAS OPERACIONES DE MANTENIMIENTO DE LA PAZ

La perspectiva en materia de género se ha demostrado fundamental en el éxito de las Operaciones de Mantenimiento de la Paz (OMP). Tal y como venimos desarrollando a lo largo del presente capítulo un conflicto podrá ser resuelto si y sólo si se tiene en cuenta el rol de las mujeres como actor fundamental. Por ello, si queremos que una operación de mantenimiento de la paz pueda alcanzar sus objetivos debemos plantear la perspectiva de género desde el comienzo, es decir desde su planificación. En otras palabras, si queremos que la operación sea un éxito las cuestiones de género deben estar presentes en la fase de pre-despliegue, ejecución y transición. De otra forma corremos el riesgo de volver a vivir otra escalada del conflicto y por lo tanto no alcanzar nuestros objetivos. Hemos visto que todas y cada una de las organizaciones internacionales con experiencia en Operaciones de mantenimiento de la paz han adoptado la perspectiva de género. Ahora vamos a ver como esa teoría se plasma en la práctica examinando y evaluando dicha implementación en todas las fases de la misión.

5.1. Pre-Despliegue

La formulación o planificación de la operación comienza antes del despliegue a la zona. Es precisamente ésta la parte más importante ya que de ella depende el éxito de la misión. Por ello, precisamente aquí es donde se debe incluir la perspectiva de género con la inclusión de GENAD/GFE en la planificación de la operación.

Durante esta fase los miembros de CIMIC que se encargan de la planificación deberían llevar a cabo una recogida de información sobre el lugar donde se va a desarrollar la operación. Es lo que se conoce como Theatre Civil Assessment[122] (TCA) Esta recogida deberá ser lo más amplia posible y por ello comprendería los siguientes campos: político, económico, militar, social e infraestructuras. Es precisamente aquí donde se debe incluir la perspectiva de género que completaría esta foto panorámica de la operación. De este modo la planificación tendría tanto la perspectiva local como la propia de género. Se trata pues de una visión correcta que encaja en un concepto que hemos destacado anteriormente Womanism. Así podríamos mezclar tanto los aspectos locales y culturales con aquellos que son propios del género que como ya hemos anticipado resultan cruciales en ambos casos.

Por otro lado, resulta vital la inclusión de mujeres en la creación de la propia fuerza aunque también deben ser tenidas en cuenta las costumbre y la cultura local. La inclusión de mujeres (oficiales y soldados) puede permitir llegar a colectivos que serían inalcanzables de no contar con ellas. La razón es sencilla los hombres pueden provocar rechazo en algunas situaciones o ante algunos colectivos. Una consecuencia clara de no desplegar mujeres militares en esta fase puede ser la pérdida de apoyo de la población local femenina y por tanto la falta de credibilidad de la misión. En el plano práctico en unas futuras elecciones la marginación de las mujeres en el proceso de paz hecho provocaría la no participación de éstas en los comicios lo que acabaría por echar por tierra toda la misión, incluso si el resto de las acciones se hubiera desarrollado correctamente.

En esta primera fase podemos intentar servirnos de lecciones aprendidas en otras organizaciones internacionales o incluso del trabajo que hayan podido llevar a cabo ONGs[123] que ya hayan trabajado en el terreno previamente. Un aspecto fundamental es no chocar con la cultura local, algo que a veces resulta complicado cuando incluimos

[122] Groothedde, Stephanie, Gender Makes Sense. A way to improve your mission, The Netherlands, Civil-Military Cooperation Center for Excellence (CCOE) 2013, p. 54.

[123] Groothedde, Stephanie, Gender Makes Sense. A way to improve your mission, The Netherlands, Civil-Military Cooperation Center for Excellence (CCOE) 2013, p. 54.

la perspectiva de género. Sin embargo, de nuevo aquí adoptaríamos la visión del feminismo normativo que no se limita al análisis y explicación de la realidad sino que busca la transformación del mismo. No obstante para no caer en el eurocentrismo que critica J. Ann Tickner se deben tener en cuenta las costumbre locales para evitar salir de un "patriarcado" para generar otro. De nuevo, las Oficiales de Género resultan fundamentales para el correcto y exitoso desarrollo de la misión.

5.2. La Ejecución de la Misión

Durante la ejecución de la misión la perspectiva de género debe ser tenida en cuenta. Los documentos, Operation Plan, Standard Operation Procedures etc... que se desarrollan durante el curso de la misión deben inspirarse en lo que hemos denominado "gendering mainstreaming". Si se produjeran violaciones de los Derechos Humanos y si estas tienen que ver con violencia basado en género deberán ser señalados en los informes periódicos de la misión (Periodic Mission reviews).

La OTAN a través de su directiva específica de género ha planteado una serie de preguntas que pueden ayudar a la hora de hacer estas evaluaciones de la misión. Por ejemplo, se debería plantear si la situación de la seguridad sobre el terreno está afectando de forma diferente a las mujeres, a los hombres o a los niños. En algunos casos como Afganistán, las mujeres eran víctimas propiciatorias de los Talibán y, por ello, requerían una atención especial. También se deben plantear si la situación de los grupos vulnerables es conocida por los defensores de los Derechos Humanos. De no ser así nada se podrá hacer por ellos.

Tampoco se puede olvidar la participación de las mujeres en determinadas instituciones políticas, algo sobre lo que llamaba la atención la Resolución 1325. En definitiva, la ejecución de la misión debe tener una sensibilidad especial con el género. Por ejemplo, en el caso de la ISAF se incluyó un anexo adicional a la documentación de la misión que estaba centrado exclusivamente en la situación de la mujer[124].

---

[124] Groothedde, Stephanie, Gender Makes Sense. A way to improve your mission, The Netherlands, Civil-Military Cooperation Center for Excellence (CCOE) 2013, p. 56.

5.3. La transición

Por último, una vez que la misión ha concluido se procede a la transferencia del control del Estado a la autoridad local. Se trata de un momento complicado, tal y como se ha demostrado tanto en Irak como en Afganistán, que es la prueba de fuego del buen desarrollo de la misión. Desde ese momento las responsabilidades recaerán sobre la autoridad local, que en muchos casos ha sido formada por las fuerzas multinacionales que han llevado a cabo la misión. La nueva autoridad deberá estar apoyado por sus socios internacionales que velará por el correcto funcionamiento de la sociedad, incluyendo aquí las cuestiones de género.

La consecución de la igualdad de género es un proceso a muy largo plazo que debe ser cuidado tanto por el gobierno local como por la población. Ninguna influencia exterior funcionará si no se interioriza por parte de la población y corremos el riesgo de que las políticas de "*gendering mainstreaming*" se vengan abajo tan pronto como las tropas de la operación de mantenimiento de la paz abandonen el territorio. Por lo tanto, el rol de la misión será concienciar, guiar y ayudar a alcanzar la igualdad de género pero nunca imponer y éxito o el fracaso del mismo sólo se conocerá una vez se concluya la misión.

6. CONCLUSIONES

A modo de conclusión podemos decir que el género es un aspecto que ha emergido en las Relaciones Internacionales a lo largo del siglo XX pero especialmente en el último cuarto. Partiendo de la teoría general del feminismo ha nacido una aproximación a las Relaciones Internacionales que debe ser enmarcarda en el contexto de las teorías críticas con J. Ann Tickner como máximo exponente.

Mención especial merecen los estudios de seguridad. El feminismo se vincula inexorablemente a la Seguridad Humana y las versiones más críticas de la Seguridad. Se trata de una versión alternativa que pretende remover los cimientos de las teorías de seguridad y que cambia el objeto referente del mismo pasando del Estado al individuo. Así a nivel teórico podemos decir que hay un trabajo bien realizado a lo largo de los últimos años que vincula feminismo, relaciones internacionales y seguridad.

Esta base teórica sirve para sustentar una base práctica que ha inspirado la acción de los Estados y de las organizaciones internacionales en seguridad internacional. Tanto las Naciones Unidas, como la OTAN o la Unión Europea han asumido los principales postulados de género en lo que a las doctrinas de seguridad se refiere. Resoluciones como la 1325 de las Naciones Unidas, Directivas de Género como la 40 de la OTAN o la EU Women's Charter son claros ejemplos de esta aplicación de los postulados teóricos de género a la vida internacional. Mención especial merece el adiestramiento. Las Operaciones de Mantenimiento de la Paz ya incluyen estos elementos en el adiestramiento tanto de sus fuerzas como de las fuerzas que van a entrenar en los lugares.

En definitiva la perspectiva de género se antoja como uno de los aspectos más relevantes para el futuro de la seguridad en general y de las Operaciones de Manteniemiento de la Paz en particular (OMP). Por ello, los diferentes actores internacionales deberán tener más y más en cuenta estas cuestiones si quieren que de cara al futuro podamos tener un mundo más seguro. De no incluirse a las mujeres en los procesos de paz, éstos no serán duraderos. Por lo tanto, su éxito pasará por adaptarse a ellos. Tal y como hemos visto en el Capítulo 1 las Operaciones de Mantenimiento de la Paz (OPM) están transformándose con la idea de adaptarse al nuevo entorno internacional. En esta transformación también deberá incluirse la perspectiva de género.

Para concluir debemos afirmar que el mundo deberá ser más igualitario para que pueda ser más seguro.

7. BIBLIOGRAFÍA

Libros

BUTLER, J., *Gender Trouble: Feminism and the Subversion of Identity,* Routledge, London, 1993.

BUTLER, J., *Bodies that Matter: On the Discursive Limits of Sex,* Routledge, London, 1991.

BUZAN, B., AND HANSEN, L., *The Evolution of International Security Studies,* Cambridge University Press, Cambridge, 2009.

CASTLE, F., LEIBFRIED, S., LEWIS, J., OBINGER H., AND PIERSON, C., *The Oxford Handbook of Welfare State,* Oxford University Press, Oxford, 2010.

COTT, N., *The Grounding of Modern Feminism,* Yale University Press, New Haven, 1987.

FRIEDAN, B., *The Femenine Mistique,* W.W. Norton and Co, New York, 1963.

GROOTHEDDE, S., *Gender Makes Sense. A way to improve your mission,* Civil-Military Cooperation Center for Excellence (CCOE), The Netherlands, 2013.

HUMM, M., *Feminism criticism: Women as contemporary critics,* The Harvester press, Sussex, 1986.

KOLAWOLE, M.M., *Womanism and African consciousness,* African world press, Treton, 1997.

MOON, K., *Sex Among Allies: Prostitution in US Korea Relations,* Columbia University Press, New York, 1997.

TICKNER, A.J., *Gendering World Politics: Issues and Approaches in the Post-Cold War Era,* Columbia University Press, New York, 2001.

TICKNER, A.J, *Gender in International Relations: Feminist Perspectives on Achieving International Security,* Columbia University Press, New York, 1991.

SMITH, S., BOOTH, K., ZALEWSKY, M., *International Theory: Positivism and Beyond,* Cambridge University Press, Cambridge, 1996.

SWEETMAN, C., Gender, *Peacebuilding and Reconstruction,* Oxfam, Oxford, 2005.

VVAA., *SCR 1325 and the Peacebuilding Commision. Security Council Resolution 1325 on Women, Peace and Security-Six years on Report,* United Nations, New York, 2006.

Capítulos de Libro

KINSELLA, H., "Securing the Civilian: Sex and Gender in the Laws of War" en BARNETT M., AND DUVALL, R., (Eds) *Power in Global Governance,* Cambridge University Press, Cambridge, 2005.

PUECHGUIRBAL, N., "Involving women in peace processes: Lessons from four African countries", en KARAMÉ, K., (Ed) *Gender and Peacebuilding in Africa*, NUPI, Oslo, 2004.

ZUCKERMAN, E AND GREENBERG, M., "The gender Dimension of post conflict reconstruction: an analytical framework for policy makers", en SWEETMAN, C., *Gender, Peacebuilding and Reconstruction*, Oxfam, Oxford, 2005.

Artículos de Revista

ALLISON, M., "Women as Agents of Political Violence. Gendering Security" en *Security Dialogue*, 35.

CAPRIOLI, M., "Gendered Violence and International Conflicts" en *Journal of Conflict Resolution*, 45.

CAPRIOLI, M., "Gendered Conflict", en *Journal of Peace Research*, 37.

COHN, C., "Sex and Death in the Rational World of Defense Intellectuals" en *Signs*, Vol. 12, No. 4, Summer 1987.

EICHENBERG, R., "Gender Differences in Public Attitudes toward the Use of Force by the United States, 1990-2003", en *International Security*, Vol. 28, no.1, 2003.

HUDSON, H., "Human Security and Peacebuilding through a Gender Lens. Challenges of Implementations in Africa", en *DIIS Working Paper*, no 2006/37.

JACOBY, S., "Feminism. Nationalism and Difference: Reflections on the Palestinian Women's Movement", en *Women's Studies International Forum Vol.*22, Issue 5.

KORAC, M., "Ethnic Nationalism, War and the Pattern of Social, Political and Sexual Violence against Women: The Case of the Post-Yugoslav Countries" en *Identities*, Vol. 2 Issue 5.

NORVILLE, V., "The Role of Women in Global Security", en *Special Report –United States Institute of Peace*, January 2011.

REGAN, P.M. AND PASKEVICIUTE, A. "Women's Access to Politics and Peaceful States", en *Journal of Peace Research*, 40.

STERN-PETTERSON, M., "Reading Mayan Women's In/Security", en *International Journal of Peace Studies*, vol.3, no.2, 1998.

TICKNER, A.J., "You Just Don't Understand", en *International Studies Quarterly*, vol. 41, 1997.

Artículos de prensa:

STORR, W., "The rape of men", en *The Observer*, 17 de julio de 2011

SHERWELL, P., " How British hones the skills of killers" en *The Telegraph*, 10-09-2000.

Recursos Web

European Institute for Gender Equality (EIGE) www.eige.europa.eu

Gender Advisor at Alliaed Command Transformation (GENAD ACT) www.act.nato.int/gender-advisor

The Nordic Centre for Gender in Military Operations (NCGM) www.forcvarskten.se

The Nato Committee on Gender Perspective, www.nato.int/cps/natolive/topics_50327.htm

UN WOMEN www.unwomen.org

US Institute of Peace (USIP) www.usip.org

Documentación

A) Naciones Unidas:

UN Report on Women, Peace and Security, United Nations, New York, 2002.

PARTE II:
¿CÓMO HA DE SER UN ADIESTRAMIENTO SENSIBLE AL GÉNERO PARA EMPODERAR A LA MUJER?

CAPÍTULO 3

ADIESTRAMIENTO SENSIBLE AL GÉNERO Y EMPODERAMIENTO DE LA MUJER: LA NECESIDAD DE UN ENFOQUE INTEGRAL. FORMACIÓN/ ADIESTRAMIENTO EN RELACIÓN CON LA POBLACIÓN CIVIL

Susana De Tomás Morales

La consecución de un entorno de paz mundial en el que se protejan y promuevan los Derechos humanos, la democracia y el arreglo pacífico de controversias se presentaba, dentro del Plan de Acción de la Plataforma de Beijing[125], como un factor crucial para el empoderamiento de la mujer[126]. En concreto, en su parágrafo 131 se hacía referencia expresa al "adelanto" de la mujer, lo que no permite ser atendido en la actualidad si no es en clave de empoderamiento. El término "adelanto", si bien implica una mejora de la situación de la mujer no marca unos objetivos definidos a conseguir, pues se puede producir un "adelanto" de la mujer en relación con una precaria y discriminatoria situación, sin que ne-

[125] La cuestión de la mujer y los conflictos armados fue atendida en el objetivo estratégico E) contenido en el capítulo IV del Plan de Acción de la Plataforma de Beijing. Informe de la Cuarta Conferencia Mundial sobre la Mujer, celebrada en Beijing, del 4 al 15 de septiembre de 1995. Doc. A/CONF.177/20/Rev.1; parágrafos 131-149; pp.71-84.

[126] *Ibidem*, pág. 71.

cesariamente se consiga erradicar su desventajosa posición social. Sin embargo, la utilización de los términos "empoderamiento de la mujer" no puede ser interpretada más que como una estrategia dirigida a la consecución de la igualdad de género. Esta estrategia está dirigida, por una parte, a reafirmar la dignidad y autoestima de la mujer como persona y, por otra parte, a fortalecer su posición socio-económica y política, tal y como puede deducirse de la extensa definición ofrecida en el "*Plan de Acción: Mujeres y Construcción de la Paz de la Cooperación Española. Aplicación de la Resolución 1325 del Consejo de Seguridad de las Naciones Unidas en la Política Española para el Desarrollo*"[127].

La incorporación de las cuestiones de género, desde la perspectiva de la mujer, se encuentra indisolublemente unida a las Operaciones de Mantenimiento de la Paz (en adelante, OMPs) de las Naciones Unidas desarrolladas a partir de la histórica Resolución 1325[128], adoptada por el Consejo de Seguridad, aunque no se han conseguido logros significativos en el campo del empoderamiento de la mujer, ni como víctima de los conflictos armados ni como agente activo en la reconstrucción de sus sociedades postconflicto. Esta situación nos conduce a reflexionar sobre cómo conseguir ese entorno de paz mundial a través del empoderamiento de la mujer.

Si la implementación del *mainstreaming* de género[129] se vincula al empoderamiento de la mujer a través de una más coordinada y cohe-

---

[127] *Plan de Acción: Mujeres y Construcción de la Paz de la Cooperación Española. Aplicación de la Resolución 1325 del Consejo de Seguridad de las Naciones Unidas en la Política Española para el Desarrollo.* Ministerio de Asuntos Exteriores y Cooperación. Secretaría de Estado de Cooperación Internacional. Dirección General de Planificación y Evaluación de Políticas para el Desarrollo, Madrid, 2009; pág.21.

[128] Resolución 1325 (2000), adoptada por el Consejo de Seguridad de las Naciones Unidas en su 4213ª sesión, celebrada el 31 de octubre de 2000. Doc. S/RES/1325(2000).

[129] El Consejo Económico y Social de las Naciones Unidas ofreció, en 1977, una de las definiciones de referencia de los términos *"gender mainstreaming"* en el ámbito onusiano, haciendo referencia a la incorporación de la perspectiva de género como *"el proceso de evaluación de las competencias para las mujeres y los hombres de cualquier actividad planificada, incluyendo las leyes, políticas o programas, en todos los sectores y a todos los niveles. Es una estrategia destinada a hacer que las preocupaciones y experiencia de las mujeres,*

rente estrategia a la hora de determinar las funciones a desempeñar en los ámbitos de prevención, mantenimiento y consolidación de la paz, antes de desplegar una OMP sobre el terreno, se avanzará de forma más efectiva en la consecución de una verdadera consolidación de la paz. La Resolución 1325 se presenta como un instrumento eficaz para erradicar la desigual posición en la que se encuentra la mujer en situaciones de conflicto armado, al vincular la perspectiva del *mainstreaming* de género a la estrategia del empoderamiento de las mujeres. Al mismo tiempo, "una correcta aplicación del *mainstreaming* de género no es posible si no se desarrollan estrategias específicas de género destinadas a empoderar a aquel sector de la población que se encuentre en una desigual situación"[130].

A través de la Resolución 1325, el Consejo de Seguridad de las Naciones Unidas, con carácter de urgencia, instaba a la incorporación de la perspectiva de género en las OMPs, incluyendo algunas acciones concretas, como el ampliar el papel y aportaciones de las mujeres en las OMPs de las Naciones Unidas sobre el terreno, especialmente entre los observadores militares (punto 4); o el incluir un componente de género en las OMPs sobre el terreno (punto 5). Al mismo tiempo, se resaltaba la necesidad de que se impartiese un adiestramiento o capacitación especializada[131], entre su personal, sobre cuestiones relativas a la protección, las necesidades especiales y los derechos humanos de las mujeres en situaciones de conflicto armado. Consecuentemente, la capacita-

---

así como de los hombres, sean un elemento integrante de la elaboración, la aplicación, la supervisión y la evaluación de las políticas y los programas en todas las esferas políticas, económicas y sociales, a fin de que las mujeres y los hombres se beneficien por igual y se impida que se perpetúe la desigualdad. El objetivo final es lograr la igualdad de géneros". Informe del Consejo Económico y Social, de 18 de septiembre de 1979. Doc. A/52/3.

[130] DE TOMÁS MORALES, S., El empoderamiento de la mujer en situaciones de conflicto armado, en BRITO, W. Y PUEYO LOSA, J. (Dir), *Conflictos Armados, Gestão Pós-Conflictual e Reconstrução. Conflictos Armados, Gestión Posconflicto y Reconstrucción,* Actas del I Encuentro Luso-Español de Profesores de Derecho Internacional Público y Relaciones Internacionales, Braga 18-19 de febrero de 2011; SCIENTIA IVRIDICA-Andavira Editora, Santiago de Compostela, 2011; pág.140.

[131] En cumplimiento del objetivo estratégico E.3) del Plan de Acción de Beijing. Informe sobre la Cuarta Conferencia Mundial de la Mujer... Doc. cit. en cita 125 *supra.* Parágrafo 145, g.

ción o adiestramiento en la materia debe estar dirigido a la consecución del empoderamiento de la mujer víctima durante y tras los conflictos. De ahí la importancia de que se incorporen en el adiestramiento las cuestiones relativas a las "necesidades especiales" de las mujeres junto al conocimiento de la normativa relativa a su protección en situaciones de conflicto armado.

En este sentido, deberíamos pensar en el importante papel que han de desempeñar los contingentes militares, sobre el terreno, en el desarrollo de una OMP de las Naciones Unidas, en relación con el empoderamiento de la mujer, vinculado, por una parte, con la obligación de respetar y hacer respetar la normativa de Derecho Internacional Humanitario (en adelante, DIH), como un eficaz instrumento de empoderamiento de la mujer durante el conflicto y, por otra parte, con el estableciendo de mandatos que permitan seguir impulsando el empoderamiento de las mujeres en la reconstrucción de sus sociedades postconflicto.

En el desarrollo del presente estudio se atenderá, por una parte, a la capacitación o adiestramiento en las normas oportunas de DIH ligadas a las cuestiones de género, desde la perspectiva de la mujer. Este estudio nos permitirá descubrir las consecuencias de una eficaz aplicación práctica de ese adiestramiento en relación con el empoderamiento de las mujeres durante el conflicto, así como destacar los obstáculos que impiden o dificultan el mantenimiento de dicho empoderamiento tras el conflicto. Atendiendo a estas cuestiones, se realizará una reflexión final sobre la necesidad de modificar o, en su caso, intensificar los mandatos de las OMPs, en relación con las funciones que los contingentes militares y civiles han de desempeñar, sobre el terreno, en relación con la consolidación de la paz y la reconstrucción postconflicto.

1. LA NECESIDAD DE UN ENFOQUE INTEGRAL EN EL ADIESTRAMIENTO SENSIBLE AL GÉNERO

La capacitación especializada que se ha de ofrecer a los contingentes militares, con carácter previo al ejercicio de sus funciones en el desarrollo de una OMP sobre el terreno, tanto en cuestiones de género como en el aprendizaje de la normativa de DIH referida a la mujer, constituye un elemento clave en el presente estudio, si reflexionamos sobre el objetivo último que se quiere conseguir con dicho adiestramiento: el empoderamiento de la mujer como sujeto activo y pasivo en situaciones de conflicto armado.

La atención a las cuestiones referidas a la mujer en el adiestramiento ha de ofrecerse desde un enfoque integral, de tal forma que se llegue a tomar conciencia sobre la importancia de la aplicación práctica de su formación y sobre cómo incorporar esos conocimientos al ejercicio de sus funciones sobre el terreno. Consecuentemente, se requiere que el adiestramiento en materia de Derechos humanos y de DIH especialmente dirigidos a la protección de la mujer sea un adiestramiento sensible al género, pero sin obviar las condiciones socio-culturales del Estado en cuyo territorio van a desempeñar sus funciones. En efecto, las cuestiones culturales no deben ser desatendidas en un eficaz proceso de formación/adiestramiento del personal que desarrollará sus funciones en la Zona de operaciones. Como acertadamente indica TALAMONI, en relación con los desafíos de lo que denomina inteligencia cultural,

> *"[...] Hoy en día dichas misiones poseen componentes multiculturales y además se llevan a cabo en lugares que ofrecen diversidad cultural. La toma de conciencia operacional, es decir el cuadro de situación real, requiere una apreciación (conocimiento + significación) objetiva para asegurar una adecuada adaptación al ambiente. El desarrollo de esta capacidad, hará que las relaciones y retos que se le presenten vea disminuida la incertidumbre a la vez que su correcta incorporación aporta un ingrediente más al éxito de la misión, por otra parte, no considerarlos con anticipación, hará que sean tomados como "imprevistos".*
>
> *Tener en cuenta que el género está estrechamente ligado a lo cultural constituye una herramienta muy útil y oportuna que incidirá en el manejo del riesgo y el cálculo del esfuerzo operacional"*[132].

[132] TALAMONI, A.F., "Alcanzar un entrenamiento eficaz en operaciones de paz bajo mandatos complejos. Desafíos de género", en VÁRNAGY, T. (Compilador), *Operaciones de Paz de Naciones Unidas*, Ed. Escuela de Defensa Nacional, Buenos Aires, 2011, p. 77.

Los contingentes militares así como el personal civil que participa en dichas operaciones deberán tener conciencia de que con su correcta actuación, fruto de una excelente formación, están empoderando a la población civil, de la que forma parte integrante la mujer. Teniendo en cuenta, además, que la estrategia del empoderamiento impulsa un verdadero adelanto de aquel sector de la población que se encuentra en una posición desigual y discriminatoria, los contingentes civiles y militares han de ser conscientes de que su actuación puede resultar clave para el empoderamiento de la mujer, en su condición de víctima de los conflictos armados con especial vulnerabilidad ante los actos de violencia sexual y en su condición de agente activo en el proceso de consolidación de la paz y reconstrucción de sus sociedades postconflicto. ¿Cómo lograr esa conciencia? La clave se encuentra en poder ofrecer un nuevo enfoque integral del adiestramiento que se ha de ofrecer a los verdaderos agentes activos que, sobre el terreno, empoderarán a las mujeres y niñas en situaciones de conflicto armado.

Como se ha indicado en la primera parte de la presente obra, la necesidad de ofrecer un enfoque integral en las cuestiones de género en el ámbito de la Política Exterior y de Seguridad Común (en adelante, PESC) de la Unión Europea, se remonta al año 2005, destacando la adopción por el Consejo Europeo, el 18 de mayo, de las *Normas de Conducta Genéricas para las Operaciones de la PESD de la Unión Europea*[133]. En este documento, al referirse al adiestramiento se señala que:

> *"Pre-deployment training of personnel, carried out nationally as well as by the EU, should include training and education on prescribed standards of behaviour. Particular attention should be given to international law, including international humanitarian law and human rights issues, gender issues and child rights issues. Specific training activities should be developed within the framework of the EU Training Concept in ESDP, drawing on EU 8373/3/05 REV 3 JG 5 DG E VIII EN guidelines on children and armed conflict and existing manuals developed for instance by the UNICEF and DPKO".*

---

[133] Council of the European Union, *Generic Standards of Behaviour for ESDP Operations.* Doc. 8373/3/05 REV 3. Disponible en el sitio web: http://register.consilium.europa.eu/pdf/en/05/st08/st08373-re03.en05.pdf.

La importancia de este documento radica en su aplicabilidad a todo el personal civil y militar que participa en operaciones de paz de la UE. Sin embargo, ni en este documento ni en los posteriores[134], referentes a la implementación de la Resolución 1325 no se ofrecen directrices claras sobre cómo ha de ofrecerse dicho adiestramiento, aunque se recoge la voluntad de los Estados de garantizar una formación y sensibilización en cuestiones de género, así como incorporar la perspectiva de género en las operaciones de paz de la PESC/PESD. Parece que esta cuestión tan vital debe descansar en la responsabilidad de cada Estado miembro de la UE, sin que la UE adopte una posición firme de incluirla en su estrategia común de Seguridad y Defensa.

2. LA MUJER CENTRO DE ATENCIÓN DEL ADIESTRAMIENTO ESPECIALIZADO EN CUESTIONES DE GÉNERO: LA RESOLUCIÓN 1325 Y LA ATENCIÓN AL ADIESTRAMIENTO SENSIBLE AL GÉNERO

A partir de la Conferencia de Beijing, se trasladó el centro de atención de la mujer al concepto de género, identificando la situación de la mujer en situaciones de conflicto armado como una de las esferas de mayor preocupación que impiden el adelanto de la mujer. Para poder implementar de forma adecuada la Resolución 1325 en las OMPs, se requiere ofrecer un previo adiestramiento especial en cuestiones de género, en cuyo centro de atención se sitúe a la mujer.

Los distintos llamamientos realizados desde el ámbito de las Naciones Unidas sobre la necesidad de un adiestramiento especializado nos permiten ir descubriendo sobre qué cuestiones se debe adiestrar. Así, en el Plan de Acción de Beijing (Objetivo E3, p.145, g) se establece la necesidad de tener en cuenta los problemas relacionados con el género, en relación con las necesidades de las mujeres, así como el ofrecer una formación en Derechos Humanos y en DIH.

---

[134] Implementation of UNSCR 1325 in the context of ESDP. http://www.eulex-kosovo.eu/training/hrgi/docs/170707implementationunscr_en.pdf

Por su parte, la Resolución 1325 irá más allá, tanto en relación a la importancia del adiestramiento especializado como en relación con las cuestiones que han de incluirse en el mismo. En relación con la relevancia de dicho adiestramiento, se insta a los Estados a aumentar su apoyo financiero, técnico y logístico destinado a actividades sensibles al género; al tiempo que se solicita al Secretario General de las Naciones que propicie directrices y material de adiestramiento a los Estados. Ambas cuestiones son vitales en cuanto a una correcta implementación del *mainstreaming* de género en las OMPs de las Naciones Unidas. Si tenemos en cuenta las condiciones[135] establecidas por el Consejo Económico y Social para facilitar la incorporación de la perspectiva del *mainstreaming* de género, podemos observar que, entre ellas, se incluyen: la educación en cuestiones de género (en el caso que nos ocupa, sería un adiestramiento sensible al género); establecimiento de políticas y programas específicos sobre la mujer (como pueden ser las actividades sensibles al género que se aluden en la Resolución 1325); voluntad política y una asignación adecuada de recursos financieros y humanos (o como se indica en la referida Resolución: aumentar su apoyo financiero, técnico y logístico. Esto no significa el tener que aumentar los presupuestos en Defensa, sino en reorganizar los recursos financieros disponibles). Como podemos observar, la primera de las cuestiones a las que hace referencia la Resolución 1325, en relación con el adiestramiento, recoge todas las condiciones indispensables para que se consiga una igualdad, de *iure* y de *facto*, entre hombres y mujeres, fin último que se pretende alcanzar mediante las estrategias del *mainstreaming* de género y del empoderamiento de la mujer.

Por otra parte, también es digna de ser destacada la solicitud realizada por el Consejo de Seguridad al Secretario General para que propicie a los Estados directrices y material de adiestramien-

---

[135] El Consejo Económico y Social, en su Informe de 1977, no se limitó a ofrecer una definición sobre *"mainstreaming a gender perspective"*, sino que ofreció una serie de requisitos o condiciones de facilitación para su incorporación. Informe ya citado, en cita 5 *supra*.

to. Esta petición tiene por objetivo la universalización de directrices homogéneas para la capacitación de todo el personal, civil, militar y policial que participe en el desarrollo de una OMP. Sin embargo, a pesar de ser la segunda cuestión de relevancia en torno a la necesidad de ofrecer un adiestramiento especializado, establecida en la Resolución 1325, no parece haberse tomado con la atención suficiente como para ser objeto de evaluación y monitoreo, al establecerse los indicadores[136] de voluntad de los Estados en relación con la implementación de dicha Resolución. Esta cuestión, sin embargo, si es atendida en relación con la capacitación de los operadores de justicia en cuestiones de género, aunque con poco detenimiento, al ocuparse, en el indicador número 20, de la rendición de cuentas sobre las horas de capacitación *per cápita* del personal con responsabilidad en adoptar decisiones en instituciones de justicia que atiende casos de violencia sexual y violencia basada en el género. El indicador número 20 es el único relativo a una capacitación especializada, pero no se establece ningún control en relación con el contenido de dicha capacitación, al tiempo que "no se establecen indicadores en relación con la capacitación del resto de los operadores de justicia que no adoptan decisiones"[137].

En relación con la capacitación o adiestramiento de los contingentes integrados por personal civil y militar que participan en el desarrollo de las OMPs ni siquiera se monitoriza el número de horas de capacitación *per cápita*. Ante esta situación, nos debemos plantear muchos interrogantes acerca de la efectividad de los adiestramientos que se están ofreciendo tanto al personal civil como al militar que desarrolla sus respectivas funciones sobre el terreno. Algunos de los interrogantes serían los siguien-

---

[136] Estos indicadores se ofrecen en el Informe del Secretario General de las Naciones Unidas sobre *"la mujer y la paz y la seguridad"*, de 28 de septiembre de 2010. Doc. S/2010/498; pp.38 a 54.

[137] DE TOMÁS MORALES, S. El abogado defensor: pieza clave en el sistema de reparación de la mujer víctima del crimen internacional de violación, en CARRETERO GONZÁLEZ, C. Y DE MONTALVO JÄASKELÄINEN, F., *"Retos de la abogacía ante la sociedad global"*, Civitas-Thomson Reuters, Pamplona, 2012; pág.1558.

tes: ¿Qué garantías existen sobre la eficacia de dicho adiestramiento? ¿Existe una homogenización sobre el enfoque dado a ese adiestramiento en los distintos Estados? ¿Se capacita por igual al personal civil y al militar? ¿Se está ofreciendo un adiestramiento con un enfoque integral que tenga a la mujer como centro de atención en dicho adiestramiento? Resulta altamente importante que en las actuales multidimensionales misiones de paz, en las que participan en una misma Zona de Operaciones tanto personal civil como militar, se ofrezca una respuesta coherente para la consecución del éxito del Mandato. Sin lugar a dudas, se ofrecerá un mayor grado de coherencia si se ofrece una capacitación/adiestramiento integral y homogéneo tanto al personal civil como al militar. A lo largo de los distintos capítulos que integran la presente obra, se irán ofreciendo respuestas a los mismos, de manera que pueda articularse un sistema de monitoreo y evaluación que tienda a una homogenización en materia de capacitación/adiestramiento del personal civil y militar que desarrolla sus funciones sobre el terreno.

Por otra parte, a la hora de ofrecer una capacitación/adiestramiento integral sensible al género habrá que tener en consideración los factores culturales del Estado de procedencia de esos contingentes. En este sentido, la elaboración de indicadores dirigido exclusivamente al monitoreo de las horas de capacitación *per cápita* no garantizan la sensibilización y receptividad que ha de cumplir un adiestramiento integral sensible al género. Atendiendo a las sociedades de origen del personal que será desplegado en una Zona de operaciones, se hace necesario buscar mecanismos de evaluación y monitoreo que incidan más en el propio proceso de enseñanza/aprendizaje. Pensemos, por ejemplo, en cómo son percibidos los actos de violencia sexual contra mujeres y niñas en las sociedades del personal desplegado y fácilmente podremos deducir que deberá intensificarse el número de horas de formación/adiestramiento de dicho personal en aquellos Estados en los que sea más difícil lograr su sensibilización y receptividad.

3. LA RESOLUCIÓN 1894: LA EXTENSIÓN DEL ADIESTRAMIENTO A LA CAPACITACIÓN DE LA POBLACIÓN CIVIL

La protección de la población civil en situaciones de conflicto armado constituye una de las cuestiones temáticas a examinar periódicamente en el ámbito de las Naciones Unidas, desde 1999, a través de la Resolución 1265[138] del Consejo de Seguridad. El hecho de dirigir su atención a la protección de la población civil constituye una de las consecuencias del desarrollo de los actuales conflictos armados, sean o no de índole internacional, cuya localización ya no se encuentra en el tradicional campo de batalla. Como muy gráficamente exponía SMITH, "la guerra ha entrado en la casa del ciudadano civil"[139], en clara alusión a que ya no existen sitios seguros en los que puedan refugiarse las mujeres, junto a los niños y ancianos a su cargo. Con la intención de dispensarles una mayor protección, el Consejo de Seguridad adoptó la Resolución 1296, unos meses previos a la adopción de la Resolución 1325. Será, no obstante, a partir de entonces cuando prolifere la adopción de un elevado número de resoluciones[140], sin que se consiguiesen logros significativos. Esta situación condujo a inten-

---

[138] Resolución 1265 (1999) sobre las causas de los conflictos y el fomento de la paz duradera y el desarrollo sostenible en África, adoptada por el Consejo de Seguridad de las Naciones Unidas en su 4046ª sesión, celebrada el 11 de septiembre de 1999. Doc. S/RES/1265 (1999).

[139] SMITH, D., Las mujeres, la guerra y la paz, en BREINES, I; GIERYCZ, D. Y REARDON, B., *Mujeres a favor de la paz. Hacia un programa de acción*. UNESCO, París, 2002; pág.80.

[140] Tras la adopción de la Resolución 1325, el Consejo de Seguridad ha realizado continuos esfuerzos por otorgar una protección especial a la población civil, como puede observarse en las siguientes Resoluciones: Resolución 1612 (2005), referida a la protección de los niños en los conflictos armados, adoptada por el Consejo de Seguridad en su 5235ª sesión, celebrada el 26 de julio de 2005. Doc. S/RES/1612 (2005). Resolución 1674 (2006), adoptada por el Consejo de Seguridad en su 5430ª, celebrada el 28 de abril de 2006. Doc. S/RES/1674 (2006); Resolución 1738 (2006), adoptada por el Consejo de Seguridad en su 5613ª sesión, celebrada el 23 de diciembre de 2006. Doc. S/RES/1738 (2006). Resolución 1820 (2008), adoptada por el Consejo de Seguridad en su 5916ª sesión, celebrada el 19 de junio de 2008. Doc. S/RES/1820 (2008).

sificar sus esfuerzos a través de la adopción de las correspondientes Resoluciones[141], en 2009; a pesar de que en la Resolución 1820 (2008) se reconociese la *"responsabilidad primordial"* de los Estados de respetar y garantizar los Derechos humanos, de conformidad con la normativa internacional pertinente, a toda persona, nacional o no, que se encuentre en su territorio y, además, se reafirmase, una vez más, la "responsabilidad primordial" de las partes en los conflictos armados en relación con la adopción de todas las medidas posibles para asegurar la protección de los civiles afectados (cuestiones sobre las que reflexionaremos en relación con la capacitación en DIH, sensible al género).

Si bien en la Resolución 1325 se instaba a las partes a respetar plenamente las normas de Derecho Internacional referidas a sus derechos y protección, destacando, especialmente, su condición de civiles, la Resolución 1894 merece ser objeto de atención en relación con el adiestramiento especializado que nos ocupa.

La Resolución 1894 atiende de forma novedosa a la necesidad de un adiestramiento especializado, ya que podemos descubrir su extensión, en un doble sentido: por un lado, a la capacitación tanto de los miembros de las Fuerzas Armadas como de su personal asociado (como agentes activos); así como en relación a las cuestiones a incluir en dicha capacitación: Capacitación adecuada respecto a las cuestiones relacionadas con la población civil (tanto sensibilización como receptividad); sin olvidar de volver a incluir la capacitación sobre el VIH/SIDA. Por otro lado, la necesidad de una capacitación especial se extiende a la población civil (como sujetos pasivos, víctimas de los conflictos).

---

[141] Durante el año 2009 se adoptaron las siguientes Resoluciones vinculadas a esta temática: Resolución 1882(2009), adoptada por el Consejo de Seguridad en su 6176ª sesión, celebrada el 4 de agosto de 2009. Doc. S/RES/1882 (2009); Resolución 1888 (2009), adoptada por el Consejo de Seguridad en su 6195ª sesión, celebrada el 30 de septiembre de 2009. Doc. S/RES/1888 (2009); Resolución 1889 (2009), adoptada por el Consejo de Seguridad en su 6196ª sesión, celebrada el 5 de octubre de 2009. Doc. S/RES/1889 (2009); y Resolución 1894 (2009), adoptada por el Consejo de Seguridad en su 6216ª sesión, celebrada el 11 de noviembre de 2009. Doc. S/RES/1894 (2009).

Como se ha señalado, el adiestramiento de los miembros y personal asociado de las Fuerzas Armadas deberán recibir una capacitación adecuada respecto a las cuestiones relacionadas con la población civil. A partir de esta Resolución, además de tener en cuenta las necesidades especiales de las mujeres, habrá que tener una especial atención a las necesidades especiales de la población civil. Consecuentemente, con la adopción de la Resolución 1894 la mujer pasa a ser centro de atención, tanto individual como colectivamente, lo que adquiere gran importancia si se pretende contribuir al empoderamiento de la mujer con el adiestramiento especializado sensible al género. La capacitación adecuada respecto a las cuestiones relacionadas con la población civil incluye tanto la sensibilización como la receptividad. Por todo esto, el adiestramiento no sólo ha de ofrecer una formación teórico-práctica adecuada, sino que se requiere que tenga por efecto el sensibilizar a quienes reciben esa formación (es decir, que provoque sentimientos hacia las personas que son objeto de protección) y el que sean receptivos (es decir, garantizar la capacidad para recibir estímulos externos). Estos condicionantes hacen cada vez más complejo el adiestramiento a ofrecer, pues se extiende su contenido y tiene como consecuencia un cambio en la metodología de la enseñanza/aprendizaje en este adiestramiento especializado.

La Resolución 1894 no se limita a incluir las necesidades especiales de la población civil en el adiestramiento especializado de referencia, sino que también incorpora la necesidad de ofrecer capacitación a la sociedad y a la población civil, incluyendo su sensibilización, sobre las normas de DIH, de los Derechos humanos y del Derecho de los refugiados, con especial énfasis en las necesidades de las mujeres y niños en situaciones de conflicto armado. Esta labor de capacitación y sensibilización de la población civil no es ajena a los contingentes militares que participan en el desarrollo de las OMPs sobre el terreno, pues en esta Resolución se exhorta a los Estados a que reciban apoyo para que se haga efectiva esta labor, incluyendo la recepción del apoyo ofrecido mediante las OMPs de las Naciones Unidas y otras misiones pertinentes. En este sentido, debemos seguir profundizando no sólo en el contenido del adiestramiento, sino en cómo se ha de ofrecer el mismo. En efecto, si el Estado en cuyo territorio se encuentra desplegada una OMPs de las Naciones Unidas, puede solicitar su apoyo en las labores de capacitación y sensibilización de la población civil, consecuentemente, los Estados que aportan contingentes militares y/o civiles deberían garantizar un aprendizaje tal que permita a dicho personal, con una cualificada formación, convertirse en formadores; no solo a través de actividades propiamente formativas dirigidas a la población civil, sino con una conducta ejemplar, fruto de su previa formación.

¿Cómo podría conseguirse una mayor implicación del personal militar y civil en su propio adiestramiento especializado, de tal forma que garantice su sensibilización, receptividad y consecuente conducta ejemplar? En el ámbito de la docencia/aprendizaje, siempre resulta imprescindible el mostrar la utilidad de los conocimientos adquiridos. Si el adiestramiento especializado tiene como centro de atención a la mujer, los que reciben su formación deberán ser conscientes de que su propio proceso de aprendizaje es un medio de empoderamiento de la mujer. De la misma forma, deberán entender que el adquirir una capacitación adecuada en relación con la población civil constituye el más eficaz instrumento para su empoderamiento.

En este sentido, la Resolución 1894 de forma expresa se referirá al empoderamiento de los civiles vulnerables a través de la educación y capacitación.

En la misma línea se pronunciará el Consejo de Seguridad en su Resolución 2086[142], adoptada en 2013, al atender a las necesidades y situación específicas del Estado receptor que han de verse reflejadas en el correspondiente Mandato. En atención al mismo, el Consejo de seguridad incluye, en el parágrafo octavo de la referida Resolución, una serie de funciones que puede encomendar a las misiones multidimensionales de mantenimiento de la paz, entre las que se encuentra la siguiente:

---

[142] Resolución 2086 (2013), adoptada por el Consejo de Seguridad en su 6903ª sesión, de 21 de enero de 2013.

> *"Proteger a los civiles, especialmente a los que están en peligro inminente de sufrir violencia física [...] en las zonas de operaciones de las misiones y teniendo en cuenta sus capacidades y recursos y apoyar los esfuerzos de la autoridades del país de acogida para proteger a los civiles de la violencia, incluidas todas las formas de violencia sexual y por razón de género, y, a este respecto, ayudar a desarrollar y reformar las instituciones del sector de la seguridad del país de acogida para que sean capaces de proteger a los civiles de manera sostenible y sistemática, reconociendo al mismo tiempo que la responsabilidad primordial de proteger a los civiles recae en el país de acogida".*

Si atendemos a las funciones encomendadas en relación con la protección de la población civil, destaca la de ayudar a capacitar al personal de seguridad del Estado de acogida. Evidentemente, los participantes en una misión multidimensional de mantenimiento de la paz no podrán ejercer sus funciones como formadores de forma adecuada si su aprendizaje no ha conseguido cumplir su función sensibilizadora y de receptividad, que deberán transmitir a los miembros de las instituciones del sector de seguridad del Estado de acogida, si, verdaderamente, tal y como se desprende del texto de la Resolución, su objetivo es la consecución de mecanismos eficaces de protección de la protección civil de manera permanente, incluso en la fase de consolidación de la paz.

Resulta interesante también el recordatorio que el Consejo de Seguridad ofrece en relación con la responsabilidad primordial de proteger a los civiles. En su Resolución 2086, reafirmará que la misma recae en el Estado de acogida, lo que nos permite realizar unas últimas reflexiones vinculando la responsabilidad primordial de proteger a los civiles y la doctrina de *la responsabilidad de proteger* referida a prevenir y, en su caso, poner fin a cuatro crímenes internacionales: crímenes de guerra; crímenes de genocidio; crímenes de lesa humanidad y crímenes de depuración étnica. La responsabilidad de proteger referida a la prevención y detención de la comisión de las cuatro categorías de crímenes internacionales mencionados fue una de las preocupaciones manifestadas por el Secretario de la Organización, Kofi A. Annan, tras no haber podido impedir los atroces actos de genocidio en territorio ruandés, en 1994, ni la depuración étnica en los Balcanes y Kosovo, en 1995 y 1999. Si hasta entonces era evidente que en virtud del principio de soberanía los Estados eran responsables de proteger a la población ubicada en su territorio frente a la comisión crímenes internacionales, Kofi A. Annan se cuestionaba sobre la posibilidad de que esa responsabilidad de proteger se extendiese a la Comunidad Internacional. A tal efecto, en septiembre de 2001, el Gobierno de Canadá tomó la iniciativa y estableció una Comisión *ad hoc* cuyo informe, bajo el título *"La responsabilidad de proteger"*, introduciría la idea de extender esa responsabilidad primordial a la Comunidad internacional en relación con los más graves crímenes internacionales[143]. En el referido Informe se atendía a la responsabilidad de prevenir la comisión de estos crímenes; a la responsabilidad de actuar si se han cometido y, finalmente, la responsabilidad de reconstruir las sociedades tras la crisis. Este Informe, sin lugar a dudas, tendría su reflejo en el seno de las Naciones Unidas como un primer marco de referencia. Así, en el año 2005, la Asamblea General de la Naciones Unidas atendería a la "responsabilidad de proteger" en el Documento Final de la Cumbre Mundial[144] celebrada ese año, en sus parágrafos 138 y 139, extendiendo la responsabilidad primordial de proteger a la Comunidad internacional (bien a través de los Estados, bien a través de organismos regionales e internacionales):

> *"138. Cada Estado es responsable de proteger a su población del genocidio, los crímenes de guerra, la depuración étnica y los crímenes de lesa humanidad. Esa responsabilidad conlleva la prevención de dichos crímenes, incluida la incitación a su comisión, mediante la adopción de las medidas apropiadas y necesarias. Aceptamos esa responsabilidad y convenimos en obrar en consecuencia. La comunidad internacional debe, según proceda, alentar y ayudar a los Estados a ejercer esa responsabilidad y ayudar a las Naciones Unidas a establecer una capacidad de alerta temprana.*

---

[143] Informe de la Comisión Internacional sobre Intervención y Soberanía de los Estados: "La responsabilidad de proteger", diciembre 2011. Recurso disponible en el sitio web: http://www.iciss.ca/pdf/Spanish-report.pdf.

[144] Resolución 60/1. Documento Final de la Cumbre Mundial 2005, aprobada por la Asamblea General en su 60° período de sesiones, celebrada el 24 de octubre de 2005. Doc. A/RES/60/1.

139. La comunidad internacional, por medio de las Naciones Unidas, tiene también la responsabilidad de utilizar los medios diplomáticos, humanitarios y otros medios pacíficos apropiados, de conformidad con los Capítulos VI y VIII de la Carta, para ayudar a proteger a las poblaciones del genocidio, los crímenes de guerra, la depuración étnica y los crímenes de lesa humanidad. En este contexto, estamos dispuestos a adoptar medidas colectivas, de manera oportuna y decisiva, por medio del Consejo de Seguridad, de conformidad con la Carta, incluido su Capítulo VII, en cada caso concreto y en colaboración con las organizaciones regionales pertinentes cuando proceda, si los medios pacíficos resultan inadecuados y es evidente que las autoridades nacionales no protegen a su población del genocidio, los crímenes de guerra, la depuración étnica y los crímenes de lesa humanidad. Destacamos la necesidad de que la Asamblea General siga examinando la responsabilidad de proteger a las poblaciones del genocidio, los crímenes de guerra, la depuración étnica y los crímenes de lesa humanidad, así como sus consecuencias, teniendo en cuenta los principios de la Carta y el derecho internacional. También tenemos intención de comprometernos, cuando sea necesario y apropiado, a ayudar a los Estados a crear capacidad para proteger a su población del genocidio, los crímenes de guerra, la depuración étnica y los crímenes de lesa humanidad, y a prestar asistencia a los que se encuentren en situaciones de tensión antes de que estallen las crisis y los conflictos".

El contenido de ambos parágrafos ha sido reafirmado por el Consejo de Seguridad en su Resolución 1674[145], en 2006, y por el Secretario General de la Organización, Ban Ki-Moon, en 2009, con la publicación del Informe titulado: "*Hacer efectiva la responsabilidad para proteger"*[146]. A partir del referido informe se han venido celebrando diálogos interactivos sobre la materia. El pasado día 11 de septiembre de 2013, Ban Ki-Moon, se dirigía a la Asamblea General, en el marco de un diálogo interactivo sobre la cuestión, que "la prevención forma parte de la esencia de la responsabilidad de proteger"[147].

[145] *Vid.* cita 140 *supra.*

[146] Informe del Secretario General de las Naciones Unidas *"Hacer efectiva la responsabilidad de proteger"*, presentado en el 63º período de sesiones de la Asamblea General de las Naciones Unidas, celebrado el 12 de enero de 2009. Doc. A/67/677.

[147] *Vid.* el sitio web: *http://www.un.org/spanish/News/story.asp?NewsID=27408#.UjWVzcapW-0*

La vinculación de la responsabilidad primordial de proteger a los civiles de conformidad con las Resoluciones 1894 y 2086 del Consejo de Seguridad con la doctrina de la responsabilidad de proteger contenida en el Documento Final de la Cumbre Mundial 2005 no es insignificante si reflexionamos en clave de ofrecer un adiestramiento integral que ha de provocar una sensibilización y receptividad en quienes lo reciben en relación con la protección de la población civil y sus especiales necesidades. En relación con la responsabilidad de proteger a la población civil por parte de los Estados y de la Comunidad internacional incluye la prevención como un elemento nuclear de dicha responsabilidad. Si atendemos a la necesidad de un adiestramiento especializado en relación con el empoderamiento de la población civil como un eficaz instrumento de prevención en relación con la responsabilidad primordial de proteger, resulta innegable que las cuestiones relativas a la capacitación/adiestramiento del personal que desarrolla sus funciones en las Zonas de operaciones exigen una mayor atención por parte de los Estados. Cuestiones importantes a considerar en relación con la responsabilidad de proteger aplicable a las cuatro categorías de crímenes internacionales ya mencionados, pero que no pueden ser atendidas ni vinculadas en relación con el enfoque integral para otras cuestiones, que siendo relevantes para el adiestramiento, se encontrarían al margen de la doctrina de la responsabilidad de proteger, como sería el necesario adiestramiento en materia de VIH/SIDA. Ban Ki Moon, en su citado informe sobre *"Hacer efectiva la responsabilidad de proteger"* hará una referencia expresa a la no extensión de esta doctrina a situaciones calamitosas:

> *"A menos que los Estados Miembros decidan otra cosa, la responsabilidad de proteger únicamente es aplicable a los cuatro crímenes o actos especificados: el genocidio, los crímenes de guerra, la depuración étnica y los crímenes de lesa humanidad. La tentativa de ampliarlo para abarcar otras calamidades como el VIH/SIDA, el cambio climático o los desastres naturales redundaría en desmedro del consenso de 2005 y extendería el concepto hasta un punto en que ya no sería reconocible ni tendría utilidad práctica alguna".*

Sin embargo, el no ofrecer un eficaz adiestramiento en materia de VIH/SIDA dentro de un adiestramiento integral sensible al género entra dentro de la esfera de la responsabilidad de "prevención" en relación con el principio de responsabilidad del Mando por omisión.

3.1. La Resolución 1960 y el principio de responsabilidad del Mando

En su propósito primordial de poner fin a las violaciones de las normas del Derecho Internacional de los Derechos Humanos y del Derecho Internacional Humanitario (en adelante, DIH) referidas a la protección de mujeres y niñas en situaciones de conflicto armado, el Consejo de Seguridad de las Naciones Unidas hará un importante llamamiento hacia la labor de sensibilización en materia de género, a través del adiestramiento, mediante la adopción de consecutivas Resoluciones. En esta labor de sensibilización en materia de género ocupa un lugar destacado el adiestramiento en las normas convencionales y consuetudinarias[148] de DIH, lo que implica una exigencia de cumplimiento. Dicha exigencia, inevitablemente, deriva en la necesidad de examinar la eventual responsabilidad en que pueda incurrir el Mando, militar o civil que, en la conducción de operaciones militares, desatienda la referida obligación.

En relación con el principio de responsabilidad del Mando, resulta de especial interés el llamamiento específico que lanzará el Consejo de Seguridad de las Naciones Unidas en relación con los actos de violencia sexual. La importancia de un correcto adiestramiento sensible al género adquiere un nuevo valor al ser puesto en relación con tan importante principio en materia de responsabilidad. Consecuentemente, se hace necesario analizar dicho

---

[148] En esta materia resulta imprescindible atender a la Compilación de Derecho Internacional Humanitario Consuetudinario formulada por el Comité Internacional de la Cruz Roja. HENCKAERTS, J.M. Y DOSWALD-BECK, L., *El Derecho Internacional Humanitario Consuetudinario*. Volumen I, Normas, Comité Internacional de la Cruz Roja, Buenos Aires (Argentina) octubre, 2007. Disponible en el sitio web: www.icrc.org.

principio en relación con la materia que nos ocupa, de forma que propicie la elaboración de indicadores al respecto, así como su evaluación y monitoreo.

Los actos de violencia sexual contra mujeres y niñas se han convertido en una práctica sistemática y generalizada en el transcurso de los conflictos armados. Ante la constatación de estos hechos, el Consejo de Seguridad responde de forma enérgica, a través de sus Resoluciones[149] de octubre y noviembre de 2009, reafirmado la "política de tolerancia cero" emprendida por el Secretario General de las Naciones Unidas. Sin embargo, los datos ofrecidos en el Informe[150] emitido en noviembre de 2010 sobre la cuestión de la violencia sexual en situaciones de conflicto, en particular contra las mujeres y los niños, muestran, por una parte, una preocupante lentitud de los progresos alcanzados y, por otra, la constatación de que la violencia sexual es común a todos los conflictos armados en todo el mundo, llegando, en algunos casos, a convertirse en actos sistemáticos y generalizados, alcanzando los más elevados grados de brutalidad.

Como respuesta a esta deplorable situación, el Consejo de Seguridad, a través de la Resolución 1960[151], hará un llamamiento a los dirigentes civiles y militares para que demuestren su verdadero compromiso y voluntad política de prevenir la violencia sexual y de combatir la impunidad e imponer la rendición de cuentas, "en observancia del principio de responsabilidad del mando", añadiendo que "la inacción puede transmitir el mensaje de que la violencia sexual en los conflictos es tolerable".

---

[149] En las Resoluciones 1889 y 1894, además, se exige la criminalización de estas prácticas y su incorporación en los respectivos Códigos penales, con una doble finalidad: el enjuiciamiento y castigo de los culpables y el dejar estos actos delictivos fuera de las denominadas leyes de amnistía. Véase: Resolución 1889 (2009), adoptada por el Consejo de Seguridad en su 6196ª sesión, celebrada el 5 de octubre de 2009. Doc. S/RES/1889 (2009); Resolución 1894 (2009), adoptada por el Consejo de Seguridad en su 6216ª sesión, celebrada el 11 de noviembre de 2009. Doc. S/RES/1894 (2009).

[150] Informe del Secretario General de las Naciones Unidas, emitido el 24 de noviembre de 2010. Doc. S/2010/604.

[151] Resolución 1960 (2010), adoptada por el Consejo de Seguridad en su 6543ª sesión, celebrada el 16 de diciembre de 2010. Doc. S/RES/1960 (2010).

Este llamamiento dirigido a la observancia del principio de responsabilidad del Mando, en relación con la prevención de la violencia sexual, hace que esta cuestión pase a tener un protagonismo especial en relación con el adiestramiento especializado que se ha de ofrecer a los contingentes militares antes de su despliegue. Esta posición la podemos reforzar si observamos con detenimiento el contenido de la Resolución 1960, en la que se subraya lo siguiente:

> *"[...] la importancia de lograr que los oficiales superiores de las misiones garanticen la protección de los civiles, incluso mediante actividades de prevención y respuesta en los casos de violencia sexual en los conflictos armados de manera que todos los componentes de las misiones y todos los niveles de la cadena de mando estén debidamente informados del mandato de la misión y las responsabilidades pertinentes que les incumben e intervengan en su cumplimiento".*

Consecuentemente, el adiestramiento especializado ofrecido a los contingentes militares debe estar dirigido a garantizar la protección de los civiles, con una especial sensibilización en relación con los casos de violencia sexual, al tiempo que ofrezca mecanismos de prevención y respuesta. Es decir, ya no sólo se requiere una sensibilización y receptividad respecto a las cuestiones relacionadas con la población civil, tal y como se establecía en la Resolución 1894, sino que también se exige la debida capacitación para afrontar los casos de violencia sexual.

Es conveniente no olvidar que la "*política de tolerancia cero*" en esta materia es de aplicación también a los actos de explotación y abusos sexuales por parte del personal de mantenimiento de la paz. En el punto 16 de la Resolución 1960 se solicita al Secretario General que intensifique sus esfuerzos en este sentido, así como que:

> *"[...] siga proporcionando y ofreciendo orientación sobre cómo afrontar la violencia sexual para la capacitación previa al despliegue y la formación inicial del personal militar y de policía y ayudar a las misiones a elaborar procedimientos para situaciones concretas destinados a hacer frente a la violencia sexual sobre el terreno, y que se asegure de que se proporcione*

> *asistencia técnica a los que aporten contingentes y fuerzas de policía a fin de que se incluya en la capacitación previa al despliegue y la forma inicial, orientación para el personal militar y policial sobre formas de afrontar la violencia sexual".*

La exigencia de estar capacitados para dar una respuesta a los casos de violencia sexual y así poder hacer efectiva la denominada *"política de tolerancia cero"*, requiere que el adiestramiento se adecúe a las necesidades reales de las mujeres que se encuentren en las comunidades locales donde se desarrolla la OMP sobre el terreno. Resulta, pues, un requisito imprescindible la obtención de una información veraz sobre la situación de las mujeres y niñas en situaciones de conflicto armado como víctimas de la violencia sexual. En este sentido, en la Resolución 1960 se reconoce la importancia de que se asignen a las mujeres funciones civiles, militares y de policía, como un instrumento eficaz para que las mujeres víctimas de los actos de violencia sexual decidan denunciarlos. En el punto 15 de la referida Resolución se alienta a los Estados a incrementar el número de personal militar y policial femenino a desplegar en las OMPs de las Naciones Unidas, así como a capacitar adecuadamente a todo su personal militar y de policía en materia de violencia sexual basada en el género para cumplir sus funciones.

La Resolución 1960 también exige un adiestramiento adecuado al cumplimiento de las funciones que les son encomendadas en virtud del mandato, cuestión de gran relevancia que será tratada en el punto III del presente estudio.

Como podemos observar, la necesidad de un adiestramiento especializado va adquiriendo mayor relevancia, al tiempo que ofrece mayores dificultades en cuanto al enfoque y contenido que ha de ofrecer. El Consejo de Seguridad, desde la adopción de la histórica Resolución 1325 fue consciente de las dificultades que se iban a ir presentando en relación con el cumplimiento de la obligación de ofrecer un adiestramiento sensible al género, en el que la mujer se situase en el centro de atención del mismo. Por ello, como ya apuntamos, el Consejo de Seguridad solicitó al Secretario General de las Naciones Unidas que elaborase unas directrices y material de adiestramiento que pudiese poner a disposición de los Estados. Esta necesaria y encomiable labor ha sido objeto de reconocimiento por parte del Consejo de Seguridad, "acogiendo con beneplácito los progresos logrados por el Secretario General en la elaboración de instrumentos operacionales para la puesta en práctica de los mandatos relativos a la protección de los civiles...".

Sin embargo, consideramos que el Consejo de Seguridad no refleja una posición suficientemente firme cuando hace referencia a la utilización de este material por parte de los Estados, como se desprende de los términos que emplea: "[...] y alentando a los países que aportan tropas y fuerzas de policía a que aprovechen cabalmente ese importante material e informen de su utilización". Si bien resalta la importancia del material ofrecido, se limita a "alentar", en lugar de "obligar"; y a "aprovechar", en lugar de "utilizar", perdiendo la ocasión de establecer una obligación para los Estados de utilizar ese material. Por otra parte, el Consejo de Seguridad indica que los Estados han de aprovecharlo "cabalmente", ¿en relación a qué parámetros ha de interpretarse un aprovechamiento cabal? Entendemos que se puede dejar la puerta abierta a su utilización discrecional por parte de los Estados. Si atendemos a los cambios terminológicos propuestos, consideramos que el establecimiento de una obligación evitaría su utilización arbitraria, siendo el principio de la buena fe el que iluminase su cumplimiento.

Se alienta también a que los Estados *"informen de su utilización"*. Si verdaderamente la capacitación especializada reviste tal importancia como para ser considerado un instrumento eficaz para la prevención y adecuada respuesta de los actos de violencia sexual que nos ocupan, la emisión de los correspondientes informes debería constituir otra obligación más de los Estados, cuyo cumplimiento pudiese ser evaluado a través del correspondiente indicador de voluntad de cumplimiento de los Estados. Puede que, al no encontrarnos ante unos materiales de contenido cerrado, no se haya querido dar a su utilización un valor obligatorio. Al menos, podría haberse establecido que el material ofrecido a los Estados constituyese un documento de base, de obligado cumplimiento, y que, a su vez, podrá ser mejorado por los Estados ¿Por qué no dar un valor añadido a la información sobre su utilización, solicitando también información sobre su utilidad práctica? Puede que los Estados que contribuyen con sus contingentes al desarrollo de las OMPs sobre el terreno se sientan más predispuestos a presentar los correspondientes informes si se les involucra directamente en el proceso de elaboración de directrices y materiales, mediante la publicación de buenas prácticas.

En el punto 11 de la Resolución 1960, el Consejo de Seguridad volverá a referirse al material de capacitación sobre la lucha contra la violencia sexual, aunque en esta ocasión de forma más adecuada, puesto que informa sobre cómo ese material, destinado al personal de mantenimiento de la paz, se basa en la presentación de distintas situaciones hipotéticas. Sin embargo, sigue alentando y no obligando a los Estados a la utilización del mismo como referencia para la preparación y el despliegue de las OMPs de las Naciones Unidas.

En la Resolución 1960, incluso, el Consejo de Seguridad exige la observancia del principio de responsabilidad del Mando en relación con la prevención de la violencia sexual, al tiempo que recuerda que un adiestramiento adecuado constituye el más eficaz instrumento de prevención. En la Resolución de referencia, además, se acogen las propuestas del Comité Especial de Operaciones de Mantenimiento de la Paz[152], entre las que se incluye el desarrollo de actividades de prevención y respuesta en los casos de violencia sexual de tal forma que "todos los componentes de las misiones y todos los niveles de la cadena de mando estén debidamente informados del mandato de la misión y las responsabilidades pertinentes que les incumben e intervengan en su cumplimiento".

En el presente capítulo no se pretende abordar en profundidad el principio de la responsabilidad del Mando por omisión, en el que ocupa un lugar destacado la obligación de prevención

[152] Informe del Comité Especial de Operaciones de Mantenimiento de la Paz, de 10 de mayo de 2010. Doc. A/64/19.

en relación con el adiestramiento. Sin embargo, resulta necesario atender al adiestramiento dentro de la obligación de prevención, tanto en relación con el principio de responsabilidad del Mando por omisión como con la doctrina de la *responsabilidad de proteger* en relación con los crímenes de violencia sexual.

En otra ocasión[153] ya hemos reflexionado, con mayor profundidad, sobre la vinculación del principio de responsabilidad del Mando por omisión y el adiestramiento, por lo que sólo haremos una breve referencia a algunas cuestiones vinculadas a la obligación de actuar del superior, dentro de la cual se encuentra la obligación de prevenir la comisión de crímenes de violencia sexual, mediante el adiestramiento.

En primer lugar, deberíamos reflexionar sobre si la ausencia o inadecuación de un adiestramiento sensible al género podría incluirse entre las medidas necesarias y razonables de prevención. Es decir, determinar si el superior tomó todas las medidas necesarias y razonables para impedir la comisión del acto delictivo, incluyendo un adiestramiento en las normas de Derecho Internacional Humanitario especialmente referidas a la protección de la mujer. Tanto las normas convencionales como consuetudinarias de DIH son claras al respecto: se exige la responsabilidad de los Jefes u otros Mandos superiores en relación con los crímenes de guerra cometidos por sus subordinados si no tomaron todas las medidas *razonables y necesarias* para evitar su comisión[154]. Consecuentemente, si la aplicabilidad del DIH resulta un hecho innegable, tanto en los conflictos de carácter internacional como en los de carácter no internacional, la obligación de ofrecer un adi-

---

[153] De Tomás Morales, S. y Velázquez Ortiz, A.P, "La responsabilidad del Mando en la conducción de operaciones durante la ciberguerra: La necesidad de un adiestramiento eficaz", (Aún inédito, será objeto de publicación en la Revista Militar de Estudios Jurídicos). El estudio de referencia ha sido galardonado con el Premio Defensa 2013, en su modalidad Premio José Francisco Querol y Lombardero.

[154] En este sentido, nos encontramos con el artículo 87.1 del Protocolo Adicional I a los Convenios ginebrinos y con la norma consuetudinaria número 153, recogida en la Compilación de Derecho Internacional Humanitario, a la que se hace referencia en la cita 148 *supra.*

estramiento sensible al género como la que aquí se trata, resulta evidente.

La obligación de difundir las normas pertinentes de DIH, se encuentra recogida en el artículo 83 del Protocolo Adicional I, estableciendo que:

> *1. Las Altas Partes contratantes se comprometen a difundir lo más ampliamente posible, tanto en tiempo de paz como en tiempo de conflicto armado, los Convenios y el presente Protocolo en sus países respectivos y, especialmente, a incorporar su estudio en los programas de instrucción militar y a fomentar su estudio por parte de la población civil, de forma que esos instrumentos puedan ser conocidos por las fuerzas armadas y la población civil.*
>
> *2. Las autoridades militares o civiles que, en tiempo de conflicto armado, asuman responsabilidades en cuanto a la aplicación de los Convenios y del presente Protocolo deberán estar plenamente al corriente de su texto.*

Si esta primera dimensión del deber de prevenir la comisión de crímenes de guerra de los subordinados (artículo 86.2[155] del Protocolo Adicional I; artículo 7.3 del Estatuto del TPAY y artículo 6.3 del Estatuto del TPR[156]), incluye la obligación de difundir las normas pertinentes de DIH, el segundo interrogante a resolver será el atender a la adecuación de dicho adiestramiento.

Como ya se ha señalado, las agresiones de índole sexual constituyen crímenes de guerra[157], por lo que las mismas habrán de ser castigadas conforme a tal postulado. Si atendemos, además, a las características propias de este arma de guerra y a la habitual composición mayoritariamente masculina de los contingentes en conflicto, así como de los que se desplazan a la Zona de Opera-

---

155 si no tomaron todas las medidas factibles que estuvieran a su alcance para impedir esa infracción.

156 El artículo 6.3 del Estatuto del TPR establece la responsabilidad penal del superior si "(..).no adoptó las medidas necesarias y razonables para impedir que se cometieran (...)".

157 Véase al respecto la entrevista concedida en 2008 por Jean-Marie Henckaertz, asesor jurídico del CICR en materia de mujeres y guerra, al Comité Internacional de la Cruz Roja, titulada *«Cada violación cometida durante un conflicto es un crimen de guerra»*. La referida entrevista puede ser consultada en: http://www.icrc.org/spa/resources/documents/interview/sexual-violence-interview-260608.htm.)

ciones, es evidente que se requiere que dicho adiestramiento sea ofrecido, con carácter general, desde su incorporación, formando parte de los planes de estudio de todas las Academias castrenses y demás centros de formación. El tomar estas medidas necesarias y razonables desde el momento mismo del ingreso en el correspondiente centro de formación nos hace reflexionar sobre el momento en el que comienza el deber de prevención. Al efecto, se puede recordar cómo en el ya conocido caso *Yamashita* se determinó que el deber de prevenir un crimen comienza cuando los Mandos tienen una sospecha razonable sobre la comisión de crímenes de guerra por parte de sus subordinados, abarcando la responsabilidad del superior un deber de controlar a sus tropas, incluso antes de que el deber de prevención comience[158]. En ese caso, la Corte estadounidense constató el fracaso del control por parte del General *Yamashita*, al no inspeccionar personalmente a sus tropas. En parangón, podríamos deducir que se incluye, en la responsabilidad del Mando, la función de controlar que el adiestramiento que se ofrece a los subordinados resulta adecuado. Habrá que formar al subordinado en materias de DIH de forma que sea capaz de una aplicación efectiva de tales normas en caso de conflicto o de desplazamiento a la Zona de Operaciones, pero también será necesaria una sensibilización en materia de género, que asegure un correcto comportamiento de los mismos subordinados en su trato con el personal femenino que integre las Fuerzas Armadas a los que aquéllos pertenezcan.

No obstante, como apunta BANTEKAS, los superiores pueden descargar su responsabilidad respecto al deber de prevención si emplean todos los medios a su alcance para cumplir con esa obligación[159]. Consecuentemente, si se han tomado las medidas necesarias y razonables para ofrecer un adiestramiento adecuado, el superior podría eximirse de responsabilidad por omisión, en el caso que nos ocupa.

---

[158] Corte Suprema de Estados Unidos, caso *Yamashita,* decisión de 4 de febrero de 1946; en especial, p.327.

[159] BANTEKAS, I., "The contemporary Law of superior responsibility", en *American Journal of International Law;* Vol.I, 93, nº2, 1999; p.591.

En relación con los crímenes de guerra podemos observar cómo los Jefes u otros Mandos superiores podrían incurrir en responsabilidad por omisión en relación con los actos delictivos de sus subordinados, si dicha actuación delictiva ha sido propiciada por una ausencia de adiestramiento en la materia o si dicho adiestramiento no ha sido el adecuado. En relación con esta responsabilidad del Mando por omisión también habría que atender a la responsabilidad de los Estados por no haber prevenido su comisión en relación con la doctrina de la *responsabilidad de proteger.* En ambos supuestos, podemos atender al adiestramiento dentro de la obligación de prevención.

No obstante, el adiestramiento integral sensible al género, como ya se ha apuntado, no ha de limitarse al adiestramiento en las normas de DIH especialmente dirigidas a la protección de la mujer, sino que ha de incorporar la sensibilización y receptividad en relación con la población civil y en materia de VIH. En relación con esta última cuestión, debemos recordar, una vez más, que un adiestramiento especializado en la materia es necesario y que su ausencia o su inadecuación conllevaría también la responsabilidad del Mando por omisión.

4. ÁMBITOS DE ESPECIAL ATENCIÓN EN EL ADIESTRAMIENTO: LA CAPACITACIÓN SOBRE VIH/SIDA Y EN DIH

Atendiendo a la importancia de un adiestramiento integral que permita el empoderamiento de la mujer en situaciones de conflicto armado, no pueden ser ignorados estos ámbitos de especial atención. Con independencia de que ambos serán abordados de forma pormenorizada en otros capítulos de la presente obra, procederemos a incluir algunas reflexiones sobre ellos.

4.1. Capacitación sobre VIH/SIDA

En relación con las cuestiones que han de ser atendidas en el adiestramiento, la Resolución 1325, no sólo reafirma el cumplimiento del referido párrafo 145, g) del Objetivo estratégico E3 del Plan de Acción de Beijing, añadiendo el requisito de que la formación en DIH ha de ser sensible al género[160], sino que, además, hace un llamamiento a la concienciación sobre el VIH/SIDA. En relación con la concienciación sobre el VIH/SIDA, dicha concienciación no podrá realizarse más que en el contexto de una capacitación o adiestramiento especializado. ¿Debería incluirse esta capacitación en un enfoque integral del adiestramiento centrado en la mujer? Teniendo en cuenta que el VIH/SIDA pueden sufrirlo tanto hombres como mujeres y su vía de transmisión puede afectar tanto a las relaciones heterosexuales como homosexuales, la concienciación sobre esta enfermedad de transmisión sexual no debería incluirse, en exclusiva, en relación con un adiestramiento centrado en la mujer, pero tampoco debería ser obviado, si se atienden a las necesidades especiales de la mujeres en situaciones de conflicto armado, tanto individualmente como en su condición de civil objeto de protección.

El 17 de julio del año 2000 el Consejo de Seguridad de Naciones Unidas aprobó la Resolución 1308[161], solicitando un rango de acción más amplio a la hora de enfrentar la pandemia del SIDA en relación con la paz y la seguridad internacionales. Se reconocía que la epidemia se veía exacerbada por condiciones de violencia e inestabilidad y se pedía un desarrollo de programas de educación y prevención en HIV para todos los operadores de paz como parte de la orientación y entrenamiento necesarios previos al despliegue. La Resolución llevó al desarrollo de programas de prevención específicos entre los operadores de paz, personal militar y otros servicios policiales.

En 2001, la UNGASS (*UnitedNations General Assembly Special Session on HIV/AIDS*), adoptó una *Declaration of Commintment*, la cual

---

[160] Debido a que consideramos que el cumplimiento de la normativa de DIH constituye un motor impulsor del empoderamiento de la mujer en situaciones de conflicto armado, esta cuestión será atendida con mayor detenimiento en el apartado II.3) del presente estudio.

[161] Resolución 1308 (2000), adoptada por el Consejo de Seguridad de Naciones Unidas en su 4172ª sesión, celebrada el 17 de julio de 2000. Doc: S/RES/1308 (2000).

recogió compromisos concretos de los Estados en relación con el establecimiento de programas de educación y prevención sobre el SIDA entre el personal militar y policial. Concretamente se señalaba que en 2003 deberían tener establecidas estrategias nacionales en relación con la expansión de la enfermedad en el ámbito de los servicios uniformados, y asegurada la inclusión de la concienciación y capacitación sobre VIH/SIDA con una perspectiva de género en los planes para operadores de paz.

Tras una serie de Resoluciones[162] muy relevantes en cuestiones sobre mujer, violencia y seguridad, en las que se hacía hincapié en la vinculación de los contextos de abuso y explotación en escenarios de conflictos y postconflictos con la enfermedad, es necesario hacer finalmente referencia a la Resolución 1983. En su Resolución 1983[163], adoptada en junio de 2011, el Consejo de Seguridad reconocerá que las condiciones de inestabilidad y violencia, características de las situaciones de conflicto y postconflicto, pueden agravar la epidemia del VIH, siendo las mujeres y niñas el sector de la población más afectado. En esta Resolución, el Consejo de Seguridad llega a afirmar que "la carga desproporcionada que representa el VIH y el SIDA para la mujeres es uno de los obstáculos y problemas persistentes que impiden lograr la igualdad entre géneros y el empoderamiento de las mujeres". De ahí la importancia de que en las OMPs de las Naciones Unidas se incorpore "la concienciación sobre el VIH en las actividades previstas en los mandatos y en proyectos de extensión para las comunidades vulnerables", contribuyendo de forma relevante a dar una respuesta integrada al VIH/SIDA.

En la Resolución 1983 se dará un enfoque integral en el que se atiende al fin último que se ha de conseguir: "[...] poner fin a la violencia sexual y por razón del género relacionada con los conflictos, empoderar a las mujeres [...]", pues sólo a través de este empoderamiento se podrá reducir su riesgo de exposición al VIH/SIDA y frenar su transmisión vertical madre-hijo durante y

---

[162] Resoluciones 1820, 1888, 1960.

[163] Resolución 1983(2011), adoptada por el Consejo de Seguridad en su 6547ª sesión, celebrada el 7 de junio de 2011. Doc. S/RES/1983 (2011).

tras los conflictos. También es destacable la importancia que esta Resolución se le confiere al hecho de que los dirigentes, tanto civiles como militares, de las OMPs de las Naciones Unidas apoyen con firmeza todas las actividades de prevención, atención, apoyo y tratamiento del VIH/SIDA "como un factor para reducir el estigma y la discriminación" asociadas a esta enfermedad.

La labor desarrollada por el Programa Conjunto de las Naciones Unidas sobre el VIH/SIDA (ONUSIDA) establece que uno de los más eficaces medios para su prevención y cuidado lo constituye la formación en la materia, por lo que desplegará su actividad tanto en relación con las mujeres que lo padecen en las zonas donde son desplegadas las OMPs como en relación con el personal uniformado que participa en su desarrollo sobre el terreno. En las *"Directrices para las intervenciones relacionadas con el VIH/SIDA en contextos de emergencia"*[164] (en adelante, *Directrices*), elaboradas por el Comité Permanente Interorganismos (en adelante, IASC), se incluyen, en su capítulo 2, los factores por los que las mujeres en situaciones de conflicto armado, en especial durante sus desplazamientos, presentan un alto grado de vulnerabilidad como consecuencia de un previo abuso y violencia sexual; de su explotación sexual; por el ejercicio de la prostitución remunerada como única vía económica para el sustento alimenticio de sus hijos; así como las rupturas de relaciones estables, motivada por los desplazamientos, al desaparecer la cohesión social y familiar, propiciando las nuevas relaciones calificadas de alto riesgo. El Consejo de Seguridad será receptivo a los factores señalados por el IASC, solicitando, consecuentemente, al Secretario General de la Organización que se atiendan a las necesidades relacionadas con el VIH/SIDA de las personas que lo padecen, incluidas las mujeres y las niñas, en las actividades a desarrollar en materia de prevención y solución de conflictos; mantenimiento de la paz y seguridad internacionales; prevención y respuesta a la violencia sexual relacionada con los conflictos y consolidación de la paz tras

---

[164] Directrices disponibles, en castellano, en la página Web de ONUSIDA, a través de la siguiente URL: http://www.unaids.org/es/PolicyAndPractice/PeaceKeepers/default.asp. Fecha última consulta, 15 de febrero de 2013.

los mismos. Consecuentemente, en el adiestramiento especializado previo al despliegue se han de tener en cuenta: las necesidades especiales de la mujer; de la población civil; y las necesidades especiales relacionadas con el VIH/SIDA; además de la adecuada capacitación en DIH sensible al género.

Por otra parte, en la denominada "hoja de acción" número 3.3, recogida en el capítulo 4 de las referidas *Directrices*, se indica que el personal que participa en el desarrollo de las OMPs sobre el terreno es especialmente vulnerable a padecer infecciones de transmisión sexual, destacando una mayor vulnerabilidad del personal militar desplegado en relación con el riesgo de contagio de sus compañeros militares no desplegados[165]. El Consejo de Seguridad, a través de su Resolución 1983, subraya la necesidad de la ejecución de dichas *Directrices*, puesto que el VIH sigue teniendo consecuencias negativas en la salud y condición física del personal de las misiones de las Naciones Unidas, llegando a ser, "desde el año 2000, la principal causa de mortalidad sobre el terreno". En consecuencia, se hace prioritaria la concienciación y prevención en las OMPs de las Naciones Unidas, así como el reforzamiento de la denominada *"política de tolerancia cero"* frente a la explotación y los abusos sexuales en las misiones de la Organización.

En su Informe sobre *"La Mujer y la paz y la seguridad"*[166], de 2009, el Secretario General de las Naciones Unidas hizo referencia al costo, que puede ser muy elevado, de la violencia sexual y la violencia basada en el género tanto para la persona como para la sociedad, entre los que se incluye la infección con el VIH/SIDA. Como en otras ocasiones hemos apuntado, la mujer víctima en situaciones de conflicto armado sufre una plurivulnerabilidad a distintos riesgos, especialmente durante sus traslados; en situaciones de detención. De forma acertada, SANZ CABALLERO ha abordado, en diferentes ocasiones, la cuestión de la vulnerabilidad de las mujeres y niñas a padecer el VIH/SIDA, atendiendo a esta infección de transmisión

[165] Véase al respecto DE TOMÁS MORALES, S., *La mujer y las Operaciones de Mantenimiento de la Paz,* Dykinson, Madrid, 2010; *Passim,* en especial, pp.118-121.

[166] Informe del Secretario General de las Naciones Unidas sobre *"La mujer, la paz y la seguridad"*, de 16 de septiembre de 2009. Doc. S/2009/465.

sexual como un elemento más de agravación y de encrucijada de múltiples formas de violación que puede sufrir la mujer. Apunta esta autora que "la vinculación entre la violencia contra la mujer y el VIH debe incardinarse en un contexto más amplio de discriminación y desigualdad basada en el sexo"[167].

Estas cuestiones llevaron a una integración de la capacitación sobre VIH/SIDA en el marco del despliegue de los operadores de paz, como módulo prioritario del sistema de adiestramiento de las Naciones Unidas, como veremos, y dentro del marco de un compromiso claro entre ONUSIDA y el DPKO en el desarrollo de programas e iniciativas para abordar la vinculación entre el virus, los operadores de paz (civil, militar, policía) y las situaciones de conflicto y postconflicto. Cabe destacar, además, que en 2011 se aprobó la *Declaración Política* de la Asamblea General sobre el VIH y el SIDA, denominada "Intensificación de nuestro esfuerzo para eliminar el VIH y el SIDA"[168], cuyos objetivos y compromisos son: la reducción de la transmisión sexual, la prevención entre usuarios de drogas, la eliminación de nuevos casos en niños, el acceso al tratamiento para 15 millones de personas, la erradicación de muertes por tuberculosis, la reducción en las diferencias de recursos, la eliminación de las desigualdades de género, la erradicación del estigma y la discriminación, la eliminación de las restricciones de viaje y el fortalecimiento de la integración del VIH.

ONUSIDA, en colaboración con todo el sistema y las agencias de Naciones Unidas, está actualmente trabajando en el desarrollo de la Estrategia 2011-2015, basada en esos objetivos señalados, en la que el nexo adiestramiento-enfermedad-mujeres-violencia-conflicto está presente.

Por ello, atendiendo a toda esta amplitud contextual, podemos afirmar que es posible integrar la concienciación sobre el VIH/

---

[167] SANZ CABALLERO, S., Mujer, violencia y seropositividad: La vulnerabilidad en estado puro. Estudio de la interrelación entre la violencia contra la mujer y el VIH/SIDA desde la perspectiva de las Naciones Unidas, en FERRER LLORET, J. Y SANZ CABALLERO, S., *La protección de personas y grupos vulnerables. Especial referencia al Derecho Internacional y Europeo,* Tirant lo Blanch, monografías, nº 526, Valencia, 2008; pág. 23.

[168] Doc. A/RES/65/277, 10 de junio de 2011.

SIDA en el adiestramiento de los contingentes militares, previo a su despliegue, en relación con su capacitación sensible al género, que tenga como centro de atención a la mujer.

4.2. Formación en DIH sensible al género: Las normas de DIH como motor impulsor del empoderamiento de la mujer en situaciones de conflicto armado

Desde la adopción de la Resolución 1325, en la que se establecía la necesidad de un adiestramiento en materia de Derechos humanos y de DIH sensible al género, el Consejo de Seguridad no ha dejado insistir en esta cuestión.

En situaciones de conflicto armado, las normas convencionales[169] y consuetudinarias de DIH no sólo ofrecen protección a las mujeres como parte de la población civil o como combatientes, sino que, además, establece una normativa específica dirigida a atender sus necesidades, en razón del sexo. Podríamos afirmar que el DIH está integrado por un conjunto normativo pionero[170]

[169] En el contexto del presente estudio, atenderemos a las normas convencionales recogidas en los cuatro Convenios adoptados en Ginebra, el 12 de agosto de 1949: Convenio para aliviar la suerte que corren los heridos y los enfermos de las fuerzas armadas en campaña (en adelante, I Convenio); Convenio para aliviar la suerte que corren los heridos, los enfermos y los náufragos de las fuerzas armadas en el mar (en adelante, II Convenio); Convenio relativo al trato debido a los prisioneros de guerra (en adelante, III Convenio) y Convenio relativo a la protección debida a las personas civiles en tiempo de guerra (en adelante, IV Convenio); así como en sus dos Protocolos Adicionales, adoptados el 8 de junio de 1977: Protocolo adicional relativo a la protección de las víctimas de los conflictos armados internacionales (en adelante Protocolo I) y Protocolo adicional relativo a la protección de las víctimas de los conflictos armados no internacionales (Protocolo II).

[170] La posibilidad de disfrutar de una protección especial se produjo como consecuencia de la incipiente participación de la mujer durante la I Guerra Mundial. Así, en el artículo 3 del Convenio de Ginebra relativo al trato debido a los prisioneros de guerra, de 27 de julio de 1929, se establecía que *"Las mujeres serán tratadas con todas las consideraciones debidas a su sexo"*. Será, no obstante, a partir de la II Guerra Mundial, cuando se incremente la participación de las mujeres y la ampliación de las normas de DIH especialmente dirigidas a su protección a través de los cuatro Convenios de Ginebra de 12 de agosto de 1949, destacando una treintena de normas específicas contenidas en el III Convenio relativo al trato debido a las personas civiles en tiempo de guerra. La profesora Rosario Ojinaga ofrece uno de los más completos y rigurosos estudios realizados al respecto. Véase, OJINAGA RUIZ, R., La protección de la mujer

en implementar la perspectiva del *mainstreaming* de género con anterioridad a la aparición de este nuevo término en la Conferencia de Beijing. En efecto, el DIH no sólo garantiza el principio de igualdad entre hombres y mujeres[171], sino que, por una parte, establece normas antidiscriminatorias de género[172] y, por otra, ofrece un trato diferenciado a la mujer, en relación con las necesidades propias de su sexo[173].

El cumplimiento de las normas de DIH constituye el más eficaz instrumento de empoderamiento de la mujer, al tiempo que atiende a las necesidades especiales de la mujer en relación con todos los roles que puede desempeñar durante el conflicto armado: mujer perteneciente a la población civil o mujer combatiente. Si, como se ha indicado, se ofrece una protección especial en función a sus necesidades, no sería necesario el que se requiriese de forma específica un adiestramiento en las normas de DIH sensible al género. Consecuentemente, nuestra reflexión se dirige a descubrir si la intención del Consejo de Seguridad era llamar la atención sobre la necesidad de un adiestramiento en las normas de DIH, por ser sensibles al género, o si su intención era dar un

---

en el Derecho Internacional Humanitario, en RODRÍGUEZ-VILLASANTE Y PRIETO, J.L. (Coord.), *Derecho Internacional Humanitario*, 2ª Edición, Tirant lo Blanch, Valencia, 2007; pp.583-614.

[171] Desde sus inicios, las mujeres han sido beneficiarias, en un mismo plano de igualdad jurídica que los hombres, de la protección dispensada por el DIH, como lo demuestra la atención dispensada a las mujeres heridas en campaña, en relación con las normas pertinentes del Convenio para mejorar la suerte que corren los militares heridos en los ejércitos en campaña, adoptado en Ginebra, el 22 de agosto de 1864, y de Reglamento anexo a los Convenios de la Haya de 1899 y 1907, relativos a las leyes y usos de la guerra terrestre.

[172] En el artículo 4 del Convenio de Ginebra relativo al trato debido a los prisioneros de guerra, de 1929, declaraba como ilícitas *"las diferencias de trato entre los prisioneros que se basen en el grado militar, estado de salud física o psíquica, aptitudes profesionales o el sexo de los que disfruten de ellas"*. Normas homólogas podemos encontrarlas en los cuatro Convenios de Ginebra de 1949 (art. 12 de los Convenios I y II; art. 16 del III Convenio; art. 27 del IV Convenio) y en sus dos Protocolos adicionales (art. 75 del Protocolo I y artículo 4 del Protocolo II): *"serán tratados… sin distinción alguna de índole desfavorable basada en el sexo…"*.

[173] En este sentido, el artículo 12 de los Convenios I y II y el artículo 14 del III Convenio especifican que *"las mujeres deben ser tratadas con todas las consideraciones debidas a su sexo"*.

nuevo enfoque a dicho adiestramiento, en el sentido de que sea ofrecido dentro de un enfoque integral del adiestramiento especializado que tenga su centro de atención en la mujer, de tal forma que la formación en DIH constituya un elemento más de esa capacitación. Consideramos que la segunda interpretación sería la más adecuada, aunque con matizaciones.

El aprendizaje de las normas de DIH dentro de un enfoque integral del adiestramiento nunca podrá ser considerado un elemento más de esa capacitación, sino un elemento fundamental de referencia para obtener una capacitación que tienda a la sensibilización y receptividad de los contingentes militares hacia las necesidades especiales de las mujeres en situaciones de conflicto, al ejercer sus funciones en cumplimiento del mandato.

Si bien la correcta aplicabilidad de las normas de DIH se convierte en un eficaz instrumento de empoderamiento de la mujer en situaciones de conflicto armado, ¿cómo es posible que tras el conflicto disminuyan o desaparezcan las pequeñas parcelas de poder adquiridas? Se hace necesario un nuevo enfoque de la reconstrucción postconflicto que tenga como horizonte el establecimiento/restablecimiento y consolidación de democracias asentadas sobre sólidos cimientos: imperio de la Ley y respeto de los Derechos Humanos. Siendo éste el único camino para la consecución de verdaderas sociedades democráticas, plurales y sensibles al género, ¿por qué no se refuerzan los mandatos a cumplir en el desarrollo de las OMPs, encaminados al empoderamiento de la mujer en el ejercicio de sus funciones de consolidación de la paz? No debemos olvidar que las OMPs de las Naciones Unidas "no tienen acotado su ámbito de actuación *stricto sensu* al mantenimiento de la paz, sino que engloba también actuaciones de prevención y consolidación de la paz. Sin embargo, cuando se establecen medidas estratégicas para la aplicación del *mainstreaming* de género, se realiza un tratamiento parcial: sólo se hace referencia expresa a las OMPs en relación con el mantenimiento de la paz"[174].

---

[174] DE TOMÁS MORALES, S., *La Mujer y las Operaciones …opus cit.* en cita 165 *supra*; pág.136.

Se requiere que en el adiestramiento especial, de enfoque integral, se incluya la capacitación en DIH no sólo como motor impulsor del empoderamiento de la mujer durante el conflicto armado, sino que constituyan un referente para mantener la misma sensibilización y receptividad respecto de las necesidades de la mujer tras el conflicto, en el desempeño de sus funciones en la fase de consolidación de la paz. Sería conveniente que desde el ámbito de las Naciones Unidas se atendiese a cuáles serían las necesidades de las mujeres antes del conflicto y evaluar las pequeñas parcelas de poder adquiridas al ser receptoras de las normas de DIH. Si, además, se realizan actividades de monitoreo, se podrían obtener mejores garantías de que esas pequeñas conquistas no desaparecen tras el conflicto ni cuando llegue a su fin la correspondiente OMP.

Las distintas Resoluciones del Consejo de Seguridad abordadas se han referido a la necesidad de ofrecer un adiestramiento especializado, tendente a la consecución del empoderamiento de la mujer y de la población civil. Además, a través de ellas, hemos ido descubriendo que el Consejo de Seguridad exige que en dicha formación se ofrezca una capacitación adecuada en relación con el VIH/SIDA, especialmente dirigida al empoderamiento de la mujer; así como una correcta capacitación en DIH, sensible al género.

En la Resolución 1960[175], incluso, el Consejo de Seguridad exige la observancia del principio de responsabilidad del Mando en relación con la prevención de la violencia sexual, al tiempo que recuerda que un adiestramiento adecuado constituye el más eficaz instrumento de prevención. Esta última cuestión será objeto de especial atención en otro capítulo de la presente obra. En dicha Resolución, además, se acogen las propuestas del Comité Especial de Operaciones de Mantenimiento de la Paz[176], entre las que se incluye el desarrollo de actividades de prevención y respuesta en los casos de violencia sexual de tal forma que "todos los componentes de las misiones y todos los niveles de la cadena de mando estén debida-

[175] Resolución 1960 (2010), adoptada por el Consejo de Seguridad en su 6453ª sesión, celebrada el 16 de diciembre de 2010. Doc. S/RES/1960 (2010).

[176] Informe del Comité Especial de Operaciones de Mantenimiento de la Paz, de 10 de mayo de 2010. Doc. A/64/19.

mente informados del mandato de la misión y las responsabilidades pertinentes que les incumben e intervengan en su cumplimiento".

Finalmente, debemos recordar que el conocimiento de las normas convencionales y consuetudinarias de DIH constituye un elemento imprescindible en la formación/adiestramiento objeto de estudio, al tiempo que su aplicabilidad en las operaciones de gestión de crisis internacionales emprendidas en el ámbito de las PESC representa una prioridad de la Unión Europea, como puede deducirse de las "*Directrices actualizadas de la Unión Europea para fomentar la observancia del Derecho internacional humanitario*"[177] de 2009, en las que el Consejo incluye la posibilidad de financiación de acciones de formación/adiestramiento en la materia en Terceros Estado, dentro de amplios programas para la promoción del imperio de la Ley:

> *"[...] La formación en los principios del Derecho internacional humanitario es necesaria para garantizar su cumplimiento en tiempo de guerra. La educación y la formación deben emprenderse también en tiempo de paz y deben afectar a toda la población, aunque hay que prestar especial atención a grupos específicos, tales como los cuerpos y fuerzas de seguridad. La formación de las fuerzas armadas entraña obligaciones adicionales. La UE debería plantearse impartir o financiar educación y formación en Derecho internacional humanitario en Terceros Estados, incluso en el marco de programas más amplios de fomento del Estado de Derecho".*

5. REFLEXIONES SOBRE ADIESTRAMIENTO Y CONTENIDO DEL MANDATO

De forma reiterada, en todas las Resoluciones objeto de estudio se ha ido insistiendo en la necesidad de ofrecer un adiestramiento adecuado al personal militar en relación con las funciones que ha de desempeñar en cumplimiento del mandato de Naciones Unidas. Todos estos llamamientos se realizan en base a las funciones establecidas en dicho mandato.

---

[177] Consejo de la Unión Europea, *Directrices actualizadas de la Unión Europea para fomentar la observancia del Derecho internacional humanitario*. Doc. 2009/C 303/06. (DOUE C 303/12, de 15 de diciembre de 2009)

Resulta inevitable reflexionar, en última instancia, sobre la ineludible interrelación entre mandatos y adiestramiento, sin olvidar la aplicación conjunta de las estrategias del *mainstreaming* de género y del empoderamiento de la mujer. Sólo desde un enfoque integral se logrará eliminar la brecha existente entre el reconocimiento de *iure* y de *facto* del principio de igualdad entre hombres y mujeres.

Comenzaremos analizando dos cuestiones íntimamente vinculadas: por una parte, la necesidad de que *"todos los componentes y todos los niveles"* de las cadenas de Mando estén debidamente informados del mandato de la misión; y, por otra, la necesidad de ofrecer al personal militar un adiestramiento adecuado sensible al género en relación con las funciones que han de desempeñar, sobre el terreno, en cumplimiento del mandato. ¿Resulta posible realizar una interpretación extensiva al personal civil? Las propuestas ofrecidas en el seno de las Naciones Unidas nos llevan a deducir una respuesta afirmativa a dicho interrogante.

La Resolución 1894 hace un llamamiento a la coordinación de todos los componentes pertinentes de la misión, así como al establecimiento de mandatos *"claros; dignos de crédito y fiables"*, elaborados sobre la base de informaciones precisas y "fiables" relativas la situación sobre el terreno y de una evaluación que se adecúe a las verdaderas amenazas contra los civiles y las misiones, una vez consultados todos los interesados. Tampoco deberíamos olvidarnos de que se ha de recoger información relativa a las amenazas específicas dirigidas contra las mujeres y niñas. Es innegable que la adecuación del adiestramiento al cumplimiento de las funciones encomendadas al personal militar y civil, para su desarrollo sobre el terreno, dependerá de la claridad y condiciones de fiabilidad que presenten los mandatos. Siendo responsabilidad de las Naciones Unidas el establecimiento de mandatos claros; dignos de crédito y fiables, reflexionaremos sobre cómo se debería ofrecer un enfoque integral en el adiestramiento especializado adecuado al cumplimiento del mandato.

El adiestramiento especializado que ha de ofrecerse al personal militar y civil ha de ofrecerse a todos los componentes y a todos los niveles de las cadenas de Mando, con independencia de las funciones encomendadas en cualquiera de los ámbitos de actuación de las OMPs. En efecto, aunque las OMPs se desarrollen en tres campos fundamentales de actuación: la prevención del conflicto y establecimiento de la paz; el mantenimiento de la paz y la consolidación de la paz; incluyendo las más variadas funciones a cumplir en cada uno de estos ámbitos, los dirigentes civiles y militares de los distintos Estados que aportan contingentes militares y personal civil al desarrollo de las OMPs sobre el terreno deberían asegurarse de ofrecer, con carácter general, un adiestramiento en cuestiones de género que garantice el empoderamiento de la mujer. Si se ofreciese una formación básica en la materia, desde los distintos Centros de Formación y Academias Militares, según corresponda, tanto al personal de Tropa como a los Oficiales, la posterior fase de adiestramiento específico para quienes participen en futuras OMPs, ofrecida antes de su despliegue sobre el terreno, sería más eficaz y eficiente, pues permitiría conseguir, entre otros, los siguientes logros: una adecuada capacitación sensible al género para el desarrollo de las funciones encomendadas en cumplimiento del mandato; mayor grado de eficacia en cuanto al cumplimiento de las condiciones que ha de reunir dicho adiestramiento, referidos a la sensibilización y receptividad hacia las cuestiones relativas a la mujer (tanto individualmente; como en su condición de integrante de un sector especialmente vulnerable de la población civil; como en relación con su especial vulnerabilidad en relación con el VIH/SIDA); mayores garantías para la observancia del principio de responsabilidad del Mando; etc. Consecuentemente, sería deseable que esa especial capacitación que ha de tener el personal militar se realizase en dos fases: la primera, desde su incorporación a las Fuerzas Armadas, a través de una formación continua en la materia; la segunda, de profundización y adecuación de los conocimientos teóricos/prácticos ya adquiridos, que se ofrecería con carácter previo al despliegue, teniendo en cuenta las funciones asignadas en cumplimiento del mandato desarrollado por la OMP sobre el terreno.

Sería interesante profundizar sobre si las cuestiones de género están verdaderamente incluidas en todas las políticas y a todos los niveles, incluido el ámbito de la Defensa, de los aproximadamente ciento diez Estados que actualmente están aportando tropas en el desarrollo de los mandatos de las OMPs sobre el terreno. Si la estrategia del *mainstreaming* de género se aplicase de forma correcta en el ámbito de la Defensa, se facilitaría la consecución de un enfoque integral en el adiestramiento especializado sensible al género, que tenga a la mujer como centro de atención. Ante esta situación, sería necesario recordar que la implementación de la estrategia del *mainstreaming* de género no significa sólo el incorporar mujeres en los contingentes militares; o el garantizar la presencia de un asesor de género en el cumplimiento del mandato a desarrollar por la OMP sobre el terreno; o a tener en consideración las cuestiones de género en relación con las funciones a desarrollar por las Unidades de Cooperación Cívico-Militar; de la creación de Observatorios o Unidades de la Mujer. La correcta implementación del *mainstreaming* de género implica el tener como centro de atención a la mujer, de forma transversal, en todas las políticas y a todos los niveles. Consecuentemente, los distintos Estados que aportan contingentes militares al desarrollo de las OMPs sobre el terreno deberían garantizar no sólo la presencia de un asesor de género sobre el terreno, sino que, además, los dirigentes civiles y militares que tengan responsabilidad en relación con la formación de los contingentes y cumplimiento del mandato de la OMP, como serían los Jefes de Contingentes, deberían contar con un asesor de género. De esta manera, las labores a desarrollar por las secciones o unidades bajo su dependencia, tendrían en cuenta la perspectiva del género al considerar las funciones de cooperación cívico-militar; de inteligencia; etc., ofreciendo respuestas eficaces a las necesidades de las mujeres y niñas, así como de la población civil, en general, en el cumplimiento de sus funciones.

Estas reflexiones deberían ser atendidas también por los responsables últimos de aportar personal civil en el desarrollo de misiones internacionales sobre el terreno. ¿Existe un verdadero control sobre ese personal civil? Sería deseable el establecimiento en todos los Estados de estrategias nacionales conjuntas de participación cívico-militar en las que asuman una responsabilidad primordial los Ministerios de Asuntos Exteriores y de Defensa. Sería deseable que se reflexionase conjuntamente sobre la elaboración de directrices comunes referentes a cómo conseguir que todo el personal civil y militar que desarrolle sus funciones sobre el terreno reciba la misma capacitación sensible al género, tendente al empoderamiento de la mujer en situaciones de conflicto armado. Una capacitación que se ofrezca desde un enfoque integral que incluya a la mujer como centro del proceso de enseñanza/aprendizaje, si verdaderamente se desea incorporar la perspectiva de género en las operaciones de paz en el ámbito de la PESC/PESD.

En este sentido, se pronuncia GIL RUIZ, al manifestar que "Para mejorar la perspectiva de género en las operaciones a corto plazo, los mandatos de las operaciones se han de dotar de objetivos específicos de género"[178].

6. CONCLUSIONES

Si se hubiese producido una correcta implementación del *mainstreaming* de género en todos los Estados que envían sobre el terreno contingentes integrados tanto por personal militar como por personal civil, no hubiese sido necesario que el Consejo de Seguridad de las Naciones Unidas reiterase continuamente la necesidad de ofrecer un adiestramiento especializado sensible al género, puesto que ya tendría que haber sido incluido, con carácter prioritario, en materia de enseñanza y adiestramiento.

Nos encontramos, no obstante, ante una paradoja: El concepto del *mainstreaming* de género surge del ámbito de las Naciones Unidas; se exige su implementación en las OMPs de las Naciones Unidas; descendiendo, incluso, al ámbito del adiestramiento del personal militar que participe en una OMP; pero aún no ha ofre-

---

[178] GIL RUIZ, J.I., Mujer, OTAN y Unión Europea, en AA.VV, *Cuadernos de Estrategia*, nº 157: *El papel de la mujer y el género en los conflictos*, Ministerio de Defensa, Madrid, 2012; p. 134.

cido un enfoque integral sobre las cuestiones relativas a la mujer ni en el ámbito de la Defensa ni en el ámbito concreto de las OMPs. A lo largo del presente capítulo, hemos podido observar cómo no se ha ofrecido un documento de referencia que incluya un enfoque integral del adiestramiento especializado sensible al género, ni en relación con su contenido ni en cuanto a cómo se ha de adiestrar. Al mismo tiempo, se ha podido poner de manifiesto la necesidad de concienciar a quienes reciben ese adiestramiento sobre su importante repercusión en el empoderamiento de la mujer. Sin embargo, el Consejo de Seguridad aún no ha atendido, a nuestro entender, una cuestión básica a incluir dentro de un adiestramiento sensible al género: ¿Qué importancia tiene la participación de mujeres militares y/o civiles en las OMPs? Si se hubiesen estudiado estas cuestiones de forma adecuada, se hubiesen obtenido mejores resultados en cuanto al adiestramiento (incluyendo la sensibilización y receptividad) y en cuanto a la asignación de funciones a desarrollar por las mujeres, tanto civiles como militares. Si bien el Consejo de Seguridad seguirá insistiendo en "la necesidad de que la mujer participe de manera plena, igualitaria y efectiva en todas las etapas de los procesos de paz, dada su función vital en la prevención y la solución de los conflictos y en la consolidación de la paz", a través de la Resolución 2086, no llega a vincular esta cuestión tan importante ni con el adiestramiento ni con el contenido del Mandato. En el desarrollo de los siguientes capítulos se resaltará la importancia del por qué se debe incrementar la presencia de mujeres y de observadores de género en la Zona de operaciones.

Como se ha indicado a lo largo del presente capítulo, la sensibilización y receptividad no podrá conseguirse a través de una inadecuada e insuficiente capacitación. Se requiere pues que la formación no se realice de forma descoordinada y esporádica. La formación y/o adiestramiento del personal civil y militar que formen parte de los contingentes aportados por los Estados se sitúe en una esmerada planificación docente/formativa. Sólo así se conseguirá una capacitación integral sensible al género. Por otra parte, la elaboración de cuidadosos planes de estudio permitirá conseguir en el personal receptor su sensibilización y receptividad, de tal forma que puedan, incluso, actuar sobre el terreno como formadores, en el sentido de lo establecido en la Resolución 1894 y reforzada por la Resolución 2086.

Se hace necesario un enfoque integral del adiestramiento, pues, como señala TALAMONI,

> *"La temática de género es integral y como tal, debe brindarse entrenamiento de una forma transversal y multidisciplinaria [...] La transversalización de género implica, entre otros aspectos, contemplar la realidad y el contexto donde se desarrollan las operaciones de paz modernas, incorporar los distintos temas recomendados de entrenamiento pre despliegue de los Core Pre deployment training materials (CPTM) e implementación de la propias leyes; cultura; políticas nacionales, etc"*[179].

Sin embargo, siendo tan vitales las cuestiones relativas a un adiestramiento especializado con un enfoque integral que tenga como centro de atención a la mujer, se deja en manos de los Estados, sin un verdadero control sobre cómo se ofrece el mismo. Paradójicamente, se ha hace un llamamiento voluntarista a los Estados para que tomen todos las medidas necesarias a su alcance para prevenir la comisión de crímenes internacionales, entre las que se encuentran la formación/adiestramiento y sensibilización en cuestiones de género. En este sentido, dentro de la doctrina de la *responsabilidad de proteger* se incluiría la necesidad de ofrecer un adiestramiento adecuado en relación con las cuatro categorías de crímenes internacionales ya mencionados. Por otra parte, la ausencia o un inadecuado adiestramiento en la materia que nos ocupa implicaría la exigencia de responsabilidad del Mando por omisión. Si bien la doctrina de la *responsabilidad de proteger* no permite su extensión a otras calamidades como la propagación del VIH/SIDA, siquiera en la atención del adiestramiento en la materia como medida de prevención, el principio de la responsabilidad del Mando por omisión permite su extensión a estas cuestiones al atender a un adiestramiento integral sensible al género.

---

179 TALAMONI, A.F., "Alcanzar un adiestramiento..", *opus* cit. en cita 132 supra, p.85.

Por último, resulta necesario insistir, una vez más, en la necesidad de ofrecer una capacitación/adiestramiento uniforme y coherente al personal civil y militar que desarrolle sus funciones en una misma Zona de operaciones. En este sentido, compartimos las palabras de TALAMONI al manifestar que

> *"[...] la característica compleja que describe actualmente las sociedades donde se destina una operación de paz, exigen distintos componentes que necesariamente tendrán que trabajar coordinados movidos por un objetivo ulterior y así poder lograr, lo que últimamente en el ámbito de las operaciones de paz se menciona diariamente que es, la Sinergia. El desafío se encuentra en lograr una coordinación y cooperación real y efectiva tanto de los militares como de los civiles, hombres y mujeres de las organizaciones y de las empresas. Superar los estereotipos de género y cooperar para lograr un bien mayor"*[180].

Esta cooperación y coordinación entre el personal civil y militar también ha de reforzarse en el ámbito de la PESC de la Unión Europea y de la OTAN, pues, como señala GIL RUIZ,

> *"De estas dos organizaciones se obtiene el resultado idóneo de la suma de capacidades civiles que aporta la UE y por otra parte militares a cargo de la OTAN. Esta cooperación y encuentro de la parte civil y militar permitirá ejecutar un auténtico enfoque integral (comprehensive approach) en las Operaciones Internacionales"*[181].

En efecto, tal y como se ha puesto de manifiesto en el capítulo segundo de la presente obra, no podemos atender a la materia que nos ocupa sin tener como marco de referencia la estrecha vinculación existente entre ambas Organizaciones Internacionales en el desarrollo de operaciones de paz sobre el terreno. Consecuentemente, sería deseable una mayor cooperación y coordinación entre ambas en orden a establecer una mayor y más cuidadosa atención a las cuestiones de formación/adiestramiento sensible al género de todo el personal civil y militar que desarrolle sus funciones en la Zona de operaciones.

---

180 *Ibidem*, p.78.

181 GIL RUIZ, Mujer, OTAN ..., op.cit. en cita 178 *supra*; p.136.

7. BIBLIOGRAFÍA

Libros

DE TOMÁS MORALES, S., *La mujer y las Operaciones de Mantenimiento de la Paz*, Dykinson, Madrid, 2010.

Capítulos de libros

DE TOMÁS MORALES, S. El abogado defensor: pieza clave en el sistema de reparación de la mujer víctima del crimen internacional de violación, en CARRETERO GONZÁLEZ, C. Y DE MONTALVO JÄASKELÄINEN, F., *"Retos de la abogacía ante la sociedad global"*, Civitas-Thomson Reuters, Pamplona, 2012; pp.1551-1560.

DE TOMÁS MORALES, S., El empoderamiento de la mujer en situaciones de conflicto armado, en BRITO, W. Y PUEYO LOSA, J. (Dir), *Conflictos Armados, Gestâo Pós-Conflictual e Reconstruçâo. Conflictos Armados, Gestión Posconflicto y Reconstrucción,* Actas del I Encuentro Luso-Español de Profesores de Derecho Internacional Público y Relaciones Internacionales, Braga 18-19 de febrero de 2011; SCIENTIA IVRIDICA-Andavira Editora, Santiago de Compostela, 2011; pp.139-156.

GIL RUIZ, J.I., Mujer, OTAN y Unión Europea, en AA.VV, *Cuadernos de Estrategia,* nº 157: *El papel de la mujer y el género en los conflictos,* Ministerio de Defensa, Madrid, 2012; pp.89-137.

OJINAGA RUIZ, R., La protección de la mujer en el Derecho Internacional Humanitario, en RODRÍGUEZ-VILLASANTE Y PRIETO, J.L. (Coord.), *Derecho Internacional Humanitario,* 2ª Edición, Tirant lo Blanch, Valencia, 2007; pp.583-614.

SANZ CABALLERO, S., Mujer, violencia y seropositividad: La vulnerabilidad en estado puro. Estudio de la interrelación entre la violencia contra la mujer y el VIH/SIDA desde la perspectiva de las Naciones Unidas, en FERRER LLORET, J. Y SANZ CABALLERO, S., *La protección de personas y grupos vulnerables. Especial referencia al Derecho Internacional y Europeo,* Tirant lo Blanch, monografías, nº 526, Valencia, 2008; pp.15-30.

SMITH, D., Las mujeres, la guerra y la paz, en BREINES, I; GIERYCZ, D. Y REARDON, B., *Mujeres a favor de la paz. Hacia un programa de acción.* UNESCO, París, 2002; pp.77-102.

TALAMONI, A.F., "Alcanzar un entrenamiento eficaz en operaciones de paz bajo mandatos complejos. Desafíos de género", en VÁRNAGY, T. (Compilador), *Operaciones de Paz de Naciones Unidas,* Ed. Escuela de Defensa Nacional, Buenos Aires, 2011, pp.68-87.

Artículos en revistas

BANTEKAS, I., "The contemporary Law of superior responsibility", en *American Journal of International Law;* Vol.I, 93, nº2, 1999; pp. 573-595.

Recursos Web

"Directrices para las intervenciones relacionadas con el VIH/SIDA en contextos de emergencia", Comité Permanente Interorganismos. Recurso disponible en el sitio web: http://www.unaids.org/es/PolicyAndPractice/PeaceKeepers/default.asp. (Fecha última consulta, 15 de febrero de 2012).

Informe de la Comisión Internacional sobre Intervención y Soberanía de los Estados: *"La responsabilidad de proteger"*, diciembre 2011. Recurso disponible en el sitio web: http://www.iciss.ca/pdf/Spanish-report.pdf. (Fecha última consulta 27 de julio de 2013).

Intervención del Secretario General de las Naciones Unidas ante la Asamblea General en el ámbito del diálogo interactivo sobre la responsabilidad de proteger, el 11 de septiembre de 2013. Recurso disponible en el sitio siguiente web: http://www.un.org/spanish/News/story.asp?NewsID=27408#.UjWVzcapW-0. (Fecha última consulta 15 de septiembre de 2013).

Documentación

A) Nacional

Plan de Acción: Mujeres y Construcción de la Paz de la Cooperación Española. Aplicación de la Resolución 1325 del Consejo de Seguridad de las Naciones Unidas en la Política Española para el Desarrollo. Ministerio de Asuntos Exteriores y Cooperación. Secretaría de Estado de Cooperación Internacional. Dirección General de Planificación y Evaluación de Políticas para el Desarrollo, Madrid, 2009

B) Tratados Internacionales

Convenio para mejorar la suerte que corren los militares heridos en los ejércitos en campaña, adoptado en Ginebra, el 22 de agosto de 1864.

Reglamento anexo a los Convenios de la Haya de 1899 y 1907, relativos a las leyes y usos de la guerra terrestre.

Convenio de Ginebra relativo al trato debido a los prisioneros de guerra, de 27 de julio de 1929.

Convenio de Ginebra para mejorar la suerte de los heridos y enfermos de las fuerzas armadas en campaña. Ginebra, 12 de agosto de 1949. (BOE de 23 de agosto de 1952).

Convenio de Ginebra para la mejora de la suerte de los heridos, enfermos y náufragos de las fuerzas armadas en el mar. Ginebra, 12 de agosto de 1949. (BOE de 26 de agosto de 1952).

Convenio de Ginebra relativo a la protección de los prisioneros de guerra. Ginebra, 12 de agosto de 1949. (BOE de 5 de septiembre de 1952).

Convenio de Ginebra relativo a la protección de personas civiles en tiempo de guerra. Ginebra, 12 de agosto de 1949. (BOE de 2 de septiembre de 1952).

Protocolo Adicional a los Convenios de Ginebra de 1949 relativo a la protección de las víctimas de los conflictos armados internacionales. (BOE de 26 de julio de 1989).

Protocolo Adicional a los Convenios de Ginebra de 1949 relativo a la protección de las víctimas de los conflictos armados sin carácter internacional. (BOE de 7 de octubre de 1989).

Estatuto de la Corte Penal Internacional, aprobado en Roma el 17 de julio de 1998 y entrado en vigor el 1 de julio de 2002.

Estatuto del Tribunal Penal para la Antigua Yugoslavia, establecido mediante Resolución 827 (1993), adoptada por el Consejo de Seguridad en sesión de 25 de mayo de 1993.

Estatuto del Tribunal Penal para Ruanda, establecido mediante Resolución 955(1994), adoptada por el Consejo de Seguridad en su sesión de 8 de noviembre de 1994.

C) Documentación de las Naciones Unidas

Plan de Acción de la Plataforma de Beijing. Informe de la Cuarta Conferencia Mundial sobre la Mujer, celebrada en Beijing, del 4 al 15 de septiembre de 1995. Doc. A/CONF.177/20/Rev.1.

Resolución 1265 (1999) sobre las causas de los conflictos y el fomento de la paz duradera y el desarrollo sostenible en África, adoptada por el Consejo de Seguridad de las Naciones Unidas en su 4046ª sesión, celebrada el 11 de septiembre de 1999. Doc. S/RES/1265 (1999).

Resolución 1325 (2000), adoptada por el Consejo de Seguridad de las Naciones Unidas en su 4213ª sesión, celebrada el 31 de octubre de 2000. Doc. S/RES/1325(2000).

Resolución 1308 (2000), adoptada por el Consejo de Seguridad de Naciones Unidas, en su 4172ª sesión de 17 de julio de 2000. Doc. S/RES/1308 (2000).

Resolución 1612 (2005), adoptada por el Consejo de Seguridad en su 5235ª sesión, celebrada el 26 de julio de 2005. Doc. S/RES/1612 (2005).

Resolución 60/1. Documento Final de la Cumbre Mundial 2005, aprobada por la Asamblea General en su 60º período de sesiones, celebrada el 24 de octubre de 2005. Doc. A/RES/60/1.

Resolución 1674 (2006), adoptada por el Consejo de Seguridad en su 5430ª, celebrada el 28 de abril de 2006. Doc. S/RES/1674 (2006).

Resolución 1738 (2006), adoptada por el Consejo de Seguridad en su 5613ª sesión, celebrada el 23 de diciembre de 2006. Doc. S/RES/1738 (2006).

Resolución 1820 (2008), adoptada por el Consejo de Seguridad en su 5916ª sesión, celebrada el 19 de junio de 2008. Doc. S/RES/1820 (2008).

Informe del Secretario General de las Naciones Unidas *"Hacer efectiva la responsabilidad de proteger"*, presentado en el 63º período de sesiones de la Asamblea General de las Naciones Unidas, celebrado el 12 de enero de 2009. Doc. A/67/677.

Resolución 1882(2009), adoptada por el Consejo de Seguridad en su 6176ª sesión, celebrada el 4 de agosto de 2009. Doc. S/RES/1882 (2009).

Resolución 1888 (2009), adoptada por el Consejo de Seguridad en su 6195ª sesión, celebrada el 30 de septiembre de 2009. Doc. S/RES/1888 (2009).

Resolución 1889 (2009), adoptada por el Consejo de Seguridad en su 6196ª sesión, celebrada el 5 de octubre de 2009. Doc. S/RES/1889 (2009).

Resolución 1894 (2009), adoptada por el Consejo de Seguridad en su 6216ª sesión, celebrada el 11 de noviembre de 2009. Doc. S/RES/1894 (2009).

Informe del Comité Especial de Operaciones de Mantenimiento de la Paz, de 10 de mayo de 2010. Doc. A/64/19.

Informe del Consejo Económico y Social, de 18 de septiembre de 1979. Doc. A/52/3.

Informe del Secretario General de las Naciones Unidas sobre *"la mujer y la paz y la seguridad"*, de 28 de septiembre de 2010. Doc. S/2010/498.

Resolución 1960 (2010), adoptada por el Consejo de Seguridad en su 6453ª sesión, celebrada el 16 de diciembre de 2010. Doc. S/RES/1960 (2010).

Resolución 1983(2011), adoptada por el Consejo de Seguridad en su 6547ª sesión, celebrada el 7 de junio de 2011. Doc. S/RES/1983 (2011).

Declaración Política de la Asamblea General sobre el VIH y el SIDA, denominada "Intensificación de nuestro esfuerzo para eliminar el VIH y el SIDA" Doc. A/RES/65/277, 10 de junio de 2011.

Resolución 2086 (2013), adoptada por el Consejo de Seguridad en su 6903ª sesión, de 21 de enero de 2013.

D) Documentación de la Unión Europea

Consejo de la Unión Europea, *Directrices actualizadas de la Unión Europea para fomentar la observancia del Derecho internacional humanitario,* Consejo. Doc. 2009/C 303/06. (DOUE C 303/12, de 15 de diciembre de 2009).

Council of the European Union, *Generic Standards of Behaviour for ESDP Operations.* Doc. 8373/3/05 REV 3. Disponible en el sitio web: http://register.consilium.europa.eu/pdf/en/05/st08/st08373-re03.en05.pdf.

Implementation of UNSCR 1325 in the context of ESDP. http://www.eulex-kosovo.eu/training/hrgi/docs/170707implementationunscr_en.pdf

Jurisprudencia:

Corte Suprema de Estados Unidos, caso *Yamashita,* decisión de 4 de febrero de 1946.

CAPÍTULO 4
LA ATENCIÓN AL GÉNERO EN LAS NORMAS CONVENCIONALES Y CONSUETUDINARIAS DE DIH. LA NECESIDAD DE UN ADIESTRAMIENTO EN LA MATERIA QUE GARANTICE EL CUMPLIMIENTO DE LAS MISMAS, DE CONFORMIDAD CON LAS RESOLUCIONES DE NACIONES UNIDAS

Ana Pilar Velázquez Ortiz

La especial situación en la que tradicionalmente se han encontrado mujeres y niñas en el transcurso de un conflicto armado no ha sido en modo alguno, ajena al Derecho Internacional Humanitario (en adelante DIH).

La gran participación de personal civil, en buena medida compuesto por mujeres, durante la II Guerra Mundial puso de relieve la necesidad de adoptar instrumentos jurídicos que atendieran a esa nueva realidad[182]. Es, de esta manera, con la aprobación de los Convenios de Ginebra, el 12 de agosto de 1949, cuando las especiales condiciones de mujeres y niñas se recogen de

[182] En este sentido, puede consultarse: KRILL, F. "La protección a la mujer en el derecho internacional humanitario", en *Revista Internacional de la Cruz Roja*, con fecha 1 de noviembre de 1985. Disponible en Internet a través del enlace: www.icrc.org/spa/resources/documents/misc/5tdlea.htm.

forma específica y expresa[183]. Las previsiones de dichos Tratados y de sus Protocolos Adicionales[184], pretenden evitar los distintos riesgos que, en el transcurso de un conflicto armado pueden ser sufridos por mujeres y niñas. Asimismo, tienen como objetivo paliar los sufrimientos que en ellas puedan originarse a consecuencia de las especiales necesidades que se derivan exclusivamente de su sexo. En el mismo se tuvo presente la especial protección a la que resulta acreedora la mujer, en virtud del Derecho Internacional Humanitario, al establecer su artículo 3 que «las mujeres serán tratadas con todas las consideraciones debidas a su sexo». Como se verá a lo largo del presente Capítulo, no es ésta la única referencia a la mujer presente en los cuatro Convenios ginebrinos ni en sus Protocolos Adicionales. Antes bien, los mismos recogen un abanico de normas relativas a la mujer que responden al contexto histórico en el que fueron redactados. Por ello, resulta necesaria una nueva lectura de los mismos, a la luz de los nuevos tiempos. También resulta relevante realizar una crítica al articulado que permita vislumbrar si dichas normas encuentran el debido respeto en los conflictos armados que se libran hoy en día. No menos importante será comprobar en qué medida, tales disposiciones se han visto reflejadas en la práctica de los Estados y por lo tanto, han pasado a engrosar las normas de DIH consuetudinario.

Tal y como ha puesto de manifiesto el Comité Internacional de Cruz Roja, dichas previsiones convencionales no han resulta-

183 Los Convenios apuntados son los siguientes: I Convenio de Ginebra para aliviar la suerte que corren los heridos y los enfermos de las fuerzas armadas en campaña, 12 de agosto de 1949; II Convenio de Ginebra para aliviar la suerte que corren los heridos, los enfermos y los náufragos de las fuerzas armadas en el mar, 12 de agosto de 1949; III Convenio de Ginebra relativo al trato debido a los prisioneros de guerra, 12 de agosto de 1949; IV Convenio de Ginebra relativo a la protección debida a las personas civiles en tiempo de guerra, 12 de agosto de 1949.

184 Los Protocolos a que se hace referencia son: Protocolo adicional a los Convenios de Ginebra del 12 de agosto de 1949 relativo a la protección de las víctimas de los conflictos armados internacionales (Protocolo I) Ginebra, 8 de junio de 1977; Protocolo adicional a los Convenios de Ginebra del 12 de agosto de 1949 relativo a la protección de las víctimas de los conflictos armados no internacionales (Protocolo II), Ginebra, 8 de junio de 1977.

do desde un punto de vista fáctico, suficientes[185]. Cabe plantearse, en consecuencia, si la insuficiencia detectada se debe a una escasez de previsión de situaciones a las que, actualmente, las mujeres pueden verse expuestas, o por el contrario, se debe al mero incumplimiento de esas normas de DIH. A lo largo del presente capítulo se realizará el estudio de tales normas, convencionales y consuetudinarias, que prevén de forma específica las condiciones que han de respetarse durante el desarrollo de los conflictos armados, tendentes a conseguir una efectiva protección de la mujer, bien porque la misma se halle en una situación de especial vulnerabilidad como potencial víctima civil de dicho conflicto, bien porque la mujer participe de forma activa en él, como combatiente.

En algunos supuestos dichas normas atienden a determinadas circunstancias de carácter fisiológico, como, por ejemplo, aquéllas que hacen mención a la necesidad de proteger a mujeres embarazadas y parturientas. En otros, dicha protección resulta íntimamente relacionada con el concepto de género, todavía no acuñado en este sentido, en el momento de redactar los aludidos Convenios, pero insoslayable en el presente. Tal es el caso de la protección a las madres de hijos de corta edad, por cuanto el cuidado de los hijos participa de unas connotaciones de índole social que será preciso tener en cuenta en el momento presente.

Mención especial merecerán las normas tendentes a la evitación de los atentados contra el honor, por cuanto éstas, de forma más evidente que ninguna otra, precisan de una interpretación adecuada a los tiempos. Por otra parte, el incumplimiento de las mismas, como se verá, se ha evidenciado de forma flagrante y recurrente y sus consecuencias trascienden las propias del ataque al bien jurídico que pretende protegerse, para mostrarse como una completa agresión a víctima y a su entorno.

La importancia del cumplimiento de estas previsiones convencionales, se ha puesto de manifiesto a través de la práctica de los Estados que, a su vez, ha generado la consolidación de las mismas

---

[185] Estas reflexiones han sido reflejadas en el siguiente documento: CICR "Women and war". 2008, que puede consultarse a través de la página web del Comité: www.icrc.org/eng/war-and-law/protected-persons/women/index.jsp.

como DIH consuetudinario. Es importante, en este sentido, poner de relieve qué concretas normas han alcanzado dicho status, a través del estudio de la Compilación elaborada por el Comité Internacional de Cruz Roja.

Por último, el análisis de la materia a la luz de las Resoluciones emanadas por las Naciones Unidas, resulta determinante para perfilar, de forma definitiva, la situación actual en cuanto a la protección de la mujer en los conflictos armados. En este sentido, hay que hacer mención a la incorporación en dichos documentos de una serie de objetivos tendentes a conseguir, no sólo la protección de la mujer, sino un verdadero empoderamiento de la misma. Para ello, las Naciones Unidas estiman imprescindible el ofrecimiento de un adiestramiento en la materia que permita un correcto cumplimiento de las normas de DIH, a quienes hayan de planear y participar en los conflictos, así como en la posterior labor de reconstrucción de la sociedad que, en definitiva, ha de beneficiarse de dicha tarea.

1. LA PROTECCIÓN DE LA MUJER EN EL DERECHO CONVENCIONAL. ANÁLISIS DE LAS PREVISIONES CONTENIDAS EN LOS CONVENIOS DE GINEBRA Y LOS PROTOCOLOS ADICIONALES

Los aludidos Convenios y los Protocolos Adicionales, persiguen la protección de la mujer en las dos esferas en que la misma puede verse involucrada en un conflicto armado, bien como integrante de la población civil que no participa directamente en las hostilidades, bien como combatiente.

En primer lugar, cabe hacer referencia la a la protección, que desde un punto de vista genérico, resulta aplicable a la mujer. Es decir, aquélla que atiende a la misma sin prever una situación específica o concreta. En este sentido, se encuentran los artículos 12 de los Convenios I y II, 16 del III Convenio, 27 del IV Convenio, así como los artículos 75 del Protocolo adicional I y 4 del Protocolo adicional II, que contienen la obligación de un trato igual entre hombres y mujeres, impidiendo, por tanto que se practique o consienta discriminación alguna por razón de sexo. A mayor abundamiento, el artículo 14 del III Convenio establece que las mujeres habrán de gozar de «un trato tan favorable como el concedido a los hombres». De esta forma puede decirse que queda consagrado el trato igualitario entre hombres y mujeres en relación al disfrute de derechos. La protección otorgada *a priori*, por los Convenios de Ginebra y sus Protocolos adicionales no puede entenderse discriminatoria, en un sentido negativo.

No obstante, la consagración de este principio de igualdad, en ningún caso, permite un trato uniforme. La uniformidad en el trato entre hombres y mujeres no será reflejo de una práctica igualitaria. Analizar el significado y alcance del concepto de igualdad no ha sido tradicionalmente tarea fácil. Al respecto, resulta esclarecedora la doctrina emanada a través de jurisprudencia del Tribunal Constitucional español, en relación con el artículo 14 de nuestra Constitución, que consagra dicho principio en nuestra Carta Magna. El Tribunal Constitucional ha definido el principio de igualdad como la prohibición de toda diferencia de trato que carezca de una justificación objetiva y razonable; ha afirmado el carácter vinculante de este principio tanto para el legislador, consagrando así la igualdad en la ley, como para los órganos aplicadores del Derecho, garantizando de este modo la igualdad en la aplicación de la ley. Por último, se ha definido la igualdad horizontal como aquélla resultante de la observancia de dicho vínculo por los particulares[186].

En este punto es necesario hacer notar que las evidentes desigualdades sufridas por las mujeres en muchas sociedades pueden verse gravemente aumentadas con motivo del desarrollo de un conflicto armado. Ello se debe a que los conflictos afectan de desigual forma a hombres y mujeres; y que hombres y muje-

---

[186] Esta doctrina se encuentra recogida en reiterada jurisprudencia del Tribunal Constitucional, entre la que cabe destacar las Sentencias 8/1981, de 30 de marzo; 10/1981, de 6 de abril; 22/1981, de 2 de julio; 23/1981, de 10 de julio; 49/1982, de 14 de julio; 81/1982, de 21 de diciembre; 34/1984, de 9 de marzo; 166/1986, de 19 de diciembre; 114/1987, de 6 de julio; 116/1987, de 7 de julio; 123/1987, de 15 de julio; 128/1987, de 16 de julio; y 209/1988, de 10 de noviembre.

res están llamados a desempeñar distintos papeles, constante el mismo[187].

Realizada la tarea de analizar el precepto citado, a la luz de esta interpretación del principio de igualdad, ofrecida por la jurisprudencia del Tribunal Constitucional, cabe preguntarse si ese trato igualitario, impuesto por el DIH, realmente se practica.

Desde el punto de vista de la primera de las manifestaciones, integrada por la igualdad en la ley, no parece que quepan dudas al respecto, por cuanto el articulado al que se ha hecho referencia, es claro en ese sentido. A mayor abundamiento, es preciso citar el enunciado contenido en los artículos 12 del I y II Convenio y en el artículo 14 del III Convenio que explicitan que «Las mujeres deben ser tratadas con todas las consideraciones debidas a su sexo». Puede afirmarse, pues, que existen garantías en el DIH Convencional en relación al respeto al principio de igualdad ante la ley. Asimismo, es evidente que la normativa convencional de DIH no confunde el trato igualitario con el trato uniforme por más que sólo se haga una escueta alusión a las «consideraciones debidas a su sexo». A la vista de la parquedad del enunciado parece bastante lógico que el mismo sea interpretado, con arreglo a una perspectiva de género que permita tener presentes cuáles son, en realidad, esas consideraciones.

Cabe seguir preguntándose si ese mismo principio de trato igualitario ha sido llevado a la práctica. Es decir, se hace preciso comprobar la efectividad del mismo en los otros dos planos apuntados por el Tribunal Constitucional. Puesto que el Tribunal ha configurado el principio de igualdad, atendiendo a las tres vertientes enunciadas, habrá que ver si, efectivamente, las mujeres han conseguido recibir un trato igual por parte de quienes hayan de aplicar las normas de DIH y también por los particulares.

---

[187] MINISTRY FOR FOREIGN AFFAIRS. STOCKOLM, SWEDEN. International humanitarian law and gender. Report summary. International expert meeting: "Gender perspectives on International humanitarian law", Stockholm, Sweden, 4-5 October 2007. Así se puso de manifiesto en el documento elaborado por el Ministerio de Asuntos Exteriores de Suecia, a resultas de la conferencia sobre la perspectiva de género en DIH, celebrada en 2007 en Estocolmo. Puede ser consultado a través del enlace: www.icrc.org/eng/ resources/documents/report/ihl-women-report-

El análisis del DIH aplicable a la especial situación de la mujer, necesariamente, ha de comprender los dos ámbitos en los que aquélla puede verse involucrada en el desarrollo de un conflicto: como parte del personal civil y como combatiente.

1.1. La protección debida a la mujer que pertenece a la población civil

El artículo 50 del Protocolo I determina que es personal civil todo aquel que no pertenezca a las Fuerzas Armadas. Partiendo de esta definición, no cabe hacer distinción alguna *prima facie*, hacia la mujer. La mujer resultará protegida en virtud del IV Convenio de Ginebra, relativo a la protección debida a las personas civiles en tiempo de guerra, en las mismas condiciones que el resto del personal civil

Sin embargo, el mismo Convenio y los Protocolos adicionales I y II prevén una serie de disposiciones que atienden a las especiales circunstancias que rodean a la mujer en caso de conflicto armado.

1.1.1. Prohibición de atentados contra el honor

La primera de las previsiones apuntadas que resulta oportuno analizar es la concerniente a la prohibición de todo atentado contra el honor de las mujeres.

En este contexto, amén de la protección general de la que son beneficiarias como personal civil, los artículos 27 del IV Convenio de Ginebra y 76.1 del Protocolo I, establecen que «las mujeres serán especialmente amparadas contra todo atentado a su honor y, en particular, contra la violación, contra la prostitución forzada y contra todo atentado a su pudor». La redacción del artículo trascrito no ha dejado de suscitar críticas por cuanto, al tenor literal del mismo, las agresiones de índole sexual quedan configuradas como atentados contra el honor o al pudor. Es evidente que, como ya se ha apuntado, la redacción de los Convenios y sus Protocolos adicionales, responden a un contexto histórico y cultural muy concretos. En la actualidad, se entiende que una interpretación literal del precepto impediría reflejar la realidad de las consecuencias de dichas agresiones y que, por tanto, la alusión a los conceptos de honor y pudor, limita el alcance de la protección otorgada por el precepto[188].

Es evidente que los artículos expuestos precisan de una interpretación que permita contemporizar su contenido con el contexto social presente. Además, en este punto, cabe hacer una reflexión acerca de la cuestión inicialmente apuntada; es decir, si la previsión normativa resulta cumplida en la práctica y, en caso negativo, si ello se debe a una carencia del articulado o bien a un mero incumplimiento por parte de quienes resultan obligados a ello.

Como el propio Comité Internacional de Cruz Roja ha puesto de manifiesto, la presencia de la violencia sexual ejercida durante el desarrollo de conflictos armados ha sido subestimada[189]. El uso indiscriminado de esta práctica, en los distintos conflictos analizados por el Comité, lleva a cuestionar la utilidad real de la previsión normativa. En este sentido, es de resaltar el papel jugado por las distintas Resoluciones de Naciones Unidas, que serán objeto de estudio en la tercera parte del presente Capítulo, por cuanto, a través de las mismas se ha pretendido dar respuesta al manifiesto incumplimiento de los citados preceptos. En efecto, desde el año 2008, como consecuencia de la aprobación de la Resolución 1820 del Consejo de Seguridad de Naciones Unidas[190] ha quedado taxativamente declarado que la violación y otras formas de violencia sexual pueden constituir un crimen de guerra, un crimen de lesa humanidad o un acto constitutivo de genocidio. La misma Resolución expone la necesidad de que los crímenes de violencia sexual queden excluidos de las disposiciones de amnistía en el contexto de los procesos de solución de conflictos e insta a los Estados Miembros para que cumplan con su obligación de enjuiciar a las personas responsables de

---

188 En este sentido, véase: GARDAM, J. "La mujer, los derechos humanos y el derecho internacional humanitario", en *Revista Internacional de la Cruz Roja*, 23, pp. 453-467. Disponible en: www.icrc.org/spa/resources/documents/misc/5tdmg8.htm.

189 "Women and war", documento elaborado por el CICR,..., Doc. Cit., en cita 185 *supra*.

190 Resolución 1820 (2008), adoptada por el Consejo de Seguridad en su 5916ª sesión, celebrada el 19 de junio de 2008. Doc. S/RES/1820 (2008).

tales actos y garanticen que todas las víctimas de la violencia sexual, particularmente las mujeres y las niñas, disfruten, en pie de igualdad, de la protección de la ley y del acceso a la justicia

Se pretende, por tanto, responder a la necesidad de llamar la atención sobre un fenómeno que se ha producido de forma sistemática en determinados conflictos, a pesar de la clara prohibición contenida en el las normas convencionales de DIH. Son destacables, aunque lamentablemente no únicos, los casos de agresiones sexuales cometidas, como método de guerra en los conflictos de los Balcanes y Ruanda[191].

Resulta importante recordar que las consecuencias que acarrean dichas agresiones no se limitan al atentado contra el honor o el pudor que se enuncia en el articulado transcrito, sino que van más allá, produciendo una serie de secuelas físicas, psíquicas y aún sociales y económicas. Esto último es debido a que, en determinadas sociedades, las mujeres que sufren una agresión de tal carácter son abandonadas a su suerte o, incluso, resultan asesinadas por parte de sus familiares en un intento de recobrar el honor de su familia, de forma que ese atentado a la mujer, no lo es únicamente contra su honor o pudor, sino que acaba convirtiéndose en un atentado contra su propia vida.[192] A mayor abundamiento, las consecuencias de una agresión sexual en una mujer, no se limitan a los efectos anteriormente citados, sino que, con frecuencia, afectan a otras muchas mujeres. Ello es así en tanto que muchas mujeres pertenecientes al entorno de la víctima, aun sin haber sido objeto de tal agresión, experimentan una situación de temor ante la posibilidad de serlo[193].

---

[191] Así lo expresa DIEZ PERALTA, Eva. Los crímenes de género ante la Corte Penal Internacional. AAVV. Seguridad y conflictos: una perspectiva multidisciplinar. Coord. REQUENA, Miguel. Instituto Universitario Gutiérrez Mellado, 2012.

[192] "Women and war", documento elaborado por el CICR,..., Doc. Cit., en cita 185 *supra*. En este sentido resulta clarificador el estudio ya citado, que revela cómo en los supuestos en los que la mujer que sufre la agresión es la encargada de sostener a la familia, todo su núcleo familiar termina por sufrir las consecuencias de dicha agresión, por cuanto el trauma sufrido por estas mujeres, en muchos casos, les impide cuidar de sus hijos y del resto de familiares a su cargo.

[193] En este mismo sentido ver: CHINKIN, C. Rape and Sexual Abuse of Women in International Law. Symposium. The Yugoslav Crisis: New International Law Issues. European Journal of International Law. Issue Vol. 5 (1994) No. 1.El documento

Es evidente que los actos de agresión sexual que aquí se citan no resultan cometidos exclusivamente hacia mujeres, por cuanto también la población masculina puede ser objeto y víctima de los mismos. Sin embargo, siguen teniendo plena vigencia las cláusulas anteriormente citadas (artículo 27 del IV Convenio de Ginebra y el artículo 76.1 del Protocolo I), en cuanto hacen específica mención a la mujer. Ello es así, no sólo por una cuestión cuantitativa, sino porque los efectos posteriores que esas agresiones desencadenan en las mujeres no son compartidos por los hombres que son objeto de la misma agresión[194]. No resulta extraño imaginar el efecto que tal conducta puede provocar en el resto de mujeres de una pequeña población en la que se cometan dichas actuaciones, o el temor que se infunde a las propias víctimas respecto de sus hijas, así como la eventualidad de un posible embarazo forzado. Todas estas circunstancias no son siempre compartidas por la población masculina, sin que quepa banalizar o desatender los casos de víctimas masculinas de estas agresiones.

A la vista de que el incumplimiento de los artículos ya citados, resulta grave, notorio y reiterado, no parece superfluo incidir en la necesidad de sensibilización en materia de género, como parte del adiestramiento en DIH que ha de ofrecerse a las Partes en conflicto y a quienes, en misión de mantenimiento de la paz, participen, de una u otra manera en el mismo. Este adiestramiento deberá comprender la formación necesaria que evite la comisión de este tipo de prácticas toda vez que, como ya se ha puesto de manifiesto, pueden llegar a constituir un crimen de guerra. Además, en atención a esa especial vulnerabilidad de la mujer y los efectos secundarios adicionales sufridos por la misma, como consecuencia de las referidas vejaciones, será preciso insistir en estas particularidades, de forma que la sensibilización en materia de género resulte percibida por todos los agentes presentes en el terreno donde se libre la contienda.

---

puede ser consultado en la página web del European Journal of International Law, a través del enlace: www.ejil.org/issue.php?issue=63.

[194] CHINKIN, C. Rape and Sexual Abuse of Women in International Law. Doc. Cit., en cita 193 *supra*.

La especial previsión que hasta ahora se viene examinando, no tiene su reflejo, sin embargo, en los Convenios de Ginebra cuando éstos hacen referencia a los supuestos de conflicto armado no internacional. En estos supuestos, la protección brindada por los Convenios ginebrinos viene limitada a las garantías relativas al trato debido a las personas que no participan en las hostilidades y aparece recogida en el artículo 3 común a los cuatro Convenios, ya visto. Es el Protocolo adicional II, el que completa y amplía la previsión anterior, estableciendo en su artículo 4, que las mujeres están expresamente protegidas contra «los tratos humillantes y degradantes, la violación, la prostitución forzada y cualquier forma de atentado al pudor».

1.1.2. Las específicas previsiones en relación a las mujeres embarazadas, parturientas y madres de niños de corta edad

Si hay un grupo de normas que, evidentemente, prevén la especial situación de la mujer en caso de conflicto armado, sea éste de la índole que sea, es el dedicado a las mujeres embarazadas o parturientas. Debido a esta particular situación, en caso de conflictos armados internacionales, estas mujeres gozan, (o al menos, así indica el DIH que debería ser) de una protección adicional, acorde con su estado.

Una de las cuestiones que necesariamente, habrán de tenerse en cuenta durante la conducción de hostilidades, será el contenido del artículo 38 del IV Convenio de Ginebra que, al respecto, establece que «Las mujeres embarazadas y las madres de niños de menos de siete años, disfrutarán, en igual medida que los súbditos del Estado interesado, de todo trato preferente». Por su parte, el mismo Convenio, en su artículo 50, determina:

> *"[...] la Potencia ocupante no deberá entorpecer la aplicación de las medidas preferenciales que hubieran sido adoptadas con anterioridad a la ocupación en favor de los niños de menos de quince años, de mujeres encintas y de madres de niños de menos de siete años".*

Por otra parte, el Protocolo adicional I, en su artículo 76, párrafo 2, establece el principio según el cual los casos de mujeres embarazadas y de madres con niños de corta edad a su cargo, serán atendidos con prioridad absoluta, cuando éstas resulten arrestadas, detenidas o internadas, por razones relacionadas con el conflicto armado. Dicha previsión ya se encontraba parcialmente recogida en el IV Convenio, cuyo artículo 132 insta a las Partes en conflicto a concertar acuerdos en relación a la liberación, repatriación u hospitalización en país neutral de las mujeres embarazadas. No puede sino considerarse como un auténtico avance la previsión ofrecida por el Protocolo adicional citado. En atención al mismo, ya no queda en manos de la buena voluntad de las partes la adopción de acuerdos, sino que, a través de la aprobación del Protocolo, se establece una norma de obligado cumplimiento. Esta norma imperativa deberá, por tanto, ser transmitida en la formación en DIH que ha de ofrecerse a todos los participantes en un conflicto armado.

Si bien, en relación a la interpretación del DIH, se considera imprescindible adoptar una perspectiva de género en la interpretación del completo contenido del mismo, cabe hacer aquí una excepción. Probablemente, sea éste el único ámbito en el que una perspectiva de género no resulte pertinente. De conformidad con la definición de género comúnmente aceptada, por tal concepto se entiende el comportamiento que, culturalmente, sea esperable tanto de hombres como de mujeres, basado en los roles, actitudes y valores adscritos a los mismos, en función de su sexo[195]. En el caso de las mujeres embarazadas o en situación de parto, es evidente que no se está ante el desempeño de roles ni valores determinados por el contexto social. En este único caso, la perspectiva de género deberá ceder frente a una visión de la situación y una interpretación de la norma que, estrictamente, contemple las circunstancias de la mujer.

---

[195] MINISTRY FOR FOREIGN AFFAIRS. STOCKOLM, SWEDEN. International humanitarian law and gender. Report summary. International expert meeting: "Gender perspectives on International humanitarian law". Así aparece recogido en el documento citado en la nota anterior,..., Doc. cit,, en cita 187 *supra*. La obra que se cita, por su parte, extrae dicha definición del documento elaborado por el Comité Internacional de Cruz Roja: LINDSEY-CURTET,Ch.; HOLST-RONESS, F.T.; ANDERSON, L. Addressing the Needs of Women Affected by Conflict: A Guidance Document. CICR. Marzo 2004.

En consonancia con lo anterior, resulta preciso traer a colación la necesidad de que estas mujeres reciban el tipo de atenciones y cuidados específicos de su estado. Éstos aparecen recogidos en el artículo 89 del IV Convenio que estipula que, en los territorios ocupados, las mujeres embarazadas o parturientas, han de recibir «suplementos nutritivos adecuados a sus necesidades fisiológicas». En el caso de que las mujeres parturientas, se hallen en situación de internamiento, en virtud del artículo 91 del mismo Convenio, «serán admitidas en todo establecimiento calificado para su tratamiento, recibiendo asistencia que no habrá de ser inferior a la que se preste al resto de la población». El citado Convenio, por último, prevé que «Las mujeres parturientas no habrán de ser trasladadas, si el estado de su salud corriera peligro con el viaje, a no ser que su seguridad lo exija imperativamente» (art. 127).

Igual protección se otorga a las madres de niños de corta edad en el Protocolo adicional I (art. 76, párrafo 2). En este supuesto, sin embargo, resulta necesario retomar la interpretación basada en la perspectiva de género. Ello se justifica por cuanto el cuidado de los hijos menores podrá ser ejercido tanto por hombres como por mujeres, en función de los roles sociales vigentes en cada lugar. No es ésta la única interpretación de la que es acreedor el artículo 76 citado. También ha suscitado controversia el hecho de que en el mismo no se llegue a concretar qué edad ha de tener el niño dependiente de su madre para que respecto de ésta se observen dichas garantías. El artículo se limita a incluir en esta protección a las "madres con niños de corta edad a su cargo". Considerando que en el IV Convenio existen diferentes disposiciones en las que se menciona a las madres de niños de menos de siete años (trato preferencial del artículo 50 o zonas de seguridad del artículo 14), se ha admitido que siete años es la edad por debajo de la cual es imperativa la aplicación del artículo 76, párrafo 2, del Protocolo I[196].

En cuanto a las mujeres que, estando embarazadas o en situación de parto, se hallen internadas, el IV Convenio, contiene

196 En el mismo sentido se expresa KRILL, F. La protección a la mujer en el derecho internacional, ..., Doc. cit, en cita 182 *supra*.

idéntica disposición a la que antes se examinaba de forma que, en este caso, se insta a las Partes contendientes a hacer "cuanto puedan" para concertar acuerdos que permitan su liberación, repatriación u hospitalización en país neutral. No cabe sino reiterar en este punto la crítica que anteriormente se hacía respecto a esa mera declaración de intenciones, que deja a la buena voluntad de las Partes, la observancia del trato adecuado a las mujeres que se hallen en la situación descrita.

La protección a mujeres embarazadas, parturientas o con hijos de corta edad, no se limita a las situaciones de privación de libertad apuntadas, sino que se extiende a los supuestos en que aquéllas puedan ser víctimas de las hostilidades. Así, para estos supuestos, el Protocolo adicional I dispone que «las mujeres encintas o parturientas que se abstengan de todo acto de hostilidad, gozarán de la misma protección que se concede a los heridos y a los enfermos» (artículo 8). Se equipara, por tanto, el estado físico de estas mujeres al de los heridos y enfermos. No resulta baladí tal equiparación si se tiene en cuenta las dificultades con que estas mujeres pueden encontrarse en el momento de acceder a la asistencia médica precisa. Es evidente que el conflicto puede incidir en una merma en la disponibilidad de recursos sanitarios que atiendan sus necesidades, lo que habitualmente deriva en un aumento de la tasa de mortalidad en el momento del alumbramiento[197].

En relación con lo anterior, no puede dejar de tenerse en cuenta que, de nuevo, el IV Convenio, al tratar del envío de socorros a la población civil, prevé, en su artículo 23: «el libre paso de todo envío de medicamentos y material sanitario [...] e, igualmente, el libre paso de todo envío de víveres indispensables, de ropa y

[197] "Women and war", documento elaborado por el CICR,..., Doc. Cit., en cita 185 *supra*. Esta es la conclusión que se expone en el citado documento, elaborado por el CICR. En el mismo se aborda esta materia incluyendo el testimonio de una joven madre iraquí que relata cómo, en el momento de dar a luz hubo de ser evacuada desde su ciudad de origen a Baquba, por no existir en aquélla ninguna maternidad en funcionamiento. Asimismo refleja cómo después del alumbramiento, aquélla sufrió una serie de complicaciones en su estado de salud, derivadas del parto, que se vieron agravadas por el hecho de no poder serle practicada una transfusión de sangre. Finalmente, relata, hubo de ser evacuada a Bagdad para poder ser atendida.

de tónicos reservados a [...] las mujeres encintas o parturientas». La mera lectura del artículo transcrito refuerza esa necesidad, anteriormente apuntada, de interpretar las normas de DIH con arreglo a una perspectiva de género. Conforme a la misma, habrá que concretar qué se entiende en la actualidad y en relación a las mujeres a las que va dirigida la disposición, por víveres indispensables y tónicos, máxime cuando el Protocolo adicional I extiende esos beneficios a toda la población civil.

El articulado del Protocolo constituye un avance por cuanto generaliza el acceso a los citados bienes a toda la población civil. No queda ahí la ventaja operada por el Protocolo respecto del articulado del Convenio. Además, en ese acceso generalizado, se prioriza a las mujeres embarazadas, las parturientas y aquéllas con hijos de corta edad. Por último resultan incluidas, de forma expresa, entre los colectivos con preferencia al acceso a tales bienes, las madres lactantes.

1.1.3. Previsiones relativas a la mujer en situación de internamiento

El DIH prevé, asimismo, una serie de disposiciones específicas en favor de las mujeres que se encuentren en situación de internamiento. Así, el Protocolo adicional I, en su artículo 7, párrafo 5, prevé que:

> *"las mujeres privadas de libertad [...] serán custodiadas en locales separados de los ocupados por los hombres [...] No obstante, las familias detenidas o internadas serán alojadas, siempre que sea posible, en un mismo lugar, como unidad familiar".*

Atención especial merecen las medidas que, el artículo 85 del IV Convenio, establece en relación a las condiciones que han de reunir los alojamientos en los que se encuentren las mujeres internadas. El artículo citado, únicamente, hace referencia a la obligatoriedad de disponer de compartimentos de descanso e instalaciones sanitarias disponibles para mujeres y a que éstos se encuentren separados de los dispuestos para el personal masculino. En este sentido, el artículo 85 establece que *"cuando sea necesario, como medida excepcional, alojar temporalmente a mujeres internadas no pertenecientes a un grupo familiar en el mismo lugar de internamiento que los hombres, habrán de montarse, obligatoriamente, dormitorios e instalaciones sanitarias aparte".*

Evidentemente, la medida resulta acertada y el cumplimiento de la misma conlleva una efectiva protección de la intimidad de las mujeres y la satisfacción de otras necesidades, igualmente básicas. Sin embargo, ese cumplimiento tendrá que ser llevado a cabo de forma que, además, se garantice la seguridad de las mujeres que sean usuarias de estas instalaciones. No cabe duda de que, en este ámbito, la interpretación del precepto conlleva apartarse de la literalidad del mismo. El mero hecho de disponer de alojamiento o servicios sanitarios, apartados de los destinados al personal masculino, en ocasiones, es insuficiente. La ubicación de dichas facilidades se revela como un punto clave a la hora de dar cumplimiento a esta norma. Es evidente que el emplazamiento de dichas infraestructuras, en un lugar aislado o carente de visibilidad, puede dar lugar al favorecimiento de abusos por parte del personal masculino, presente en la zona[198]. La misma interpretación cabe hacer respecto de las instalaciones destinadas a alojamiento e higiene que hayan de utilizar las mujeres que participen en combate o aquéllas que se hallen desplazadas a una Zona de Operaciones en misión de mantenimiento de la paz. En consecuencia, nuevamente, se hace necesaria una interpretación y un adiestramiento en la materia, acordes con la perspectiva de género, de manera que ello permita aplicar las disposiciones de DIH de una forma eficaz. Es en este punto donde se demuestra, con mayor nitidez, cómo esa perspectiva ha de ser global, es decir, ha de abarcar la interpretación de la totalidad de las normas de DIH y además, estar presente en el momento de la planificación de cualquier operación. No puede distinguirse aquí entre

[198] "Women and war". CICR,..., Doc. Cit., en cita 185 *supra.* Así se ha puesto también de manifiesto en el documento redactado por el CICR. En él, además, se pone de relieve que si dichas instalaciones no reúnen unas mínimas medidas de seguridad, ello puede tener como consecuencia la reluctancia de las mujeres al uso se las mismas, con los riesgos que para su salud puede conllevar la desatención de su higiene.

las operaciones de combate o las operaciones de mantenimiento de la paz que impliquen desplazamiento de tropas. En todos los casos en los que se encuentren presentes mujeres, sean éstas, combatientes, civiles apresadas o integrantes de contingentes en misión de paz, es preciso que aquéllas gocen de las facilidades apuntadas en el sentido descrito. Por ello se hace cada vez más presente la necesidad de inculcar esa sensibilización al género como una cuestión que ha de abarcar la totalidad de los aspectos integrantes de una Operación, de forma que no sea considerada una materia específica, estanco o aislada de todas las demás, sino dando sentido al concepto de *gender maistariming*.

Continuando con las previsiones que el IV Convenio dedica a la especial atención que merece la mujer interna, merece tenerse en cuenta el artículo 97 del mismo. Dicho artículo prevé que las mujeres internadas sólo puedan ser cacheadas por otras mujeres. De igual modo se expresa el Protocolo adicional I, al garantizar que la vigilancia inmediata que se realice respecto de estas mujeres sólo pueda ser llevada a cabo por otras mujeres (artículo 75, párrafo 5).

En este caso resulta evidente que la efectividad de la medida vendrá condicionada por la propia disponibilidad de ese recurso humano. Pese al notable incremento del porcentaje de mujeres en las Fuerzas Armadas, no es extraño imaginar situaciones en las que las mujeres presentes fueran insuficientes para realizar tal labor. Incluso podría darse la situación de que las mujeres internas debieran ser cacheadas por el personal integrante de unas Fuerzas Armadas, en las que no hubiera mujeres. Por ello resulta necesario, también en este caso, atender dicha obligación desde el momento en que se planifique el combate. Los estudios realizados por el Centro para el Control Democrático para las Fuerzas Armadas (CECAF), demuestran que la Unidad de Policía, exclusivamente femenina, de nacionalidad india que fue envida a Liberia, en enero de 2007, reveló las ventajas de aumentar el número de oficiales femeninos en dichas Unidades de Policía[199].

---

[199] GENEVA CENTRE FOR THE DEMOCRATIC CONTROL OF ARMED FORCES (DCAF). Ten years of Resolution 1325: Accomplishments, gaps, lessons learned and the way forward. Summary of seminar proceedings. Women, peace and security:

Además de las circunstancias ya analizadas, resulta preciso atender a otra de las situaciones en las que el personal femenino, involucrado en un conflicto bélico, puede verse privado de libertad. Dicha privación puede producirse como consecuencia del cumplimiento de una sanción disciplinaria. También este supuesto ha sido recogido por el referido IV Convenio ginebrino. Este texto prevé un trato diferenciado para las mujeres, al establecer en su artículo 119 que, al ordenar el cumplimiento de las sanciones disciplinarias, habrá que tener presente no sólo la edad y estado de salud del sancionado sino también su sexo. En el mismo sentido se expresan los artículos 76 y 124 del mismo Convenio y el ya citado artículo 75, párrafo 5 del Protocolo I, al determinar que «las mujeres internadas, que cumplan penas disciplinarias, estarán detenidas en locales distintos a los de los hombres, bajo la vigilancia inmediata de mujeres». Respecto de estas previsiones no cabe realizar más comentarios que los ya aportados respecto a la situación de las mujeres detenidas o internadas, habida cuenta el paralelismo de situaciones descritas.

Similares previsiones contiene el mencionado Protocolo adicional I respecto de las normas a observar en los conflictos armados no internacionales. En estos supuestos, a tenor de lo dispuesto en el artículo 5, las mujeres que se encuentren en situación de arresto, detención o internamiento, «estarán custodiadas en lugares distintos de los destinados a los hombres y se hallarán bajo la vigilancia inmediata de mujeres, salvo cuando hombres y mujeres de una misma familia sean alojados en común».

---

from resolution to action. Ten years of Security Council Resolution 1325. Compilation of presentations made at the ninth joint seminar of the United Nations Office at Geneva (UNOG), and the Geneva Centre for the Democratic Control of Armed Forces (DCAF) held on 15 September 2010. Geneva Centre for the Democratic Control of Armed Forces (DCAF).págs. 11 a 18. Las conclusiones expuestas por el CECAF versan en torno a cuestiones de seguridad y focalizan su estudio en las Fuerzas de Seguridad de distintos países. No obstante, las mismas deberían servir para arrojar luz sobre las limitaciones con las que pueden encontrarse en este ámbito, determinadas Fuerzas Armadas. Asimismo, el Centro hace hincapié en la necesidad de incrementar el número de mujeres en el planeamiento de las operaciones, de forma que el número de éstas sea superior al actual en los niveles estratégico y operacional.

Las previsiones hasta ahora analizadas, constituyen, en cualquier caso, un standard mínimo, imprescindible y de obligatoria observancia, sin que la Parte detenedora se vea impedida a adoptar otras medidas favorecedoras de la mujer en las situaciones que describen los artículos que han sido objeto de comentario[200].

Reconociendo la evidente utilidad de las normas anteriormente examinadas y la oportunidad de las mismas, sin embargo, hay que poner de relieve su escasez. Por ello debería abogarse por una interpretación sensible al género del resto de normas aplicables al personal que pudiera hallarse en las situaciones de privación de libertad descritas[201].

1.2. Las previsiones del DIH en relación a la mujer combatiente

En el presente estudio de las normas convencionales de DIH, aplicables especialmente a la mujer no puede dejar de tenerse en cuenta que, en la actualidad, ésta forma parte en un significativo número, de las Fuerzas Armadas de distintos países. Con independencia del motivo que lleve a las mismas a engrosar dichas Fuerzas Armadas es evidente que su participación en las hostilidades ha sufrido un incremento notable[202].

---

[200] KRILL, F. La protección a la mujer en el derecho internacional,..., Doc. cit, en cita 182 *supra*.

[201] A tal conclusión se llega por parte la Asesora Jurídica del CIRC, Gloria GAGGIOLI, en opinión expresada en los paneles de debate desarrollados en el transcurso de la XXXI Conferencia de la Cruz Roja y la media Luna Roja, celebrada en 2011 en Ginebra, tal y como expresa el documento que resume dichas conclusiones: Worshop- protection for Victims of Armed Conflicts: How can a gender perspective on International Humanitarian Law Make a Difference? Disponible en la página web del Comité internacional de Cruz Roja:www.icrc.org.

[202] CICR "Women and war".,..., Doc. Cit., en cita 185 *supra*. El estudio citado revela que el número de mujeres militares ha aumentado significativamente, no sólo en las Fuerzas Armadas regulares. También la participación de la mujer en grupos armados, ha sufrido un notable aumento. La motivación que lleva a las mujeres a tomar la decisión de empuñar las armas, en cualquiera de estas dos modalidades, son diversas. En ocasiones, se alistan para ejercer su venganza frente a quienes, perteneciendo a otra Parte combatiente, las han agredido; en otros casos, es la extrema pobreza o la carencia de vínculos familiares los que empujan a la mujer a tomar la decisión de hacerse combatiente.

Al igual que ocurre con todo integrante de una de las Partes en conflicto, el estatuto de combatiente, será ostentado por quien sea miembro de las Fuerzas Armadas. Así, se verá protegido por las disposiciones del DIH, en el caso de caer en poder del enemigo. En este sentido, el estatuto de combatiente que detente una mujer, contará, *a priori*, con el mismo nivel de protección que el que se otorga al hombre combatiente.

No obstante, también en este aspecto, el Derecho Convencional prevé una protección de carácter general otorgada a las mujeres, así como varias disposiciones en las que se hace una específica mención de la mujer combatiente. Como no podría ser de otra manera, las mujeres se benefician, a tenor de lo dispuesto en el anteriormente mencionado artículo 14 del III Convenio de Ginebra, de un «trato tan favorable como el concedido a los hombres». Este Convenio justifica su existencia en la protección a los prisioneros de guerra y persigue que éstos reciban un trato humanitario. En este sentido, la mujer combatiente encuentra la misma protección en el DIH que el hombre cuando, en combate, cae prisionera. Asimismo, resulta de aplicación lo dispuesto en el ya citado Convenio cuando afirma que «las mujeres deben ser tratadas con todas las consideraciones debidas a su sexo».

En relación a las prisioneras de guerra se contempla, también en este caso, la necesidad de disponer de dormitorios separados para el personal femenino, tal y como se preveía para el resto de las mujeres sometidas a internamiento. También se repite en el artículo 29 la necesidad de contar con instalaciones higiénicas separadas, con lo que baste con remitir a lo anteriormente expuesto para hacer constar, de nuevo, la insuficiencia de concreción de estos preceptos y la necesidad de interpretarlos, como el resto de las normas de DIH, desde una perspectiva de género.

Por otra parte, en relación al trabajo que pudiera desarrollarse por parte de los prisioneros, sólo se hace una referencia al sexo de éstos, entre las circunstancias a tener en cuenta, en el momento de ser empleados. Así se establece en el artículo 49, párrafo 1, que estipula:

"la Potencia detenedora podrá emplear como trabajadores a los prisioneros de guerra en buen estado de salud, teniendo en cuenta su edad, sexo y graduación, así como sus aptitudes físicas, a fin, sobre todo, de mantenerlos en buen estado de salud física y moral".

Con respecto a la imposición de sanciones penales y disciplinarias, el III Convenio de Ginebra recuerda el principio de la igualdad de trato. Al respecto, se establece que las prisioneras de guerra no pueden ser condenadas a penas más severas que aquéllas a las que sean condenadas las mujeres que pertenezcan a las Fuerzas Armadas de la Potencia detenedora, ni podrán ser tratadas con más severidad que éstas durante el cumplimiento de la pena, siempre que se de analogía en la infracción. En ningún caso está permitido que dicho trato desigual se produzca respecto de los hombres que pertenezcan asimismo a las Fuerzas Armadas de la Potencia detenedora y hayan sido castigados análoga infracción, a tenor de lo dispuesto en los párrafos 2 y 3 del artículo 88. Completando lo anterior, los artículos 97 y 108 prevén, al respecto, que «las prisioneras de guerra, cumplan o no una pena disciplinaria, estarán detenidas en locales distintos a los de los hombres y bajo la vigilancia inmediata de mujeres».

Es, de nuevo, a través del Protocolo adicional I, como se concretan un poco más, estas disposiciones relativas, en exclusiva, a la mujer. A tenor del artículo 76 del referido instrumento, en caso de conflicto armado internacional, «serán atendidos con prioridad absoluta los casos de mujeres encintas y de madres con niños de corta edad a su cargo, que sean arrestadas, detenidas o internadas por razones relacionadas con el conflicto armado». En este aspecto, por tanto, el Derecho convencional considera innecesaria la distinción entre la mujer combatiente y la mujer civil. En ambos casos, con independencia de su status, se prioriza su situación de embarazo, parto inminente o maternidad de un niño de corta edad, para procurar su más rápida liberación.

2. LA CONSOLIDACIÓN DE LAS NORMAS CONVENCIONALES EN EL DIH CONSUETUDINARIO

La protección específica a la mujer no ha quedado al margen de las previsiones contenidas en las normas de DIH consuetudinario, es decir aquéllas que constituyen la consolidación de una norma internacional, como consecuencia de una práctica general de los Estados, aceptada como Derecho. La compilación de DIH consuetudinario[203] ha recogido, en diversas normas, esa práctica estatal en lo concerniente a las garantías ofrecidas a las mujeres en caso de conflicto armado.

El Capítulo 39, bajo el Título "Otras personas especialmente protegidas", abarca una serie de previsiones destinadas a proteger tanto a hombres como a mujeres, sin que quepa hacer discriminación alguna en su aplicación. No obstante, la propia Compilación advierte de "*las necesidades y vulnerabilidades específicas de la mujer*" y, en consecuencia, incorpora una serie de derechos y medidas de protección, de particular aplicación a ella.

Se hace referencia, de este modo, en la Norma 134 a las especiales necesidades de la mujer, de forma genérica y, de manera específica, se incorpora a la Compilación la especial atención que requieren las mujeres embarazadas y las madres con hijos de corta edad y aquéllas que se hallen privadas de libertad. Por su parte, la prohibición de la violencia sexual ha encontrado, asimismo, su reflejo en la práctica estatal, dando origen a la Norma 93 del repetido texto y la obligación de recluir a las mujeres privadas de libertad en habitáculos separados de los destinados a hombres, aparece prevista en la norma 119 del mismo Texto.

La norma 134, ya apuntada[204], expresa la preocupación por las especiales necesidades de la mujer reflejadas en el Derecho

---

[203] HENCKAERTS, Jean-Marie y DOSWALD-BECK, Louise, con contribuciones de ALVERMANN, Carolin; DORMANN, Knut y ROLLE, Baptiste. Comité Internacional de la Cruz Roja. Centro de Apoyo en Comunicación para América Latina y el Caribe. Buenos Aires, 2007.

[204] HENCKAERTS, Jean-Marie y DOSWALD-BECK, Louise, ..., Doc. cit. en cita 203 *supra*. Págs. 537 a 541.

convencional, que ha sido objeto de análisis en los apartados precedentes. La citada norma dispone: «Deberán respetarse las necesidades específicas de las mujeres afectadas por los conflictos armados en materia de protección, salud y asistencia».

Consolidada, pues, por la práctica de los Estados, la norma transcrita resulta de aplicación tanto en los conflictos armados internacionales como en los no internacionales y ello con independencia de que las Partes en conflicto hayan ratificado o no, los Convenios de Ginebra y sus Protocolos adicionales. Así queda reflejado en la compilación citada, en la que textualmente se afirma:

> *"El Consejo de Seguridad de las Naciones Unidas, el ECOSOC y la Comisión de Derechos Humanos de las Naciones Unidas no distinguen entre conflictos internacionales y no internacionales con respecto a la protección debida a las mujeres en los conflictos armados"*[205].

En el mismo texto se reconoce la necesidad de enfatizar en el debido cumplimiento de esta norma, haciendo mención a las específicas necesidades que han de ser abastecidas respecto de las mujeres. La Compilación reafirma dicha necesidad de cumplimiento ilustrando la misma con una serie de declaraciones emanadas del Consejo de Seguridad de las Naciones Unidas, que en diversas Resoluciones ha expresado su profunda preocupación por "*las consecuencias especiales que los conflictos armados producen en las mujeres*" y ha reafirmado "la importancia de atender plenamente a sus necesidades especiales de protección y asistencia". Como se verá en el apartado siguiente de este Capítulo, dicha preocupación ha seguido vigente, expresándose en numerosas Resoluciones de Naciones Unidas que han puesto de manifiesto la necesidad apuntada en el Texto Compilatorio.

Ya se ha visto cómo el Derecho convencional entiende que, una manifestación de las especiales necesidades que hay que atender respecto de las mujeres, en caso de conflicto armado, es la relativa a aquéllas que se encuentren en estado, así como a las que tengan a su cargo niños de corta edad, en particular, los lactantes. La práctica de los Estados, pues, tampoco ha sido ajena a esta especial protec-

---

205 Ibídem.

ción a la mujer, de manera que también esta situación ha quedado recogida en la formulación de la citada norma 134 que se concreta en atender el abastecimiento de alimentos y ropa, la prestación de asistencia sanitaria y la evacuación y el transporte.

Asimismo, ha quedado reflejado que el Protocolo adicional I en su artículo 7, párrafo 5, y en el artículo 85 del IV Convenio de Ginebra, aludían a necesidad de establecer alojamientos e instalaciones sanitarias, específicamente destinadas al colectivo femenino separados, por tanto, de los utilizados por los hombres. La práctica de los Estados, en este ámbito, ha originado la consolidación de estas disposiciones, dando origen así a la norma 119 de la citada Compilación que prevé que «las mujeres privadas de libertad serán alojadas en locales separados de los ocupados por los hombres, excepto cuando estén recluidas con su familia como unidad familiar, y estarán bajo la vigilancia inmediata de mujeres»[206].

Dicha Norma se encuentra recogida dentro del Capítulo 37, dedicado a las Personas privadas de libertad. En el referido Capítulo, se aborda la necesidad de otorgar un trato debido a las personas que se encuentran privadas de libertad, por razones relacionadas con el conflicto armado, ya sea éste de índole internacional o no internacional. En el primero de los supuestos, dicha privación de libertad vendrá referida a los combatientes en poder de la parte adversa, a los internados civiles y a los detenidos por motivos de seguridad. Cuando la privación de libertad se de en un conflicto armado no internacional, ésta incluye a las personas que han participado directamente en las hostilidades y han caído en poder de la parte adversa, así como a las detenidas por delito o por motivos de seguridad, siempre que exista una relación entre la situación de conflicto armado y la privación de libertad. La Compilación justifica dicha separación para evitar que las mujeres se conviertan en victimas de la violencia sexual. Al respecto, conviene recordar la reflexión apuntada en el apartado anterior relativa a que la

---

[206] HENCKAERTS, Jean-Marie y DOSWALD-BECK, Louise, ..., Doc. cit. en cita 203 *supra*. Págs. 488 a 490 del mismo texto.

mera separación entre hombres y mujeres no será suficiente sino que los alojamientos deberán reunir una serie de medidas que garanticen la efectiva seguridad de las mujeres internas.

En íntima relación con la Norma anteriormente estudiada, se encuentra la prohibición de cometer agresiones de carácter sexual, recogida en la Norma 93 que expresamente determina: «Quedan prohibidas las violaciones y cualquier otra forma de violencia sexual». La prohibición se aplica, evidentemente, tanto respecto de hombres como de mujeres, aunque el propio documento hace constar que la necesidad de reiterar el cumplimiento de dicha norma respecto de las mujeres se justifica, entre otros motivos, en la mayor frecuencia, en comparación con los hombres, con la que éstas resultan agredidas sexualmente[207]. Este tipo de agresiones son entendidas como uno de los más graves riesgos en que la mujer puede verse incursa, en caso de conflicto armado, aunque obviamente no sea el único. En este sentido, la Norma 93 establece que «quedan prohibidas las violaciones y cualquier otra forma de violencia sexual». En consecuencia, el texto especifica que en la práctica, la prohibición de la violencia sexual tiene carácter no discriminatorio, en el sentido de quedar prohibida no sólo respecto a las mujeres o niñas, sino también de los hombres y niños[208].

En este contexto, la Compilación incorpora una mención a la recomendación general número 19 formulada por el Comité para la Eliminación de la Discriminación contra la Mujer[209]. En dicha

---

[207] HENCKAERTS, Jean-Marie y DOSWALD-BECK, Louise, ..., Doc. cit. en cita 203 *supra*. Así se expresa la interpretación de la norma 134 ofrecida por los autores de la Compilación.

[208] HENCKAERTS, Jean-Marie y DOSWALD-BECK, Louise, ..., Doc. cit. en cita 203 *supra*. Págs.369 a 373. La interpretación que el texto ofrece respecto de esta norma 93, aclara que «salvo en lo concerniente al embarazo forzado, los crímenes relacionados con la violencia sexual en el Estatuto de la Corte Penal Internacional están prohibidos contra toda persona, y no sólo contra las mujeres». Continua el texto expresando que, al establecer los «elementos de los crímenes del Estatuto de la Corte Penal Internacional, la noción empleada para definir la violación ("invasión") se utiliza en sentido amplio, para que resulte neutro en cuanto al género».

[209] Comité para la eliminación de todas las formas de discriminación contra la mujer, Recomendación General número 19. Disponible en http:/ /www.un.org/ womenwatch/daw /cedaw /recommendations /recomm-sp.htm.

recomendación queda taxativamente expresado que "la violencia contra la mujer es una forma de discriminación que impide gravemente que goce de derechos y libertades en pie de igualdad con el hombre". La discriminación contra la mujer, recogida en el artículo 1 de la Convención sobre la eliminación de todas las formas de discriminación contra la mujer, queda definida como aquélla que incluye la violencia basada en el sexo, es decir, dirigida contra la mujer por el mero hecho de ser mujer o que le afecta en forma desproporcionada. Esta violencia se extiende a la comisión de actos que infligen daños o sufrimientos de índole física, mental o sexual, las amenazas de cometer dichos actos, la coacción y otras formas de privación de la libertad. Asimismo, la recomendación número 19 pone de manifiesto que la violencia contra la mujer, que suponga menoscabo o anulación del goce de sus derechos humanos y sus libertades fundamentales, en virtud del Derecho Internacional o de los diversos Convenios de Derechos Humanos, constituye discriminación, en el sentido ya expuesto que recoge el artículo 1 de la Convención[210].

La interpretación ofrecida por el Derecho consuetudinario, pues, no puede sino considerarse un avance operado respecto del Derecho convencional. Esta formulación habría de ser tomada como ejemplo de la correcta interpretación de las normas de DIH. Puede observarse que, de forma reconocible, se ha aportado al DIH consuetudinario la perspectiva de género, al poner en un plano de igualdad a mujeres y hombres, adultos o no, en relación con las agresiones de carácter sexual que cualquiera de

---

[210] La Recomendación número 19 especifica que esos derechos y libertades comprenden:

«a) El derecho a la vida;

b) El derecho a no ser sometido a torturas o a tratos o penas crueles, inhumanos o degradantes;

c) El derecho a protección en condiciones de igualdad con arreglo a normas humanitarias en tiempo de conflicto armado internacional o interno;

d) El derecho a la libertad y a la seguridad personales;

e) El derecho a igualdad ante la ley;

f) El derecho a igualdad en la familia;

g) El derecho al más alto nivel posible de salud física y mental;

h) El derecho a condiciones de empleo justas y favorables».

Doc. cit. En cita 28, *supra.*

ellos pueda sufrir, otorgando, por tanto, la misma importancia a dicha discriminación, con independencia de quien sea víctima de la misma.

Asimismo, cabe resaltar el acierto del Texto consuetudinario, al definir con términos más precisos en qué consisten esos "atentados contra el honor" o contra el "pudor" que venían recogidos en los Textos convencionales que se citaban en el apartado anterior.

3. LA NECESIDAD DE UN ADIESTRAMIENTO EN LA MATERIA QUE PERMITA EL CUMPLIMIENTO DE LAS NORMAS CONVENCIONALES Y CONSUETUDINARIAS, EXPRESADA EN LAS RESOLUCIONES DEL CONSEJO DE SEGURIDAD DE NACIONES UNIDAS

Toda vez que el incumplimiento de buena parte de estas normas es evidente, queda justificada la necesidad de adiestramiento eficaz en materia de género. La necesidad de esta tarea ha sido puesta de relieve por parte del Comité Internacional de la Cruz Roja.

El citado Comité se propuso llevar a cabo un estudio al objeto de comprender las necesidades experimentadas por las mujeres que pudieran verse afectadas por conflictos armados. Asimismo, el estudio tenía como propósito constatar la diferencia entre esas necesidades y las experimentadas por los hombres. En el análisis de estas materias se evaluó en qué medida el Derecho Internacional satisface las necesidades expuestas, abordando así cuestiones tales como la seguridad física, la violencia sexual, el desplazamiento, el acceso a la atención de salud, la higiene, los alimentos, el agua y los refugios, y el problema de los familiares desaparecidos y las consecuencias que han de conllevar los supervivientes[211].

---

211 Basándose en ese estudio, el Comité Internacional de la Cruz Roja elaboró el siguiente Manual: LINDSEY-CURTET, Charlotte; HOLST-RONESS, Florence Tercier; ANDERSON, Letitia Addressing the Needs of Women Affected by Conflict: A Guidance Document. ICRC, Marzo 2004. Puede ser objeto de consulta en la página web del CICR, a través del siguiente enlace: www.icrc.org/eng/resources/ documents/ publication.

La necesaria interpretación de las normas imperativas de DIH conforme a la perspectiva de género, se suma a la preocupación expresada por Naciones Unidas sobre la necesidad de adiestramiento en la materia. Fruto de esta preocupación son las Resoluciones 1325 (2000), 1820 (2008), 1888 (2009), 1889 (2009), 1960 (2010) y 2086 (2013).

La Resolución 1325, aprobada por el Consejo de Seguridad en su sesión 4213ª, celebrada el 31 de octubre de 2000[212] ha sido considerada como la culminación y el reconocimiento de un proceso que tuvo su desarrollo en las décadas precedentes. Las inquietudes expresadas por la citada Resolución, recibieron respuesta, en el ámbito interno, de forma que el Gobierno de España se comprometió en el año 2005 a realizar un Plan de Acción nacional para poner en práctica la Resolución 1325. La mencionada Resolución 1325, identificó la necesidad de incorporar la perspectiva de género en las misiones de paz e instó a procurar una formación específica al personal participante en dichas misiones. Con ello, pretendía garantizarse que las mujeres y niñas en zonas de conflicto y posconflicto, gozaran del pleno disfrute de los derechos humanos. Al hilo de estas premisas, el Gobierno de España elaboró el antedicho Plan[213] en el que se plantearon, entre otros, los siguientes objetivos:

> *"(...) Asegurar la formación específica del personal que participa en operaciones de paz, en materia de igualdad y sobre los distintos aspectos de la Resolución 1325.*
> *Proteger los derechos humanos de las mujeres y niñas en zonas de conflicto y posconflicto (incluyendo campos de personas refugiadas y desplazadas) y fomentar el empoderamiento y la participación de las mujeres en los procesos de negociación y aplicación de los acuerdos de paz y,*
> *Fomentar el conocimiento y difusión de la misma".*

---

[212] Resolución 1325 (2000) aprobada por el Consejo de Seguridad en su 4213ª sesión celebrada el 31 de octubre de 2000. Doc. S/RES/1325/2000.

[213] Plan de acción del Gobierno de España para la aplicación de la Resolución 1325 del Consejo de Seguridad de las Naciones Unidas (2000), sobre mujeres, paz y seguridad. Accesible a través de la página del Observatorio para la igualdad militar del Ministerio de Defensa: http://www.defensa.gob.es/ areasTmaticas/ observatorio/ documentacion-normativa.

Asimismo, expone, entre sus objetivos, el de contribuir a que se acate la legalidad establecida por el Derecho Internacional[214].

La inaplicación del DIH, puesta de manifiesto en los apartados precedentes, es advertida por esta Resolución 1325 que reitera la necesidad de que las Partes en un conflicto armado respeten plenamente el Derecho Internacional concerniente a los derechos y a la protección de las mujeres y niñas. La misma resalta la especial necesidad de dar cumplimiento a las obligaciones correspondientes, en virtud de los Convenios de Ginebra de 1949 y sus Protocolos Adicionales de 1977, la Convención sobre los Refugiados de 1951 y su Protocolo de 1967, la Convención sobre la eliminación de todas las formas de discriminación contra la mujer de 1979 y su Protocolo Facultativo de 1999 y la Convención de las Naciones Unidas sobre los Derechos del Niño de 1989 y sus dos Protocolos Facultativos de 25 de mayo de 2000 y a que tengan presentes las disposiciones pertinentes del Estatuto de Roma de la Corte Penal Internacional.

Sin duda ha sido la OTAN, una de las Organizaciones Internacionales que con mayor ahínco ha tratado de incorporar los criterios de la Resolución 1325 a sus cometidos. Para la OTAN, la inclusión de los principios contenidos en la Resolución 1325 y el resto de las Resoluciones, relacionadas con la misma, resulta esencial para alcanzar el éxito de sus misiones[215]. Como consecuencia de este interés, la Organzación aprobó, en diciembre del año 2007 el documento denominado "NATO/EPAC policy on implementing UNSCR 1325 on women, peace and security". En los trabajos llevados a cabo para la observancia de la Resolución citada, así como

---

214 Con la aprobación de este Plan de Acción, y la adopción del Plan de Acción Nacional sobre la Igualdad de género, publicado en 2007, España pasó a formar parte de un reducido número de países que cuentan con un instrumento semejante. En este sentido se expresa DE TOMAS MORALES, S. La mujer y las operaciones de mantenimiento de la paz. Madrid, 2009. Pág. 151.

215 Así queda declarado en el informe "Comprehensive report on the NATO/ EAPC policy on the implementation of UNSCR 1325 on women, peace and security and related resolutions." de 20 de noviembre de 2010. Disponible en la página web de OTAN, a través del enlace: http://www.nato.int/ cps/ en/ natolive/ official_ texts_68578.htm.

de las que están relacionadas con la misma y que se mencionarán más adelante, se incluye ya el concepto de "mainstreaming". En este sentido, para la Organización, resulta imprescindible, incorporar el contenido de estas Resoluciones, no en un ámbito o actividad concretos, de forma sectorial, sino antes bien, en todos sus asuntos diarios y en "todos los niveles".[216]

Es evidente, por otra parte que la OTAN hace depender directamente el éxito de los objetivos marcados en dicha resolución, del adiestramiento adecuado que se otorgue tanto a personal civil como militar y ello se considera imprescindible para la efectividad en el cumplimiento de las misiones y operaciones. El papel de OTAN en esta materia ha sido significativamente activo y ha generado, asimismo, la probación, en Septiembre de 2009 de la Directiva 40-1, cuyo objetivo es la implantación de la mencionada Resolución en la organización militar de OTAN, estableciendo que la misma resulta aplicable en toda su estructura militar[217].

Ya se ha anticipado que su labor, pese a mencionar expresamente la necesidad de incorporar los criterios de a Resolución 1325, no se limita a ella, sino que es extensiva a todas las demás Resoluciones relacionadas con ésta. En efecto, han sido varias las Resoluciones de Naciones Unidas aprobadas con posterioridad con el ánimo de avanzar en el camino iniciado por la Resolución 1325. Así, la Resolución 1820 (2008) aprobada por el Consejo de Seguridad, el 19 de junio de 2008[218], señaló que la violación y otras formas de violencia sexual son inaceptables en los conflictos armados, así como en tiempo de paz. De esta forma quedó reconocido que, el ejercicio de este tipo de violencia contra el personal civil es una consecuencia de la guerra y además, con frecuencia, un método bélico utilizado de forma sistemática para desestabili-

---

[216] Doc. cit. En cita 215, *supra*

[217] El texto que se menciona es el siguiente: Bi-SC Directive 40-1. Integrating UNSCR 1325 and gender perspectives in the NATO Command structure including measures for protection during armed conflict. Toda vez que se trata de un documento que no está sujeto a clasificación de seguridad, se encuentra disponible en la página web de OTAN: www.nato.int.

[218] Resolución 1820 (2008) aprobada por el Consejo de Seguridad en su 5916ª sesión celebrada el 19 de junio de 2008. Doc. S/RES/1820/2008

zar, desmoralizar y humillar a las comunidades y obligarlas a huir de su lugar de residencia. La citada Resolución no viene sino a reflejar lo que, a lo largo de este estudio se ha puesto de manifiesto: la inaplicación de normas esenciales de DIH. En el referido documento de Naciones Unidas se hace expreso reconocimiento de que la violencia sexual sistemática y generalizada contra los civiles es una amenaza contra la paz y la seguridad internacionales. Consecuentemente, advierte de la posibilidad de que el Consejo de Seguridad de Naciones Unidas imponga sanciones a los Estados que no tomen las medidas necesarias para abordar este problema. La necesidad de adiestramiento, en materia de DIH y más en concreto en cuestiones de género, cobra por tanto una especial relevancia. Prueba de ello es que la misma Resolución determina que los Estados quedan obligados a hacer todo lo necesario para que los combatientes reciban la formación adecuada, de tal modo que interioricen que todas las formas de violencia sexual están estrictamente prohibidas.

Si bien, puede sostenerse, conforme a lo indicado en los apartados precedentes que la infracción de esta norma de DIH no es la única que pueden sufrir las mujeres, es lo cierto que la agresión sexual tiene un gran impacto social, en los casos en los que ésta se ejerce contra mujeres especialmente desvalidas. Los efectos que se derivan de la misma, comprenden no sólo los traumas personales y físicos, provocados por la agresión, sino también el rechazo de su cónyuge, familiares o su comunidad. Los combatientes, por lo tanto, son conocedores de los estragos que pueden causar ejerciendo la violencia sexual contra las mujeres de una comunidad. En consecuencia, son conocedores de que a través de tales conductas, pueden quebrar los cimientos de la sociedad, ya que este crimen es culturalmente humillante y desmoralizante también para los hombres[219].

La Resolución 1820 (2008) continúa exigiendo que todas las Partes en conflictos armados adopten de inmediato medidas apro-

---

[219] En este sentido se expresa el Asesor jurídico del CICR en materia de mujeres y guerra, Jean-Marie HENCKAERTS, en entrevista concedida al CICR en 2008. Disponible en la página web del CIRC: www.circ.org.

piadas para proteger a los civiles, incluidas las mujeres y las niñas, de todas las formas de violencia sexual. Como medida apropiada, el texto aboga por adoptar sanciones de disciplina militar. Asimismo, alude al cumplimiento del principio de responsabilidad del mando. Vuelve a ponerse de manifiesto, pues, la necesidad de que los participantes en el conflicto, cuenten con un verdadero adiestramiento que permita interiorizar esa sensibilización hacia la materia de género. La Resolución citada hace mención expresa de las consecuencias del incumplimiento de estas normas de DIH, al abogar por la aplicación del principio de responsabilidad del mando de la operación, de manera que ésta le pueda ser exigida, bien por acción, bien por omisión, conforme a las normas de Derecho Internacional. Asimismo, el documento incide en el hecho de que la violación y otras formas de violencia sexual pueden constituir «un crimen de guerra, un crimen de lesa humanidad o un acto constitutivo con respecto al genocidio».

Sin embargo, el único mecanismo de control realmente efectivo que la Resolución contempla es la presentación al Secretario General de un informe sobre la aplicación de dicha Resolución. Dicho requerimiento resultó satisfecho a través del Informe del Secretario General presentado en 2009[220]. El informe, relativo a las cuestiones de paz, seguridad y justicia relacionadas con la violencia sexual pone de relieve la repetida afirmación de que los incumplimientos graves del DIH pueden constituir crímenes de guerra. Además, en consonancia con lo anterior, manifiesta que dichos incumplimientos suelen ir acompañados de otros actos que constituyen delitos graves en virtud del Derecho Internacional, como los crímenes de lesa humanidad y el genocidio.

Asimismo, destaca el amplio espectro de personas que han cometido actos de violencia sexual en conflictos recientes y en curso por cuanto, entre los mismos, se hallan, tanto miembros de las Fuerzas Armadas, de la Policía, así como de milicias y otros grupos armados no estatales. Como consecuencia de los datos aportados

---

[220] Informe del Secretario General presentado de conformidad con lo dispuesto en la resolución 1820 (2008) del Consejo de Seguridad, de 16 de julio de 2009. Doc. S/2009/362.

al Informe, se insta a que el Consejo de Seguridad de Naciones Unidas, compare las medidas adoptadas y los resultados concretos obtenidos con respecto a estas cuestiones con lo requerido en la Resolución 1820 de 2008, en lo referente a parámetros de referencia para medir los progresos conseguidos en la labor de prevenir y hacer frente a la violencia sexual. Resulta evidente, de nuevo, que la prevención se halla estrechamente unida a la necesidad de adiestramiento y así se pone de relieve por el Secretario General quien considera imprescindible «dar instrucciones claras y contundentes y transmitir frecuentemente mensajes sobre la prohibición categórica de la violencia sexual, así como demostrar inequívocamente en las palabras y en los hechos que se castigará toda vulneración, contribuiría a disminuir la violencia sexual». Sin olvidar que resulta igualmente necesario que los órganos estatales y las estructuras de mando militares y policiales, procuren la capacitación de las fuerzas militares y policiales para que éstas conozcan sus obligaciones con arreglo al DIH, las normas de Derechos Humanos y el Derecho Penal.

Las conclusiones puestas de manifiesto en el Informe señalado, dieron lugar a la aprobación por el Consejo de Seguridad de Naciones Unidas, de la Resolución 1888 (2009)[221]. En la misma, vuelve a reiterarse la necesidad de proteger a mujeres y niños como parte de la población civil, de forma que se respeten las normas de DIH que brindan a estos colectivos la protección general otorgada a la población civil durante el desarrollo de un conflicto armado, así como la protección de carácter especial motivada por las circunstancias que hacen a los mismos, particularmente vulnerables. Puede advertirse, en este caso, que el eje central del documento lo constituye la exigencia de responsabilidad por los crímenes que contra aquéllos se han cometido. De esta manera, expresamente se advierte de la inclusión de este tipo de agresiones en el Estatuto de Roma de la Corte Penal Internacional[222].

[221] Resolución 1888 (2009) aprobada por el Consejo de Seguridad en su 6195ª sesión celebrada el 30 de septiembre de 2009. Doc. S/RES/1888/2009.

[222] Estatuto de Roma de la Corte Penal Internacional. Doc. A/CONF.183/9, de 17 de julio de 1998. En vigor desde el 1 de julio de 2002.Efectivamente, el artículo 7

El documento, asimismo, también pretende paliar una de las carencias que aquí han sido señaladas, cuando en su punto número 19, alienta a los Estados a desplegar un mayor número de personal militar y policial femenino e las Operaciones de Naciones unidas para el mantenimiento de la paz y a capacitar a todo su personal militar y policial para cumplir sus funciones. No puede, pues, sino celebrarse la atención que dicha Resolución presta a esta cuestión, clave para el otorgamiento de la debida protección a la mujer y que, como ya se ha advertido, ha producido resultados satisfactorios, cuando se ha llevado a cabo.

Las conclusiones aportadas por el Informe elaborado por el Secretario General, de fecha 16 de julio[223], fueron recogidas nuevamente por la Resolución 1889 de 2009, del Consejo de Seguridad de Naciones Unidas[224]. Este documento resalta la necesidad de contribuir al empoderamiento de la mujer, sin dejar de prestar atención a la cuestión del adiestramiento. Antes bien, ésta última parece exponerse como una vía útil para alcanzar dicho empoderamiento.

La necesidad de adiestramiento en materia de género viene reflejada, a través de la solicitud al Secretario General de nombramiento de asesores en cuestiones de género y para la protección de la mujer en las misiones de Naciones Unidas. Es evidente que la participación activa de estos asesores puede contribuir, de una forma muy notable, a otorgar una perspectiva de género al cumplimiento de la misión. Asimismo, es notorio que la inclusión de

---

del Estatuto, incluye entre los Crímenes de lesa humanidad, es decir, cualquiera de los enumerados, cuando se cometa como parte de un ataque generalizado o sistemático contra una población civil y con conocimiento de dicho ataque, la «*violación, esclavitud sexual, prostitución forzada, embarazo forzado, esterilización forzada o cualquier otra forma de violencia sexual de gravedad comparable*». El mismo documento ofrece la definición del término "género" como aquél que se refiere a los dos sexos, masculino y femenino, en el contexto de la sociedad.

[223] Informe del Secretario General presentado de, ..., Doc. cit. En cita 220 *supra*.

[224] Resolución 1889 (2009) aprobada por el Consejo de Seguridad en su 6196ª sesión celebrada el 5 de octubre de 2009. Doc. S/RES/1889/2009.En la indicada Resolución se hace especial mención a la necesidad de que la mujer se halle presente en la adopción de decisiones sobre los asuntos políticos y económicos, desde las etapas más tempranas del proceso de consolidación de la paz. Punto 15 del documento.

este personal puede resultar de gran ayuda en la formación en DIH que todo combatiente y participante en una misión de paz, ha de recibir. Ya se ha puesto de manifiesto cómo la totalidad de las normas de DIH, deberían ser interpretadas a la luz de la cuestión de género, de forma que pudiera soslayarse la carencia de previsión de algunas situaciones y, además, dichas normas se aplicaran de conformidad con el contexto histórico actual. Si dicha labor es encomendada a una parte específica de los integrantes de un contingente, es decir, si se encomendara al Oficial encargado de la Cooperación Cívico Militar, por ejemplo, es muy probable que este asesoramiento, se viera reflejado, exclusivamente, en la cadena de Mando dependiente de ese Oficial. Sin embargo, con la incorporación de Asesores de género a las Operaciones de Mantenimiento de la Paz, puede conseguirse que el Mando del contingente desplegado, goce de ese asesoramiento en todas las decisiones que el mismo tome en el desarrollo de la operación. Es decir, que, con independencia de que esa decisión verse sobre materias de personal, logística, entrenamiento o cualesquiera otras que a diario se adoptan en el desarrollo de la misión, todas ellas habrían pasado por el correspondiente asesoramiento en la materia, consiguiendo, así implementar efectivamente una perspectiva global o *gender mainstraiming.*

También en esta materia la OTAN ha destacado por las iniciativas tomadas, pues en su mencionada Directiva de 2009, establece la figura del Asesor de Género, encargado de ofrecer un asesoramiento específico y apoyo operacional en materia de género al Mando y al resto de personal de las operaciones de OTAN.[225] Por otra parte, el Informe anteriormente citado[226], pone de manifiesto cómo, en menos de un año desde la aprobación de la Directiva, el papel desempeñado por los Asesores de Género en el ámbito de la OTAN, ha resultado exitoso en tres áreas concretas. Así, se se-

---

[225] Así se detalla en el punto 1-6 de la Directiva Bi-SC Directive 40-1. Integrating UNSCR 1325 and gender.... Doc. cit. En cita 217, *supra.*

[226] El documento a que se hace referencia es el Comprehensive report on the NATO/EAPC policy on the implementation of UNSCR 1325 on women, peace and security and related resolutions Doc. cit. En cita 215, *supra.*

ñalan la completa integración del asesoramiento de género en el Cuartel General de la OTAN en la Operación que la organización lidera en Afganistán, en el establecimiento de una red de trabajo en otras áreas, como el trabajo con los Equipos Provinciales de Reconstrucción (PRTs) o en el desarrollado con Organizaciones No Gubernamentales y organizaciones de mujeres, así como con Mandos Regionales. Por último, se destaca la contribución de los Asesores de Género en las llamadas operaciones COIN, es decir, operaciones contra insurgentes.

Esa presencia de asesores en cuestiones de género y para la protección de la mujer en las misiones de mantenimiento de la paz, es reiterada en la Resolución 1960 (2010)[227]. A través de este documento, el Consejo de Seguridad insiste en la necesidad de adiestramiento que ha sido puesta de relieve en las Resoluciones anteriores, destacando la importancia que ello tiene en relación con la eventual exigencia de responsabilidad del Mando. Vuelve a incidirse, por tanto, desde el Consejo de Seguridad, en la obligatoriedad del cumplimiento del DIH por parte, no sólo de quienes formen los contingentes de las Partes en conflicto, sino también de quienes se encuentren involucrados en él por participar en una misión de mantenimiento de la paz. Por este motivo se considera determinante, en evitación de los crímenes que aquí se denuncian, la específica formación del personal participante en una OMP. En este sentido, la labor del asesor de género, puede resultar excepcional, habida cuenta la falta se sensibilización en la materia que ha sido expuesta a lo largo de este capítulo.

En esta labor de sensibilización, resultarán clave, asimismo, las tareas que puedan llevarse a cabo, al objeto de lograr un efectivo empoderamiento de la mujer. No es ajena a esta cuestión la Resolución 1960. Antes, bien, incide nuevamente en la denuncia relativa a la escasez de representación de la mujer en los procesos de paz oficiales, circunstancia ésta que queda estrechamente unida a

---

[227] Resolución 1960 (2010) aprobada por el Consejo de Seguridad en su 6453ª sesión celebrada el 16 de diciembre de 2010. Doc. S/RES/1960/2010.

la falta de denuncia de actos de violencia sexual. De esta forma, el vínculo entre el empoderamiento de la mujer y el cumplimiento de las normas de DIH, queda taxativamente fijado, de manera que resulta imprescindible la atención a la primera cuestión, en orden a conseguir el objetivo final marcado. Pese a lo que a primera vista pudiera parecer, este objetivo no puede quedar limitado a la erradicación de la violencia sexual contra la mujer. Es evidente que ésta es una de las consecuencias más perniciosas del conflicto armado por las graves secuelas que puede acarrear a sus víctimas. Ello lo constituye una de las más graves violaciones del DIH. Sin embargo, como también ha sido señalado, no es ésta la única. En este sentido, la citada Resolución, insiste en recordar que las normas de DIH protegen de forma genérica a las mujeres y los niños, como parte de la población civil durante los conflictos armados y que, además, lo hacen de forma específica, en tanto que ambos colectivos pueden hallarse expuestos a riesgos específicos. En consecuencia el empoderamiento de la mujer, deberá dirigirse a la consecución de un objetivo más amplio que la erradicación de la violencia sexual. A través de los oportunos instrumentos, tales como el aumento de la participación de la mujer en las tomas de decisión de los procesos de paz, en la reconstrucción post-conflicto o en el planeamiento de las Operaciones militares, podrán sentarse las bases para un efectivo cumplimiento de la totalidad de las normas de DIH.

Esta labor de empoderamiento, aparece como una de las funciones a desempeñar en las llamadas misiones "multidimensionales". Así se manifiesta por parte de Naciones Unidas y se recoge en la Resolución 2086(2013).[228] Estas misiones son aquéllas cuyo propósito se extiende a: «a) ayudar a los países de acogida a definir las prioridades y estrategias esenciales de consolidación de la paz; b) ayudar a crear un entorno propicio para que los agentes nacionales e internacionales pertinentes puedan realizar las tareas de consolidación de la paz; y c) realizar ellas mismas una labor inicial de consolidación de la paz».

---

[228] Resolución 2086 (2013) aprobada por el Consejo de Seguridad en su 6903ª sesión celebrada el 21 de enero de 2013. Doc. S/RES/2086/2013.

Este tipo de misiones, pueden tener encomendadas, tal y como se hace constar en el apartado h) del punto 5 de la Resolución de referencia, otro tipo de funciones como la de contribuir a la protección del personal civil, especialmente de quienes se hallan en situación de peligro inminente de sufrir violencia física y apoyar la labor de los países de acogida para proteger a los civiles de la violencia, incluidas todas las formas de violencia sexual y por razón de género; y, en virtud del apartado j) del mismo punto del documento, apoyar la participación de las mujeres en la prevención y la solución de conflictos y en la consolidación de la paz, así como las actuaciones de los gobiernos de los correspondientes países de acogida tendentes a promover la participación de la mujer en los procesos de toma de decisiones post-conflicto. A mayor abundamiento, vuelve a consignarse en el punto 12 de la Resolución citada, la importancia de la inclusión de disposiciones sobre promoción de la igualdad de géneros y el empoderamiento de la mujer en las situaciones post-conflicto, reiterando la pertinencia del nombramiento de asesores en cuestiones de género y en protección de la mujer. Esta nueva dimensión de las misiones desarrolladas por Naciones Unidas, pasa, por tanto, por la labor de empoderamiento de la mujer, sin la que no parece viable la consecución del resto de los objetivos que se propone la Organización.

La misma conclusión se alcanza por parte de OTAN en el segundo informe anual de su Secretario General en relación con la implementación de la Resolución 1325 y el resto de Resoluciones relacionadas con la misma, publicado a comienzos de 2013. La Organización considera que la experiencia ha demostrado, no sólo que las mujeres contribuyen de forma valiosa al desarrollo de las operaciones, sino que, además juegan un importante papel en la prevención y resolución de conflictos[229]. Asimismo, el Informe, reafirma la necesidad de que los objetivos marcados inicialmente por la Resolución 1325 sean

229 El documento citado es NATO Secretary General's Second annual Public Report on implementing United Nations Security Council Resolution 1325 on women, peace and security, and related Resolutions, de 15 de enero de 2013. Puede ser consultado en la página web de la OTAN a través del enlace: http://www.nato.int/nato_static/assets/pdf/pdf_topics/20130115_130111-SG-1325-Public-report2013.pdf.

perseguidos, a través de la incorporación de la perspectiva de género en todos los aspectos del planeamiento, ejercicios y entrenamientos que se lleven a cabo en el seno de OTAN.

Así pues, puede concluirse que el adiestramiento sigue manifestándose como la herramienta más eficaz para la consecución de los objetivos planteados en la citada Resolución y, por lo tanto, para el efectivo cumplimiento de las normas convencionales y consuetudinarias de DIH, de forma que la consecución de unos indicadores fiables en esta materia, será el instrumento sin el que no pueda desarrollarse un adiestramiento realmente eficaz.

4. CONCLUSIONES

La Resolución 2086 del Consejo de Naciones Unidas, que data de inicios del año en curso, propone como uno de los objetivos de las misiones multidimensionales de dicha Organización, el fomento de la labor de los tendente a proteger al personal civil frente a actos de violencia, incluida la violencia sexual, en cualquiera de las formas y la que se ejerza por razón de género. No es por tanto ocioso cuestionarse, si la protección a la mujer, en el ámbito normativo, ha resultado suficiente y en ese caso, cuál es el motivo para que en el año 2013, la denuncia de su incumplimiento haya de reiterarse con la insistencia que se ha visto.

Es evidente que los Convenios firmados en Ginebra en el año 1949, no pueden responder con exactitud a una realidad como la presente. El transcurso del tiempo contribuye a una descontextualización que se evidencia, incluso, en la terminología empleada por los mismos. Sin embargo, ello no puede llevar a la conclusión de que estos instrumentos Convencionales resulten obsoletos. Antes bien, la esencia de los mismos, permanece inalterada. En efecto, la mujer hoy en día sigue precisando de esa protección general que ha de otorgarse a todo personal civil, por cuanto no puede ignorarse que las mujeres, en muchas partes del mundo, siguen formando parte de un colectivo especialmente vulnerable y que dicha vulnerabilidad resulta agravada en situación de conflicto armado.

La evolución del papel de la mujer en las sociedades desarrolladas no puede ocultar una la realidad todavía presente en otro tipo de contextos sociales. Aun en el primer caso, la sensibilización en cuestión de género se hace imprescindible durante el proceso de adiestramiento en materia de DIH, pues resulta necesario imprimir dicha orientación a todo el articulado de los Convenios de Ginebra y sus Protocolos adicionales. El incremento de la participación de la mujer en las hostilidades y como miembro de los contingentes que participan en Operaciones de Mantenimiento de la Paz, hacen cada vez más necesaria esa sensibilización, cuyo logro se haya íntimamente ligado a la presencia de asesores de género que aporten una visión integral en materia de género al planeamiento y ejecución de las operaciones.

Ese adiestramiento y sensibilización se presentan como elementos imprescindibles en una correcta y efectiva aplicación del DIH que permita erradicar las violaciones más graves que se dan respecto del mismo. Consecuentemente, la carencia del mismo puede conllevar la exigencia de responsabilidad a sus infractores. Como parte de esa sensibilización que ha de operar en todo conflicto, el empoderamiento de la mujer, juega un papel clave. Sin una presencia significativa de mujeres en la toma de decisiones en los niveles superiores del planeamiento militar (es decir el operacional y el estratégico), resulta realmente difícil, aportar una visión igualitaria en género a las mismas. Limitar la presencia de la mujer al nivel táctico, supone limitar, asimismo, la perspectiva de género que ha de acompañar a toda misión militar, por cuanto el personal femenino que ha de dar cumplimiento al mandato de dicha misión, puede que no vea en ella reflejadas sus especiales necesidades. Por otra parte, fomentar la representación de mujeres en los procesos de toma de decisiones post-conflicto, se presenta como imprescindible para el aseguramiento de la paz lograda. Dejar al margen de dicho proceso a un número tan significativo de la población, que, además evidencia tener una serie de necesidades específicas, impide la consecución real de los objetivos de reconstrucción post-conflicto.

Todas estas tareas han sido logradas parcialmente por la OTAN, cuya implicación en este ámbito, resulta destacable y debería constituir un camino a seguir por otras Organizaciones igualmente concernidas por idénticos objetivos. La presencia de Asesores de Género en las Operaciones de OTAN se ha manifestado como un instrumento incipiente, pero a la vez eficaz para que esa presencia de la perspectiva de género en la globalidad de la operación, contribuya a la efectividad de la misma, en igual medida que a conseguir un empoderamiento real de la mujer.

5. BIBLIOGRAFÍA

Libros

CENTRE FOR THE DEMOCRATIC CONTROL OF ARMED FORCES. Ten years of Resolution 1325: Accomplishments, gaps, lessons learned and the way forward. Summary of seminar proceedings. Women, peace and security: from resolution to action. Ten years of Security Council Resolution 1325. Compilation of presentations made at the ninth joint seminar of the United Nations Office at Geneva (UNOG), and the Geneva Centre for the Democratic Control of Armed Forces (DCAF) held on 15 September 2010. Geneva. Centre for the Democratic Control of Armed Forces (DCAF).

DE TOMAS MORALES, S. La mujer y las operaciones de mantenimiento de la paz. Madrid, 2009.

HENCKAERTS, J.M.; DOSWALD-BECK, L. Contribuciones: ALVERMANN, C.; DORMANN, K.; ROLLE, B. CICR. Centro de Apoyo en Comunicación para América Latina y el Caribe. Buenos Aires, 2007.

Capítulos de libros

DIEZ PERALTA, E. Los crímenes de género ante la Corte Penal Internacional. AAVV. Seguridad y conflictos: una perspectiva multidisciplinar. Coord. REQUENA, Miguel. Instituto Universitario Gutiérrez Mellado, 2012; pp.15 a 40.

Artículos en revistas

CHINKIN, C. Rape and Sexual Abuse of Women in International Law. SymposiumThe Yugoslav Crisis: New International Law Issues. European Journal of International Law. Issue Vol. 5 (1994) No. 1; pp.326 a 341.

GARDAM, J. (1998). La mujer, los derechos humanos y el derecho internacional humanitario. Revista Internacional de la Cruz Roja, 23, pp. 453-467.

KRILL, F. La protección a la mujer en el derecho internacional humanitario. Revista Internacional de la Cruz Roja, 1 de noviembre de 1985.

Recursos web

XXXI Conferencia de la Cruz Roja y la Media Luna Roja. Workshop: protection for Victims of Armed Conflicts: How can a gender perspective on International Humanitarian Law Make a Difference? Ginebra. 2011. Disponible en: www.icrc.org. Fecha de consulta 10/07/2013.

COMITÉ INTERNACIONAL DE LA CRUZ ROJA "Women and war". 2008. Disponible en: www.icrc.org/ eng/war-and-law/protected-persons/ women/index.jsp. Fecha de consulta 10/07/2013.

MINISTRY FOR FOREIGN AFFAIRS. STOCKOLM, SWEDEN.International humanitarian law and gender. Report summary. International expert meeting: "Gender perspectives on International humanitarian law", Stockholm, Sweden, 4-5 October 2007. Disponible en: www.icrc.org/ eng/ resources/documents/report/ihl-women-report. Fecha de consulta 10/07/2013.

LINDSEY-CURTET,Ch.; HOLST-RONESS, F.T.; ANDERSON, L. Addressing the Needs of Women Affected by Conflict: A Guidance Document. CICR. Marzo 2004. Fecha de consulta 10/07/2013.

Documentación

A) Nacional

Plan de acción del Gobierno de España para la aplicación de la Resolución 1325 del Consejo de Seguridad de las Naciones Unidas (2000), sobre mujeres, paz y seguridad.

B) Tratados Internacionales

Convenio de Ginebra para mejorar la suerte de los heridos y enfermos de las fuerzas armadas en campaña. Ginebra, 12 de agosto de 1949. (BOE de 23 de agosto de 1952).

Convenio de Ginebra para la mejora de la suerte de los heridos, enfermos y náufragos de las fuerzas armadas en el mar. Ginebra, 12 de agosto de 1949. (BOE de 26 de agosto de 1952).

Convenio de Ginebra relativo a la protección de los prisioneros de guerra. Ginebra, 12 de agosto de 1949. (BOE de 5 de septiembre de 1952).

Convenio de Ginebra relativo a la protección de personas civiles en tiempo de guerra. Ginebra, 12 de agosto de 1949. (BOE de 2 de septiembre de 1952).

Protocolo Adicional a los Convenios de Ginebra de 1949 relativo a la protección de las víctimas de los conflictos armados internacionales. (BOE de 26 de julio de 1989).

Protocolo Adicional a los Convenios de Ginebra de 1949 relativo a la protección de las víctimas de los conflictos armados sin carácter internacional. (BOE de 7 de octubre de 1989).

Estatuto de la Corte Penal Internacional, aprobado en Roma el 17 de julio de 1998 y entrado en vigor el 1 de julio de 2002.

C) Documentación de las Naciones Unidas

Resolución 1325 (2000) aprobada por el Consejo de Seguridad en su 4213ª sesión celebrada el 31 de octubre de 2000. Doc. S/RES/1325/2000.

Resolución 1820 (2008) aprobada por el Consejo de Seguridad en su 5916ª sesión celebrada el 19 de junio de 2008. Doc. S/RES/1820/2008.

Resolución 1888 (2009) aprobada por el Consejo de Seguridad en su 6195ª sesión celebrada el 30 de septiembre de 2009. Doc. S/RES/1888/2009.

Resolución 1889 (2009) aprobada por el Consejo de Seguridad en su 6196ª sesión celebrada el 5 de octubre de 2009. Doc. S/RES/1889/2009.

Resolución 1960 (2010) aprobada por el Consejo de Seguridad en su 6453ª sesión celebrada el 16 de diciembre de 2010. Doc. S/RES/1960/2010

Resolución 2086 (2013) aprobada por el Consejo de Seguridad en su 6903ª sesión celebrada el 21 de enero de 2013. Doc. S/RES/2086/2013.

Informe del Secretario General presentado de conformidad con lo dispuesto en la resolución 1820 (2008) del Consejo de Seguridad, de 16 de julio de 2009. Doc. S/2009/362.

D) Documentación OTAN

Comprehensive report on the NATO/EAPC plicy on the implementation of UNSCR 1325 on women, peace and security and related resolutions, de 20 de noviembre de 2010.

Bi-SC Directive 40-1. Integrating UNSCR 1325 and gender perspectives in the NATO Command structure including measures for protection during armed conflict.

Fuentes jurisprudenciales

Sentencia Tribunal Constitucional 8/1981, de 30 de marzo.
Sentencia Tribunal Constitucional 10/1981, de 6 de abril.
Sentencia Tribunal Constitucional 22/1981, de 2 de julio.
Sentencia Tribunal Constitucional 23/1981, de 10 de julio.
Sentencia Tribunal Constitucional 49/1982, de 14 de julio.
Sentencia Tribunal Constitucional 81/1982, de 21 de diciembre.
Sentencia Tribunal Constitucional 34/1984, de 9 de marzo.
Sentencia Tribunal Constitucional 166/1986, de 19 de diciembre.
Sentencia Tribunal Constitucional 114/1987, de 6 de julio.
Sentencia Tribunal Constitucional 116/1987, de 7 de julio.
Sentencia Tribunal Constitucional 123/1987, de 15 de julio.
Sentencia Tribunal Constitucional 128/1987, de 16 de julio.
Sentencia Tribunal Constitucional 209/1988, de 10 de noviembre.

CAPÍTULO 5
ADIESTRAMIENTO Y CAPACITACIÓN EN VIH/SIDA EN EL MARCO DE LAS OPERACIONES DE MANTENIMIENTO PARA LA PAZ Y SU VINCULACIÓN CON EL GÉNERO Y LA VIOLENCIA SEXUAL

Cristina Amich Elías

1. INTRODUCCIÓN

La primera misión de mantenimiento de la paz de Naciones Unidas se aprobó en 1948, cuando el Consejo de Seguridad autorizó el despliegue de observadores militares en Oriente Medio[230]. Desde entonces, Naciones Unidas ha desplegado en distintas partes del mundo sesenta y ocho operaciones de mantenimiento de la paz; cincuenta y cinco de ellas desde 1988. A lo largo de los años, han participado en estas operaciones cientos de miles de efectivos militares, así como decenas de miles de policías de las Naciones Unidas y civiles de más de ciento veinte Estados.

Dichas misiones comparten rasgos y también presentan importantes diferencias. Y, sobre todo, han cambiado y evolucionado en función de los contextos socio-histórico, culturales, económicos y políticos. La complejidad que deben enfrentar estas operaciones, y el cada vez mayor alcance de sus mandatos, que incluye importantes ámbitos civiles, hace necesario tener en cuenta una multiplicidad

[230] Organismo de las Naciones Unidas para la Vigilancia de la Tregua (ONUVT). Resolución 50 (1948).

de aspectos multidimensionales, desde el desarme hasta el apoyo de procesos electorales o el restablecimiento del Estado de Derecho.

Así, y con el objetivo de enfrentar la cada vez mayor demanda del despliegue de operaciones de mantenimiento de la paz, Naciones Unidas inició en el año 2000 un proceso de reforma con el objetivo de "fortalecer su capacidad para gestionar y sostener operaciones sobre el terreno". Fue designado un Grupo de trabajo, cuyo Informe (Informe Brahimi)[231] hacía hincapié en la necesidad de dotar a las fuerzas de paz de Naciones Unidas con los recursos y equipos adecuados, así como la necesidad de operar bajo mandatos claros, convincentes y viables. En el marco de dicho proceso de reforma surgieron documentos de gran relevancia como la Doctrina Casptone (2008)[232], entre otros. En dicho texto, que aborda de una manera sencilla y relativamente breve la cuestión global de las operaciones de mantenimiento de la paz –desde el contexto jurídico hasta la retirada de tropas–, se hace también referencia al adiestramiento[233], así como a la importancia de los códigos de conducta y la disciplina de los operadores de paz, lo cual, como veremos, tiene relevantes implicaciones en las cuestiones abordadas en el presente capítulo, y que se centran fundamentalmente en si la dimensión vinculada al VIH/SIDA se configura en el marco de la doctrina, adiestramiento y despliegue del personal de Naciones Unidas como un reto relevante a enfrentar en el terreno, tanto por parte de los jefes de misión como del resto de personal.

Del mismo modo, y como se ha reiterado a lo largo de los Capítulos previos de la presente obra, la Resolución 1325 adoptada en el año 2000 por el Consejo de Seguridad de Naciones Unidas[234] supondrá la indisoluble y necesaria incorporación del *mainstrea-*

[231] Naciones Unidas, *Informe del Grupo sobre las Operaciones de Paz de las Naciones Unidas. Informe Brahimi*, 2000. Doc. A/55/305–S/2000/809.

[232] DPKO/DFS, *United Nations Peacekeeping Operations, Principles and Guidelines*, United Nations-DPKO/DFS,United Nations, New York, 2008.

[233] En este sentido, se señala: *education and training are vital to ensuring that the appointment of senior mission leaders is not a lottery. Prior to assuming their functions, senior mission leaders should be given adequate training and preparation on the challenges that they are likely to face in the field*". Ibidem.

[234] Vid. Capítulo 3 del presente documento.

ming de género y su vinculación con el empoderamiento de la mujer en el contexto de las operaciones de paz, con la inclusión de acciones concretas como la ampliación del papel y aportaciones de las mujeres sobre el terreno, y la consecución de un adiestramiento sensible a la perspectiva de género[235], cuestiones que, en el ámbito concreto del VIH/SIDA también resultarán clave, debido a la fuerte conexión de la enfermedad con el género, no sólo en el marco de contextos de violencia explícita o generalizada, sino en relación también con la existencia de prácticas socio-culturales y situaciones económicas que incrementan la vulnerabilidad y riesgo de contagio y transmisión de las mujeres y las niñas[236]. Debemos destacar que, según la propia OMS:

> *"Biological transfer of HIV is more likely when sex is accompanied by violence, and sexual relations characterized by trauma and the higher prevalence of HIV and sexually transmitted infections observed among perpetrators violence are statistically more likely to lead to infection. Factors that may increase HIV transmission during forced sex include the higher likelihood of genital injury and "*[237].

2. EL SIDA Y LA LUCHA INTERNACIONAL CONTRA SU PROPAGACIÓN

El SIDA, o Síndrome de Inmunodeficiencia Adquirida, fue bautizado oficialmente con dicho nombre en 1982, si bien fue detectado en 1981, cuando el doctor Gottlieb realizó las primeras cons-

---

[235] Si bien ya la Plataforma de Acción de Beijing recogía en su Objetivo Estratégico E.3), párrafo 145 g) una referencia concreta a dicho adiestramiento: "Tener en cuenta los problemas relacionados con el género al elaborar programas de formación para todo el personal sobre derecho internacional humanitario y derechos humanos y recomendar que se dé ese tipo de formación a quienes participan en operaciones de asistencia humanitaria y de mantenimiento de la paz de las Naciones Unidas, en particular con objeto de prevenir la violencia contra la mujer". Plataforma de Acción de Beijing. Doc. A/CONF.177/20/Rev. 1.

[236] Esa conexión será ya especial y explícitamente destacada también en la citada Plataforma de Acción de de Beijing en 1995.

[237] *WHO and the Global Coalition on Women and AIDS, 2004; Sexual Violence Research Initiative, 2007.*

tataciones de la aparición conjunta de neumonía por *Pneumocystis carinni* y de sarcoma de Kaposi, un tipo de cáncer de piel. La mayoría de los pacientes eran hombres homosexuales, sexualmente activos. Sus pruebas sanguíneas mostraron que carecían del número adecuado de un tipo de células sanguíneas llamadas TCD4+. Inicialmente, la enfermedad se atribuyó a los homosexuales, si bien pronto comenzaron a detectarse otros enfermos, como usuarios de drogas inyectables o receptores de transfusiones sanguíneas.

Las teorías sobre la posible causa proliferaron durante la primera mitad de la década de los 80. Algunas de ellas han sobrevivido hasta el día de hoy, causando un desconocimiento y una confusión que aumentan el riesgo de contagio. El consenso científico se alcanzó en la segunda mitad de la década de los 80, en torno a la teoría de que el VIH (Virus de Inmunodeficiencia Humana)[238] es el causante de la enfermedad. Así, en 1984, dos científicos franceses, Françoise Barré-Sinoussi y Luc Montagnier del Instituto Pasteur aislaron el virus del SIDA y lo purificaron[239]. Su descubrimiento permitió el desarrollo de un anticuerpo que comenzó a utilizarse para identificar a los infectados dentro de los grupos de riesgo. Y así comenzaron también las investigaciones sobre posibles tratamientos y vacunas.

Según los últimos datos de la UNAIDS, la prevalencia de la enfermedad es la siguiente:

AÑO	Adultos y niños viviendo con VIH	Nuevas infecciones por el VIH
2011	34.0 millones [31 400 000–35 900 000	2.5 millones [2 200 000–2 800 000]
2001	29.4 millones [27 200 000–32 100 000]	3.2 millones [2 900 000–3 400 000]

FUENTE: UNAIDS, ***Report on the Global AIDS Epidemic*****, 2012.**

238 Denominado así en 1986.

239 El doctor estadounidense Robert Gallo pidió muestras al laboratorio francés, y adelantándose a sus colegas franceses anunció el descubrimiento del virus. Se produjeron diversas controversias en torno a la paternidad del descubrimiento, pero finalmente sólo se concedió el Premio Nobel conjunto (2008) a los investigadores originales, auténticos descubridores del virus.

AÑO	Prevalencia en adultos (15–49 años), %	Prevalencia en jóvenes adultos (15–24años), % HOMBRES	Prevalencia en jóvenes adultos (15–24años), % MUJERES	Muertes relacionadas con el SIDA entre adultos y niños, 2005-2011
2001 (2005 muertes)	0.8 [0,7-0,8]	0.6 [0,4-0,6]	0.3 [0,2-0,4]	1.7 millones [1 500 000–1 900 000]
2011	0.8 [0,7-0,9]	0.7 [0,7-0,9]	0.4 [0,3-0,5]	2,3 millones [2 100 000–2 600 000]

FUENTE: UNAIDS, *Report on the Global AIDS Epidemic*, **2012.**

En cuanto a los modos de transmisión más comunes son la actividad sexual desprotegida (razón por la cual inicialmente y en los países ricos la enfermedad tuvo un mayor impacto en el colectivo homosexual, dado que el preservativo se consideraba fundamentalmente un método anticonceptivo), y el uso de drogas inyectables, si bien existen otras vías de transmisión como las transfusiones de sangre o de la madre al hijo durante el embarazo.

Al margen de las investigaciones científicas destinadas al descubrimiento de una cura definitiva, las cifras de infección y contagio hicieron pronto evidente la necesidad de luchar contra la propagación de la enfermedad. Para ello resultaban imprescindibles datos sobre la situación, los grupos de riesgo y fundamentalmente el desarrollo de programas de educación y concienciación, ya que desde sus inicios los enfermos de SIDA fueron fuertemente estigmatizados, creándose la idea de que se trataba de una "enfermedad de los otros", es decir, de extranjeros, prostitutas, *gays*, migrantes, drogadictos, etc. Sin embargo, la esencial vinculación del SIDA con la práctica sexual, junto con la posibilidad de otras formas de contagio, hacen que la lucha contra su expansión sea altamente compleja:

> *"The fact that at least 75 % of HIV transmission is through sexual intercourse, and that sexual behavior is difficult to change and even to talk about; moral and religious judgments have restricted a range of interventions, from public information and education in schools to condom promotion"*[240].

A ello hay que sumar el hecho de que se trata además de una "epidemia silenciosa", en el sentido de que existe un abanico de varios años entre el contagio y el desarrollo de síntomas, lo que provocó que la respuesta en Occidente fuese lenta, pero sobre todo implicó –e implica– una gran capacidad de propagación, al ser frecuente que el infectado no sea consciente de ello. En el ámbito militar se ha señalado a este respecto:

---

[240] KNIGHT, L., *UNAIDS, The first ten years, 1996-2007*, UNAIDS, Geneva, 2008; pág. 21.

"HIV is not an immediate deterrent to combat. It is a "slow plague" that initially lulled force commanders and civilians leaders into a mistaken belief that their countries were not seriously endangered by the virus"[241].

2.1. Las dificultades de las primeras décadas

Desde la década de los 80, y ante la pasividad e incluso la tendencia gubernamental en todo el mundo a la negación del problema, surgieron diversas organizaciones centradas en la defensa de los derechos de aquellos que convivían con el virus y que estaban fuertemente estigmatizados. Estas organizaciones pusieron pronto el punto de mira en el ineludible hecho de que para luchar contra el SIDA había que luchar contra las situaciones de ignorancia y desigualdad. Sin embargo, la reacción de muchos Gobiernos fue la aprobación de leyes "anti-VIH" que, en la mayoría de los casos, contravenían las Convenciones sobre Derechos Humanos, y que, además, no tenían efecto sobre la propagación de la epidemia.

En el ámbito de las organizaciones internacionales, fue la OMS la que reaccionó primero, a mediados de la década de los 80. En 1983 aún no consideraba el SIDA un problema de las dimensiones que ya tenía[242], pero en 1986 se creó el Programa de Control del SIDA en el marco de la Organización, que en febrero de 1987 pasó a llamarse Programa Especial; en ese mismo año, la Asamblea General de Naciones Unidas había designado a la OMS como la "agencia líder" en la lucha contra la epidemia. En enero de 1988, el Programa se convirtió en el Programa Global contra el SIDA (GPA, de sus siglas en inglés), proporcionando, en principio, liderazgo y coordinación para aunar los esfuerzos de diferentes agencias de Naciones Unidas[243].

---

241 KINGMAN, S.J., & YEAGER, R.D., *Military personnel: On the move and vulnerable to HIV/AIDS and other infectious diseases*, CMA, Switzerland, 2005; pág. 7.

242 *...is being well taken care of by some of the richest countries in the world where there is the manpower and the know-how and where most of the patients are to be found.* Cita de un Memorandum interno de la OMS, citado por KNIGHT, L., Op. Cit.; pág:13.

243 En ese año, la OMS designó el 1 de diciembre como el día mundial de la lucha contra el SIDA.

A esas alturas de la década, la OMS ya hablaba del SIDA no como un mero problema médico, sino como una grave enfermedad con impacto socio-económico, demográfico, cultural y político. Del mismo modo, la OMS y especialmente el Director del Programa, Jonathan Mann, lucharon por integrar una perspectiva de fomento y protección de los derechos humanos en la lucha contra el SIDA, de forma que como posteriormente señaló Piot (Director ejecutivo de UNAIDS): "GPA [...] took on the role of global AIDS advocate ... [it] spoke with clear, consistent scientific advice in order to dispel myths and encourage socially just responses"[244].

El Programa recibió críticas, una de las más importantes que se centraba en desarrollar programas a corto y medio plazo de carácter estandarizado y basados en una perspectiva médica y epidemiológica extraída de la experiencia de otras epidemias muy diferentes. Se señaló que los programas destinados a los diversos países eran copias unos de otros, perdiéndose la perspectiva de las diferencias entre las naciones[245].

Pero la perspectiva de la OMS evolucionó, y a comienzos de la nueva década, el *chairman* del Comité Ejecutivo, Bernadette Olowo, escribió lo siguiente:

> *"Hemos llegado a la conclusión de que, aunque el SIDA comparte rasgos con otras enfermedades, ninguna otra infección presenta el mismo grado de amenaza a la salud pública ni el mismo grado de desafío a la ciencia. Este estatus único deriva de una combinación de características:*
> *En primer lugar que al menos el 75 % de las transmisiones se produce a través del contacto sexual, y que cambiar el comportamiento sexual, e incluso simplemente hablar sobre el tema, es extremadamente difícil. Los juicios morales y religiosos han restringido la capacidad de intervención, desde la disponibilidad de información pública hasta la educación en las escuelas y la promoción del uso de los preservativos.*

[244] SONI, A.K. *From GPA to UNAIDS: Examining the Evolution of the UN Response to AIDS.* Ensayo citado por KNIGHT, L., Op. Cit.; pág:14.

[245] BARNETT A, WHITESIDE A., *AIDS in the Twenty-First Century: Disease and Globalization*, Palgrave, Macmillan, New York, 2002.

El hecho de que aunque no todos los infectados desarrollen inmediatamente la enfermedad, ésta es invariablemente fatal.
El hecho de que es una enfermedad que afecta en primer lugar a jóvenes adultos en sus años reproductivos y económicamente productivos, lo que implica graves consecuencias para la familia y la comunidad.
Y el hecho de que, aunque ningún país está a salvo del SIDA, las cifras de contagio están aumentando más rápidamente en los países pobres, causando graves dificultades en el desarrollo de los logros en salud logrados durante las últimas décadas, especialmente en el ámbito de la mortalidad infantil y la esperanza de vida"[246].

Ahora bien, en su informe de 1992[247] sobre el Programa, la OMS criticaba la ineficaz coordinación entre las agencias de Naciones Unidas, señalando que éstas no compartían información ni coordinaban el desarrollo de políticas y programas de lucha contra el SIDA.

Con el objetivo de superar dicha situación y tras un tortuoso camino para su creación[248], comenzó a funcionar UNAIDS (ONUSIDA), el Programa Conjunto de Naciones Unidas sobre el VIH/SIDA. Su misión principal era fortalecer y centralizar la lenta respuesta de Naciones Unidas a la epidemia. Si bien la agencia/programa no comenzó su andadura oficial hasta el 1 de enero de 1996, el 26 de julio de 1994 el Consejo Económico y Social aprobó oficialmente su creación, a través de la Resolución 1994/24[249]. Sin

---

[246] KNIGHT, L., Op. Cit.; pág. 19.

[247] WHO/GPA, *Report of the External Review of the World Health Organization Global Programme on AIDS*, WHO/GPA, Geneva, 1992.

[248] Para ampliar la historia de la creación de la agencia, vid. KNIGHT, L., Op. Cit., así como la propia página web de la organización www.unaids.org.

[249] Los objetivos del programa, de acuerdo con la Resolución eran: Proporcionar liderazgo mundial en la lucha contra la epidemia; alcanzar y promover un consenso global sobre las políticas y los programas en la lucha contra el SIDA; reforzar la capacidad para evaluar la tendencia de la enfermedad y asegurar que las estrategias y políticas adecuadas y efectivas eran implementadas a nivel estatal; fortalecer la capacidad de los gobiernos para desarrollar estrategias de lucha e implementar actividades efectivas en respuesta a la epidemia; promover movilizaciones socio-políticas para la prevención y lucha contra el SIDA; abogar por un mayor compromiso político a nivel nacional e internacional, incluyendo la movilización y distribución adecuada de los recursos.

embargo, la dificultad de coordinación se mantenía, al suponer la implicación de 6 organizaciones la OMS, UNICEF, UNDP, UNFPA la UNESCO y el Banco Mundial. El año en que comenzó su andadura real Naciones Unidas y la OMS estimaban que 4.6 millones de personas habían muerto por la epidemia y que más de veinte con un millones vivían infectados, la mayoría de ellos en el África subsahariana, quince millones; en Asia, treinta uno con ocho millones; en Latinoamérica y Caribe, un millón; y en Norteamérica y Europa Norte y Central, un millón y medio. El reto era inmenso.

En sus primeros años, el principal objetivo de UNAIDS fue lograr la implicación y concienciación del nivel político, especialmente de los líderes nacionales; sin embargo, "los Gobiernos tenían dificultades para tratar las complejas cuestiones relacionadas con esta crisis, al implicar la necesidad de desarrollo de políticas públicas que incidían en el comportamiento privado"[250]. UNAIDS también se centró en el desarrollo de respuestas nacionales a la epidemia, lo que hizo a través de los *Theme Groups,* formados por los jefes de cada una de las agencias participantes en el terreno, junto con el asesor nacional de UNAIDS. Su función era planear, gestionar y evaluar las acciones de UN sobre el terreno, así como reforzar la relación entre Naciones Unidas y el gobierno nacional. Igualmente, una de sus principales misiones era dar apoyo a los gobiernos nacionales en el desarrollo de sus estrategias y planes de lucha contra el SIDA, colaborando en la captación de recursos para ponerlos en marcha.

En los años posteriores, 1998 y 1999, el trabajo y los programas desarrollados por UNAIDS, especialmente en el ámbito de la concienciación a nivel político, contribuyeron a un importante cambio de actitud hacia la epidemia en los inicios del nuevo milenio. Debe tenerse en cuenta que a finales de la década de los 90, mucha gente de los países occidentales creía que la crisis del SIDA había terminado, debido principalmente a la introducción de la terapia antirretroviral (en muchas ocasiones asimilada a una cura en la opinión pública occidental). Se produjo así una des-

[250] KNIGHT, L., Op. Cit.; pág. 49.

vinculación con el creciente desastre que estaba extendiéndose en los países pobres, donde muy poca gente tenía posibilidad de acceso a esa terapia, y donde la enfermedad seguía expandiéndose. UNAIDS asumió el reto de luchar contra dicha complaciencia occidental para conseguir ayuda y financiación y en el verano de 1998, la Conferencia Internacional sobre SIDA abordó la brecha entre el Norte y el Sur en el acceso al tratamiento.

El 10 de enero de 2000, el Consejo de Seguridad de Naciones Unidas debatió sobre el SIDA en África. Kofi Annan, Secretario General en la época, señaló que "saturando los servicios de salud del continente, creando de millones de huérfanos, y diezmando el número de personal sanitario y profesores, el SIDA está causando una crisis socioeconómica que está amenazando la estabilidad política".

Si bien es cierto que en la actualidad las evidencias que se extraen de la situación mundial, así como de los últimos estudios sobre el SIDA[251], señalan que la enfermedad no ha llevado a un repentino colapso de los Estados más frágiles, siendo los efectos del VIH en los países más pronunciados a nivel local y vinculados a otra serie de factores como la pobreza, la emigración laboral o las crisis gubernamentales[252], las declaraciones de Annan implicaban la clara toma de conciencia mundial sobre las dimensiones de la epidemia.

Así, gracias al trabajo previo de UNAIDS y al empuje que supuso este debate en el Consejo de Seguridad, las cosas comenzaron a cambiar rápidamente en relación con el enfoque dado al SIDA, convirtiéndose ya en un tema central en las preocupaciones de los Estados en el ámbito de la seguridad y el desarrollo, especialmente en África.

El cambio también afectó al Banco Mundial, que en septiembre de 2000 aprobó un Programa Multinacional para África (MAP), autorizando una suma inicial de quinientos millones de dólares.

---

251 AIDS Security and Conflict Initiative, *Security and Conflict: New Realities, New Responses*, Social Science Research Council (SSRC) and the Netherlands, Institute of International Relations, AIDS Security and Conflict Initiative, New York, 2011.

252 UNAIDS/DPKO, *On the Front Line. A review of programmes that address HIV among international peacekeepers and uniformed viii services 2005–2010*, United Nations-UNAIDS/DPKO, New York, 2011; pág.7.

Durante este inicio del milenio, los esfuerzos se centraron en el acceso al tratamiento, cuestión que se enfrenta a múltiples factores que dificultan su distribución[253]. Debido a ello, comenzaron a surgir voces llamando la atención sobre el hecho de que la "prevención debía ser una prioridad, para asegurar que las nuevas generaciones no necesitasen tratamiento"[254].

El problema era que el trabajo en prevención, especialmente entre los jóvenes, se encontraba limitado debido a las desavenencias ente las diversas agencias, que desarrollaban múltiples pero pequeños y parciales programas. Por ejemplo, una investigación de 2001 señalaba que al menos uno con nueve millones de preservativos tendrían que ser distribuidos para igualar el nivel de provisiones de los seis países con una tasa más alta, y que eso costaría cuarenta y siete millones y medio de dólares.

Esta cuestión llevó a que la necesidad de prevención entre grupos marginales fuese debatida en la 10ª reunión de la Junta de Coordinación de los Programas de UNAIDS (PCB) en Rio de Janeiro en Diciembre de 2000, en la que, entre otros asuntos, se hizo hincapié en la necesidad de aumentar los programas de prevención destinados a los hombres que mantienen relaciones sexuales con otros hombres.

2.2. Los avances del nuevo milenio

En junio de 2001 tuvo lugar la sesión especial de la Asamblea General de las Naciones Unidas (UNGASS). El objetivo de UNGASS era sacar adelante una Declaración que mostrase una respuesta global a la epidemia. Sin embargo, hubo fuertes desacuerdos entre los Estados, principalmente en relación con cuestiones especialmente controvertidas, por razones culturales y religiosas,

---

[253] La terapia antiretroviral fue presentada en la Conferencia Internacional sobre SIDA en Vancunver, en 1996. El coste de la terapia es una de las principales dificultades de la distribución de la medicación en los países no desarrollados o en desarrollo. Vid. SCHWARTLÄNDER B, GRUBB I, PERRIËNS J, "The 10-year struggle to provide antiretroviral treatment to people with HIV in developing countries", en *The Lancet*, 2007; pág. 368.

[254] Vid. WHITESIDE, A., "Drugs: the solution?", en *AIDS Analysis Africa*, Vol. 6, nº 11, April/may, 2001.

en el ámbito preventivo, como la prostitución o la homosexualidad, al tiempo que puso de manifiesto que encontrar el equilibrio adecuado entre prevención y tratamiento continuaba siendo un asunto problemático.

La Declaración (Declaration of Commitment on HIV/AIDS)[255] salió adelante y se convirtió en un punto de referencia para la acción global, así como en un claro mandato para los líderes mundiales. En ella, como veremos, se incluyó, además, el compromiso de los países para el desarrollo de programas de prevención destinados a los llamados "servicios uniformados", esto es, militares, policías y demás fuerzas armadas o de seguridad:

> *"Developing national strategies to address HIV/AIDS prevention, care and awareness among national uniformed services, as well as guidelines to be used by personnel involved in international peacekeeping operations, including pre-deployment orientation".*

Tras la Declaración se hacía necesario que este nuevo estado de la situación, en el que ningún Estado ni ningún líder o gobernante mundial podía decir que desconocía la magnitud de la crisis del SIDA o la envergadura de las acciones a llevar a cabo, repercutiera en acciones reales. Las cifras no mejoraban, y a comienzos del año 2000, había veintiséis millones de infectados, con más de nueve nuevos contagios al día, con un veinte por ciento entre jóvenes de quince a veinticuatro años[256]. A ello había que sumar la cada vez más evidente "feminización de la epidemia".

Las razones de esa feminización eran obvias: la situación de desigualdad de las mujeres y niñas, con un control muy limitado, sino inexistente, sobre sus vidas y especialmente su sexualidad, con ningún tipo de influencia sobre el comportamiento sexual de sus compañeros, junto con el acceso limitado a los recursos educacionales y sanitarios[257], sin pasar por alto que las situaciones de

---

[255] *Declaration of Commitment on HIV/AIDS.* Doc. A/RES/S-26.2.

[256] UNAIDS/WHO, *2007 AIDS epidemic update,* November 2007.

[257] Cuestión que, como hemos señalado, ya se incluía de forma destacada en el Plan de Acción de la Plataforma de Beijing, de forma concreta en su Objetivo Estratégico C) –La mujer y la salud–.

pobreza y falta de recursos llevan en muchas ocasiones al ejercicio de la prostitución. Investigaciones en áreas urbanas entre 1998 y 2000 arrojaron cifras de infección por VIH entre las prostitutas de un setenta y cuatro por ciento en Etiopia; cincuenta por ciento en Sudáfrica o cuarenta y cinco por ciento en Guayana[258]. En la actualidad, las mujeres representan el cincuenta y nueve por ciento de los infectados en África-Subsahariana (con una probabilidad de las jóvenes de entre quince y veinticuatro años de estar viviendo con VIH ocho veces superior a la de sus compañeros varones); en Asia-Pacífico, la proporción de mujeres infectadas en comparación con los hombres se ha incrementado de un veinte por ciento en 1994 a un treinta y cuatro por ciento en 2002, estabilizándose desde entonces en torno al treinta y cinco por ciento. En el Caribe, las mujeres suponen en torno al cincuenta por ciento de los nuevos contagios y las jóvenes tienen más de doble de probabilidades de contagiarse que sus compañeros varones. En Oriente Medio y el Norte de África, se calcula que el cuarenta y uno por ciento de los adultos infectados son mujeres y que la mayoría de ellas han sido contagiadas por sus maridos y parejas, involucrados en prácticas de riesgo, y no son conscientes de estar contagiadas[259].

Esta feminización de la epidemia[260] suponía y supone una demostración clara de la complejidad a la que se enfrentaban los esfuerzos destinados a la prevención: la información y educación sobre VIH, así como la provisión de métodos de barrera, junto con las admoniciones sobre abstinencia y fidelidad, estaban y están lejos de ser herramientas suficientes mientras permanezca una situación de desigualdad que impide la efectividad de estas medidas[261]. En relación con esta cuestión cabe destacar la formación en

[258] UNAIDS, *UNAIDS Global report on the AIDS epidemic*, UNAIDS, Geneva, 2002.

[259] UNAIDS, *Women, girls, gender equality and HIV*, Fact Sheet, UNIADS, Geneva, 2011.

[260] Vid. SANZ CABALLERO, S., Mujer, violencia y seropositividad: La vulnerabilidad en estado puro. Estudio de la interrelación entre la violencia contra la mujer y el VIH/SIDA desde la perspectiva de las Naciones Unidas, en FERRER LLORET, J., Y SANZ CABALLERO, S., *La protección de las personas y grupos vulnerables. Especial referencia al Derecho Internacional y Europeo*, Tirant lo Blanch, monografías, nº 526, Valencia, 2008.

[261] Vid. Especialmente el Objetivo Estratégico C.3 de la citada Plataforma de Acción de Beijing: "Tomar iniciativas en que se tenga en cuenta el género para hacer

2003 de la *Task Force on Women, Girls and HIV/AIDS* en Sudáfrica para la identificación de acciones clave destinadas a reducir las cifras de prevalencia de la enfermedad entre las mujeres y las niñas. Esta *Task Force* llevó a la creación, en 2004, de la llamada *Global Coalition on Women and AIDS* (GCWA).

Paralelamente, UANIDS continuaba con su trabajo. El informe de evaluación de 2001 arrojó críticas sobre la efectividad a nivel local de la agencia/programa. Ello llevó a que los asesores nacionales (CPA) pasasen a ser UNAIDS *Country Coordinators*, configurándose como las principales fuentes de información e inteligencia en la lucha contra la pandemia. En algunos países, los líderes de los movimientos sociales fueron seleccionados como personal de monitoreo y evaluación. Estos últimos eran esenciales para conseguir que los gobiernos recibiesen información estratégica, necesaria para tomar decisiones, controlar los progresos y seguir la pista a la enfermedad[262].

UNAIDS también continuó trabajando en el ámbito de los países desarrollados, por ejemplo, con la publicación del Manual *The Handbook for Legislators on Law, Human Rights and HIV/AIDS*, orientado a que los operadores legales conformasen respuestas más efectivas al problema, trabajando por la eliminación de medidas discriminatorias.

Al mismo tiempo que la Asamblea General de Naciones Unidas adoptaba la histórica Declaración citada (2001), el Consejo de Seguridad adoptó una Declaración Presidencial[263] reconociendo la necesidad de reducir el impacto negativo de los conflictos y los desastres en la expansión del VIH y de desarrollar la capacidad de los operadores de paz para convertirse en actores de la concienciación y prevención en la transmisión del virus, incluyendo el despliegue de asesores jefes sobre la cuestión y la revisión de códigos de conducta.

---

frente a las enfermedades de transmisión sexual, el VIH/SIDA y otras cuestiones de salud sexual y reproductiva".

[262] En ese año se alcanzó la cifra de 41 asesores en monitoreo y evaluación en los equipos regionales de apoyo, el grupo más importante de este tipo de asesores en el ámbito del SIDA en particular y del desarrollo en general.

[263] Doc. PRST/2001/16.

En enero de 2002 comenzó su andadura el *Fondo Global para la lucha contra el SIDA, la tuberculosis y la malaria,* cuya formación se había gestado durante los años anteriores, principalmente a raíz de la UNGASS. Una colaboración entre gobiernos, sociedad civil y sector privado que se basa en equipos localizados a nivel nacional, que someten proposiciones para la obtención de fondos. También en 2002, en marzo, la OMS publicó la primera lista de medicinas que cumplían con los estándares de la organización, así como la primera edición de guías de tratamiento para escenarios con recursos limitados[264]. Fue en esta época cuando la responsabilidad en relación con el tratamiento del virus pasó de estar en manos de UNAIDS a la OMS.

En 2003, UNAIDS publicó el *I Progress Report in the Global Response to the HIV/AIDS Epidemic,* en el que se señalaba que el setenta y cinco por ciento de los países no tenían capacidad para informar de forma adecuada sobre indicadores como las políticas sobre VIH en los lugares de trabajo, la cobertura de la terapia antiretroviral, o los servicios de prevención de trasmisión madre-hijo. Sólo un cuarenta y tres por ciento de los países tenían programas de este tipo. A raíz de ello, UNAIDS desarrolló una Unidad de Monitoreo y Evaluación, para ayudar a reforzar la capacidad de estos países para "rastrear la epidemia". Entre los objetivos de efectividad se encontraba el reducir la multiplicidad de indicadores, con el fin de simplificar el proceso[265].

Cabe señalar que en los documentos y programas desarrollados por UNAIDS y vinculados a la citada evaluación o monitoreo, ya sea de los Programas Nacionales de SIDA o de las propias Declaraciones Políticas sobre la enfermedad, existen siempre menciones a la "subpoblación" militar, debido fundamentalmente a su vinculación con un grupo de alto riesgo como son las denominadas "profesionales del sexo". Así, por ejemplo, en el "Marco para la vigilancia y la evaluación de los programas de prevención del VIH

---

264 WHO, *Scaling up Antiretroviral Therapy in Resource-limited Settings: Guidelines for a Public Health Approach* (1st edition), WHO, Geneva, 2002.

265 Vid. UNAIDS, *Guía para el monitoreo y evaluación de los Programas Nacionales de SIDA,* UNAIDS, Ginebra, 2000.

dirigidos a las poblaciones en mayor riesgo"[266] se contempla como uno de los grupos poblacionales de mayor riesgo de contraer el VIH en ámbitos donde la epidemia es de bajo nivel y concentrada y que generalmente son objeto de intervenciones, a los clientes de las "trabajadoras del sexo", donde se incluyen especialmente los hombres que viajan y pasan tiempo lejos de sus hogares y de sus parejas habituales (por ejemplo, conductores de camión, militares o trabajadores migratorios). Concretamente los militares se suelen denominar "grupos puente", puesto que pueden transmitir el VIH a sus mujeres o novias, miembros de la población general que no adoptan comportamientos de alto riesgo.

El 2 de junio de 2006 los Estados Miembros aprobaron por unanimidad una nueva Declaración Política sobre el VIH/SIDA durante la clausura de la Reunión de alto nivel sobre el SIDA de la Asamblea General de las Naciones Unidas, donde se reafirmaba la Declaración de compromiso en la lucha contra el VIH/SIDA de 2001 y los Objetivos de Desarrollo del Milenio. La Declaración política también reconoció "la necesidad apremiante de avanzar en forma significativa en la consecución del objetivo del acceso universal a programas amplios de prevención, tratamiento, atención y apoyo para 2010[267].

En su párrafo 22, el documento reafirmaba la relevancia de la Prevención "la base de las respuestas nacionales, regionales e internacionales a la pandemia", comprometiéndose los Estados a:

---

[266] UNAIDS, *A framework for monitoring and evaluating HIV prevention programmes for most-at-risk populations,* UNAIDS, Geneva, 2007.

[267] En dicha Declaración se hizo especial mención a la feminización de la pandemia, reconociendo que las desigualdades entre los géneros y todas las formas de violencia contra las mujeres y las niñas aumentan su vulnerabilidad al VIH/SIDA; así como al hecho de que la mitad de los nuevos infectados por el VIH fueran niños y jóvenes menores de 25 años y de que los jóvenes carezcan de información y conocimientos en relación con el VIH/SIDA. Esto resulta además especialmente relevante en el ámbito de las Fuerzas Armada, ya que "los jóvenes reclutas juegan un importante rol como futuros líderes y tomadores de decisiones. Además, deben lidiar con la soledad y otros desafíos lejos de sus familias y del entorno normativo familiar; el comportamiento de los jóvenes reclutas, y la información que reciben puede determinar la cualidad de vida de millones de personas". UNAIDS, *Uniformed Services Programming Guide A guide to HIV/AIDS/ STI programming options for uniformed services,* UNAIDS Series: Engaging Uniformed Services in the Fight against HIV/AIDS, Document 1, UNAIDS, Geneva, 2003.

"[...] asegurar que en todos los países hubiese una amplia gama de programas de prevención en que se tengan en cuenta las circunstancias, las normas éticas y los valores culturales locales, que incluyan actividades de información, educación y comunicación en los idiomas que mejor comprendan las comunidades y en los que se respeten sus culturas, con objeto de reducir las conductas de riesgo y promover una conducta sexual responsable, incluidas la abstinencia y la fidelidad; un mayor acceso a artículos esenciales como preservativos masculinos y femeninos, y equipo esterilizado para inyecciones; actividades para reducir los daños causados por el consumo de drogas; un mayor acceso a servicios de apoyo psicológico y de detección a título voluntario y confidencial; el suministro de sangre no contaminada; y el tratamiento temprano y eficaz de las infecciones de transmisión sexual".

Si bien no se hacía una referencia específica a la prevención en el ámbito militar, sí que se establecía en el Párrafo 37 la necesidad de que todos los participantes en "la aportación y prestación de asistencia a los países y las regiones afectados por conflictos, emergencias humanitarias o desastres naturales, incorporen elementos relativos a la prevención, la atención y el tratamiento del VIH/SIDA en sus planes y programas".

En 2011, se aprobó una nueva Declaración Política de la Asamblea General sobre el VIH y el SIDA, denominada "Intensificación de nuestro esfuerzo para eliminar el VIH y el SIDA"[268], cuyos objetivos y compromisos son: la reducción de la transmisión sexual, la prevención entre usuarios de drogas, la eliminación de nuevos casos en niños, el acceso al tratamiento para quince millones de personas, la erradicación de muertes por tuberculosis, la reducción en las diferencias de recursos, la eliminación de las desigualdades de género, la erradicación del estigma y la discriminación, la eliminación de las restricciones de viaje y el fortalecimiento de la integración del VIH.

El párrafo 27 de esta Declaración, por cuyos objetivos se sigue guiando actualmente UNAIDS, hace hincapié en que, si bien la prevención debe ser piedra angular de las estrategias, "en muchos

---

[268] Doc. A/RES/65/277.

programas nacionales y prioridades de gasto en materia de prevención del VIH no se refleja adecuadamente ese compromiso, [...] a menudo no están suficientemente coordinados y no se basan en datos empíricos", y especialmente en que:

> *"[...] las estrategias de prevención no reflejan adecuadamente los patrones de infección o no se centran suficientemente en los grupos de población con mayor riesgo de infección por el VIH [...] solo el 33% de los países tienen metas relativas a la prevalencia entre los jóvenes y solo el 34% han fijado objetivos específicos en cuanto a los programas relativos a los preservativos".*

En el año 2012 se desarrolló el Instrumento de Observación de los Compromisos y las Políticas Nacionales (ICPN) 2012, destinado a medir los avances realizados en materia de desarrollo e implementación de las políticas, estrategias y leyes nacionales sobre el VIH, si bien se trata de un instrumento que viene a sustituir el Índice Compuesto de Política Nacional (ICPN), actualizándolo para que refleje la nueva orientación pragmática relativa al VIH y coincida con la nueva Declaración Política de 2011 sobre el VIH/SIDA. En dicho instrumento se incluye específicamente la siguiente consulta: "¿Cuenta el país con una estrategia para abordar los problemas del VIH entre sus cuerpos uniformados nacionales (incluidas las fuerzas armadas, la policía, los cuerpos para el mantenimiento de la paz, el personal penitenciario, etc.)?"

Actualmente, la organización trabaja en el desarrollo de la estrategia 2011-2015, la cual pretende seguir progresando a nivel mundial en el camino hacia los objetivos de acceso universal a los servicios de prevención, tratamiento, atención y apoyo relacionados con el VIH, así como para detener y reducir la propagación del virus y contribuir a la consecución de los Objetivos de Desarrollo del Milenio para 2015. Dicha estrategia se configura esencialmente en torno a los objetivos señalados en la Declaración de 2011.

3. EL VIH/SIDA EN EL MARCO DE LAS OPERACIONES DE MANTENIMIENTO DE LA PAZ

El 17 de julio del año 2000, tras la conferencia de Durban[269] el Consejo de Seguridad de Naciones Unidas aprobó la Resolución 1308[270], pidiendo un desarrollo de programas de educación y prevención en HIV para todos los operadores de paz como parte de la orientación y entrenamiento necesarios previos al despliegue. La Resolución llevó al desarrollo de programas de prevención entre todos los operadores de paz, personal civil, personal militar y otros servicios uniformados.

3.1. Consideraciones genéricas

En el ámbito de las operaciones de paz y de las situaciones de conflicto armado, el VIH y el SIDA pueden amenazar la capacidad operativa de las Fuerzas Armadas[271], especialmente en el ámbito táctico, así como la efectividad en el combate, la cohesión moral y la disciplina, y la cualidad de los recursos humanos[272]. Y en operaciones militares de carácter multinacional existe un riesgo adicional de expansión de las infecciones debido a que los diferentes contingentes pueden tener diferentes historiales de exposición, así como una amplia diversidad de políticas respecto a las pruebas y los tratamientos[273].

---

[269] XIII Conferencia Internacional sobre el SIDA.

[270] Resolución 1308 sobre VIH/SIDA y las Operaciones Internacionales de Mantenimiento de la Paz. Doc. S/RES/1308 (2000).

[271] Por ejemplo, entre 2001 y 2006 el número de personal militar proveniente de países ricos cayó de 8.000 a 2.000, mientras el número de países en desarrollo que contribuían con tropas pasó de 53 a 73, con un relevante incremento del número de personal militar que pasó de 22.000 a 63.000 (DPKO, *Facts and figures*), lo cual debe ser muy tenido en cuenta a la hora de evaluar el estado de salud de las tropas participantes en las operaciones de paz, ya que el aumento de militares provenientes de países en desarrollo puede contribuir a una mayor expansión de las infecciones. CHRETIEN, J.P. (et. al), "The importance of militaries from developing countries in global infectious disease surveillance",), *Bulletin of the World Health Organization*, 85, Marzo 2007; págs. 174-180.

[272] *Security and Conflict: New Realitie...*, Op. Cit.; pág. 12.

[273] CHRETIEN, J.P. (et.al), Op. Cit.; pág. 176. La cuestión de la armonización sigue siendo un reto en la actualidad. Vid. Conclusiones.

Con la citada Resolución 1308, el Consejo de Seguridad encargó al Secretario General que los operadores de paz recibiesen adiestramiento en cuestiones relacionadas con el virus, así como orientación previa al despliegue y un continuo entrenamiento en cuestiones de prevención del contagio. En el ámbito nacional, el Consejo de Seguridad pedía a los Estados Miembros que incrementasen la cooperación entre sus diversas agencias o ministerios para crear y ejecutar políticas de prevención del VIH, VCT –*Voluntary Counseling and Testing* (asesoramiento y realización de pruebas de carácter voluntario)– y tratamiento en el despliegue de operaciones de mantenimiento de la paz.

Así, si bien Naciones Unidas no establece la obligatoriedad de realizar pruebas previas al despliegue, sí desarrolló desde 2004 la citada política de *Voluntary Confidential Counseling and Testing* **(VCCT)**, que incluye la realización de pruebas voluntarias, y confidenciales, para conocer si existe infección por VIH, así como terapia especializada sobre dichas cuestiones, información general sobre el virus y el SIDA, terapia pre-test y post-test, programas para la reducción de la conducta de riesgo, así como la remisión a los servicios de salud adecuados. Esta política está siendo revisada desde 2010 para conseguir un incremento de esas intervenciones médicas voluntarias, hasta que formen parte habitual de los contactos con el servicio de salud, ya que se continúa detectando que el miedo a que no haya un adecuado respeto a la confidencialidad provoca una reducción de la realización voluntaria de las pruebas o de la búsqueda de asesoramiento, y para armonizar e integrar los estándares del DPKO (Departamento de Naciones Unidas de Operaciones de Paz) [274] en esta cuestión.

Tras la Resolución 1308, y como señalamos anteriormente, la *Declaración* de 2001 de la UNGASS, recogió en sus párrafos 77 y 78 el siguiente compromiso de los Estados en relación con el establecimiento de programas de educación y prevención sobre el SIDA entre el personal militar y policial:

> *"By 2003, have in place national strategies to address the spread of HIV among national uniformed services, where this is required, including armed forces and civil defence forces, and consider ways of using personnel*

[274] Department of Peacekeeping Operations.

from these services who are educated and trained in HIV/AIDS awareness and prevention to assist with HIV/AIDS awareness and prevention activities, including participation in emergency, humanitarian, disaster relief and rehabilitation assistance.

By 2003, ensure the inclusion of HIV/AIDS awareness and training, including a gender component, into guidelines designed for use by defence personnel and other personnel involved in international peacekeeping operations, while also continuing with ongoing education and prevention efforts, including pre-deployment orientation, for these personnel".

Poco después, la Unidad Humanitaria de UNAIDS creó la Iniciativa Global en VIH/SIDA y Seguridad, en colaboración con el DPKO. Dicha iniciativa se centró en:

- "International Security, with focus in HIV/AIDS interventions within UN peacekeeping Operations.
- National Security, targeting uniformed services with particular emphasis on young recruits, future peacekeepers and demobilizing personnel.
- Humanitarian response, which focuses on vulnerable populations in crisis settings and humanitarian workers".

Todo ello respondía a la necesidad de reducir el riesgo de contagio y propagación entre los militares de los países que contribuían con tropas a las operaciones de paz. Este riesgo era percibido como extraordinariamente alto debido a una serie de factores, entre los que se encuentran[275]:

- Son predominantemente hombres y mujeres jóvenes con una auto-percepción de invulnerabilidad.
- Los periodos de servicio y despliegue les mantienen alejados de sus familias.

---

[275] Sin embargo, debemos señalar que ya no se acepta la afirmación de que los soldados tienen tasas de infección de enfermedades sexuales (incluyendo el VIH) de dos a cinco veces superiores a los de la población general e incluso superiores en contextos de conflicto armado. Estas alarmantes generalizaciones que se realizaron a finales de los años 90 por la propia UNAIDS (UNAIDS, *AIDS and the Military: UNAIDS Point of View,* –UNAIDS *Best Practice Collection: Point of View*–, UNAIDS, Geneva, 1998) estaban centradas principalmente en las tropas africanas.

- Las poblaciones locales en las zonas de despliegue dependen de los militares para conseguir comida y otros recursos[276].
- Son percibidos con personas con estatus, poder y autoridad por la población civil.
- Es más probable que tengan múltiples parejas y sexo sin protección.
- Uso incorrecto o discontinuo del preservativo.
- Mitos e ignorancias sobre el tema.
- Hay ciertas tendencias al abuso del alcohol y otras sustancias.
- Instrumentos usados para los *piercings* o los tatuajes se comparten bastante a menudo.
- En muchas ocasiones deben entrar en contacto con muertos y heridos.

A la altura de 2005, los informes mostraban que los datos sobre la prevalencia del VIH entre los militares y la policía de los diversos Estados contribuyentes de tropas eran muy limitados[277], en primer lugar porque no solían recopilarse y en segundo lugar, porque cuando los datos existían, se trataba de informaciones que los Gobiernos no querían compartir, al suponer una importante información de carácter estratégico que podía revelar una fuente de debilidad de las tropas nacionales. Del mismo modo, los datos de la presencia de VIH entre todos los operadores de paz también eran desconocidos, ya que las Naciones Unidas no requerían (ni requieren) pruebas obligatorias ni antes, ni después ni durante el despliegue en las operaciones, y porque los países que aportaban tropas o bien no hacían las pruebas o no compartían los resultados con NU[278].

---

[276] Los soldados pueden abusar de su autoridad en materia de distribución de recursos, seguridad, comida, etc., cayendo en la explotación y el abuso sexual; además en contextos difíciles, los contingentes atraen a mujeres y niñas y a trabajadoras del sexo. *Security and Conflict...*,Op.Cit.

[277] Vid. Respecto a esta cuestión el siguiente apartado.

[278] Aunque diez de los quince países que contribuyen con tropas a las operaciones de paz de Naciones Unidas mantienen la política de realización obligatoria de pruebas pre-despliegue. Vid. LOWICKI-ZUCCA, KARMIN & DEHNE, "HIV among peacekeepers and its likely impact on prevalence on host countries' HIV epidemics", en *International Peacekeeping*, Vol. 3, nº 16, 2009; págs.:352–363; También se da el caso

Ahora bien, lo que los estudios más recientes[279] señalan es que el cuadro respecto a la prevalencia de la infección entre el personal uniformado es más complejo y menos alarmante de lo que se presumió anteriormente. La prevalencia difiere no sólo si hablamos de contingentes de diferentes países[280], sino entre el tipo de tropas de un mismo país e incluso entre el personal militar y civil del mismo contingente, dependiendo de factores como la composición demográfica, el uso y abuso de drogas y alcohol, la ética/ códigos de conducta de las tropas, y la propia prohibición de participación en el despliegue del personal sero-positivo[281]. En todo caso, la fiabilidad de los datos sigue siendo un serio problema, el secretismo y el estigma siguen presentes y la falta de datos respecto a la prevalencia en soldados desmovilizados, por ejemplo, es abrumadora.

Así, en los últimos años se percibe como un asunto más importante determinar por qué determinadas Fuerzas Armadas o contingentes han conseguido mantener bajas tasas de contagio, prestando especial atención a cuestiones como la existencia de una fuerte cadena de mando que transmita los mensajes adecuados sobre el comportamiento, el código de conducta y la disciplina[282].

---

de que no las apliquen de forma constante o completa y que el componente de asesoramiento no se ofrezca. También se produce en ocasiones el establecimiento de pruebas obligatorias en los periodos de reclutamiento, olvidando posteriormente la necesidad de nuevas pruebas o de asesoramiento al respecto.

[279] Vid., por ejemplo, BA, O. (et al.), "HIV/AIDS in African militaries: An ecological analysis. *Medicine, Conflict and Survival",* Vol. 2, nº 24, 2008; págs.: 88–100 y WHITESIDE A, DE WAAL A, GEBRE-TENSAE, "AIDS, security and the military in Africa: A sober appraisal", en *African Affairs,* nº 105, 2006; págs: 201–218.

[280] Los tres países que contribuyen con un mayor número de tropas (30%) a las misiones de naciones unidas son Pakistán, Bangladesh y la India. En ellos, la prevalencia del virus es menos del 0.5% entre la población general, por lo que no se considera que sus operadores de paz supongan un riesgo de expansión de la enfermedad. *On the front line…,* Op. Cit.; pág. 14.

[281] Vid., ELBE, S., *Strategic Implications of HIV/AIDS,* Oxford University Press/International Institute for Strategic Studies (Adelphi Papers, 359), Oxford, 2003.

[282] Sin ello, en algunos casos los jóvenes soldados pueden verse inmersos en culturas hipermasculinizadas, donde las conductas de riesgo son recompensadas y hay una fuerte percepción de invencibilidad, y donde el sexo, e incluso el sexo sin protección es considerado un signo de virilidad y una compensación por la dureza de la vida militar. ELBE,

En todo caso, prácticamente desde el inicio del desarrollo de los programas de prevención, el DPKO trabajó en la necesidad de incrementar la implicación de la cadena de mando en la responsabilidad de la prevención de la epidemia en el marco de las FAS, de forma que la elaboración y adopción de enfoques que enfaticen la responsabilidad del mando militar en el desarrollo e implementación de las políticas relativas al VIH ha sido siempre una de las principales recomendaciones de los expertos en el tema[283]. Del mismo modo, en los documentos destinados al adiestramiento de las Fuerzas Armadas en éste y otros ámbitos, suelen aparecer referencias específicas a la Conducta Profesional, basada en el Código de Conducta de Naciones Unidas de los Operadores de Paz, realizando una clara vinculación entre determinadas acciones que no sólo degradan "el uniforme" sino que además implican una fuerte vinculación con el contagio y transmisión del SIDA, como puede ser el abuso de drogas y alcohol, que puede llevar a un incremento de la violencia contra las mujeres y/o a una reducción de la determinación/responsabilidad en el uso de preservativos en las relaciones sexuales (violentas o no)[284]. Así, cobra en este ámbito especial relevancia la conexión entre ese progresivo desarrollo del adiestramiento y capacitación en relación con la enfermedad y el desarrollo de una capacitación sensible al género, y vinculada, además, a las funciones a desempeñar en relación con las condiciones y amenazas específicas de la zona.

En todo caso, la cuestión del SIDA en el marco de las operaciones y las situaciones de conflicto no sólo se abordaba desde el punto de vista de los riesgos de contagio de los soldados y la

---

S., Op. Cit. y PATEL, P., TRIPODI, P., Peacekeepers, HIV and the role of masculinity in military behavior", en *International Peacekeeping*, Vol. 5, nº 14; págs: 584–598, 2007.

283 *Security and Conflict...*,Op. Cit.; pág. 13. Y continua muy presente, pues se recoge como una de las principales recomendaciones que realizan en 2011 UNAIDS y DKPO al respecto de los programas de prevención: "Implementar los llamados enfoques centrados en la cadena de mando para enfatizar su responsabilidad en el desarrollo de las políticas de prevención HIV". UNAIDS/DPKO, *The Responsibility of the Security Council in the maintenance of international of Peace and Security: HIV/AIDS and International Peacekeeping Operations*, United Nations-UNAIDS/DPKO Non-Paper, 2011; pág: 20.

284 KNIGHT, L., Op. Cit.; págs: 207-210.

necesidad de implicar a los Ministerios de Defensa e Interior en la importancia de mitigar los posibles efectos adversos de ello en la capacidad de la Fuerza, sino que también desde los inicios del siglo XXI se prestó especial atención a la capacidad de las Fuerzas Armadas y la policía de funcionar como punta de lanza en la prevención del SIDA.

En estos años comenzaba también a realizarse especial hincapié en la vinculación del VIH/SIDA en el concreto ámbito militar (y no únicamente en el contexto de emergencias o conflictos) y las cuestiones de género, y así, la *Guía Programática de UNIADS para los "servicios uniformados"* de 2003, señalaba tanto la especial vulnerabilidad de los esposas y novias de los soldados que contraen la enfermedad durante el despliegue, como de las propias mujeres militares, debido al riesgo/amenazada de sufrir abusos sexuales[285]. En relación con esta última cuestión, por ejemplo, datos de Costa Rica muestran que un 1.9% de los hombres ha ejercido su posición de autoridad para mantener relaciones sexuales, y un 10% de las mujeres informan de haber sufrido abusos/violaciones durante el despliegue[286].

Durante los años posteriores los retos de UNAIDS en el ámbito de las operaciones de paz continuaron siendo incrementar el acceso de los operadores a los servicios de asesoramiento y pruebas sobre SIDA y asegurar una implementación coherente y consistente de los programas, al tiempo que se insistía en la reducción de los comportamientos de alto riesgo entre los propios operadores de paz, puesto que las investigaciones ya comenzaban a indicar que, a pesar de existir en general altos niveles de concienciación sobre el tema, ello no estaba resultando en un cambio de comportamiento[287]. Ello al tiempo que se ponía de manifiesto que las

---

[285] UNAIDS, *Uniformed Services Programming Guide A guide to HIV/AIDS/STI programming options for uniformed services*, UNAIDS Series: Engaging Uniformed Services in the Fight against HIV/AIDS, Document 1 UNAIDS, Geneva, 2003; pág:18.

[286] Datos del *Regional Support Team for Latin America*, 2010. *On the front line...* Op.Cit.; pág:42.

[287] "Experience tells us that positive behavior change is not usually achieved through information alone". UNAIDS, *Uniformed Services Programming Guide A guide to HIV/AIDS/STI programming options for uniformed services...*, Op. Cit.; pág. 7.

cuestiones relativas al asesoramiento y realización de pruebas era una cuestión controvertida, ya que a pesar de ese alto conocimiento y concienciación sobre el tema que indicamos, sólo unos pocos habían recibido entrenamiento específico previo al despliegue en sus destacamentos[288].

En la primera década del nuevo milenio otras Resoluciones del Consejo de Seguridad de Naciones Unidas no dejaron de hacer referencia a la necesidad de adiestramiento de los militares y de los operadores de paz en VIH/SIDA, y especialmente iniciaron una fuerte conexión entre dicho adiestramiento, el género y la violencia sexual:

- 1325[289]: Incluyó un llamamiento a los Estados miembros para incorporar adiestramiento sobre VIH/SIDA en los programas nacionales para operadores de paz, civiles y militares pre-despliegue.
- 1820[290]: Entre otras cuestiones, llama concretamente a incluir la prevención del VIH en todos los campos de refugiados y personal desplazado, así como en todos los procesos de desarme, desmovilización y reintegración[291], y de reforma de los sistemas de justicia y seguridad con apoyo de Naciones Unidas.
- 1888[292]: Resolución clave al respecto de la conexión que hemos señalado entre violencia sexual y VIH –si bien era una cuestión ya presente desde la Resolución 1325–. Así, se

---

[288] Vid., UNAIDS/DPKO, *On the Front Line. A review of programmes that address HIV among international peacekeepers and uniformed services,* United Nations-UNAIDS/DPKO, New York, 2003.

[289] Resolución 1325 sobre Mujer, Paz y Seguridad. Octubre 2000. Doc. S/RES/1325 (2000).

[290] Resolución 1820 sobre Mujer, Paz y Seguridad. Junio 2008. Doc. S/RES/1820 (2008).

[291] En 2011 se continua haciendo hincapié en que se debe continuar con todos los programas y soporte relativos al SIDA durante estos periodos de desmovilización, teniendo especialmente en cuenta actividades de "cruce de fronteras", incluyendo el tráfico de seres humanos, y de drogas. *The Responsibility of the Security Council in the maintenance*...Op.Cit.; pág: 21.

[292] Resolución 1888 sobre Mujer, Paz y Seguridad. Septiembre 2009. Doc. S/RES/1888 (2009).

hace hincapié, entre otros asuntos, en el adiestramiento sobre VIH entre los "jefes civiles y los mandos militares" y en su responsabilidad en el marco de las políticas y prácticas sobre esta temática, incluyendo mecanismos disciplinarios para prevenir la violencia sexual entre los propios militares y en las comunidades locales.

- 1983[293]: Resolución centrada en el VIH/SIDA y donde se hacen concretas referencias a la especial vulnerabilidad de las mujeres y las niñas a la enfermedad, a la necesidad de empoderar a las mujeres para tratar de reducir su riesgo de exposición al VIH y frenar la transmisión vertical del VIH de madre a hijo en situaciones de conflicto y posteriores a un conflicto[294], y en la que se solicita al Secretario General la ejecución de los programas de concienciación y prevención del VIH y del SIDA en las misiones de Naciones Unidas.

En Diciembre del 2007, la *DPKO-DFS HIV Policy Directive*[295] se centró en el papel, las responsabilidades y las funciones de las denominadas "unidades de VIH" en las operaciones de paz de NU.

Estas Unidades tienen tres misiones: proporcionar programas de concienciación y prevención al personal de la misión, integrar el tema del SIDA en los mandatos de Naciones Unidas, y proporcionar apoyo a la nación anfitriona y a la sociedad civil para desarrollar sus capacidades en la lucha contra el virus; y conducen cuatro tipos de adiestramiento: adiestramiento inicial de VIH, obligatorio para todo el personal que despliegue por 6 semanas, y adiestramiento

---

[293] Resolución 1983 sobre Mantenimiento de la Paz y Seguridad Internacionales. Doc. S/RES/1983 (2011).

[294] Los campos de refugiados pueden resultar un lugar peligroso para las mujeres porque su localización facilita el acceso a los refugiados, a los militares y a los policías. Un ejemplo son los campos de refugiados en Tanzania tras el genocidio de Ruanda: los jóvenes *hutus* se introdujeron sistemáticamente en los campos para violar a mujeres y niñas, con el objetivo deseo de reemplazar y aumentar la población de su etnia. El 80% de las 2.000 mujeres que se hicieron pruebas voluntarias de VIH eran seropositivas. SMALLMAN-RAYNOR, M. R. y CLIFF, A. D., "Civil war and the spread of AIDS in Central Africa", *Epidemiol. Infect.*, n.º 107, 1991.

[295] DPKO, *DPKO-DFS Policy Directive: the role and function of HIV/AIDS units in UN peacekeeping operations*, United Nations-DPKO-DFS, New York, 2007.

de actualización para los contingentes que despliegan más de 6 meses; *peer education* (adiestramiento entre iguales) del personal, con el objetivo de establecer toda una estructura de formadores entre los contingentes militares y las unidades policiales; adiestramiento de terapeutas y expertos en la realización de pruebas médicas voluntarias y confidenciales, y adiestramiento de agentes para la integración de esta temática en los programas de desarme, desmovilización y reintegración. Además, dichas Unidades son responsables de proporcionar servicios de terapia y de pruebas médicas, preservativos masculinos y femeninos, profilaxis post-exposición, así como guías generales en temas de precaución.

Mientras que en el año 2000 solo cuatro asesores en VIH/SIDA estaban disponibles en las misiones de paz de NU, en 2005 eran 10, junto con voluntarios de las naciones anfitrionas. Pero, al igual que han aumentado las misiones, también lo han hecho estos asesores y unidades, de tal forma que a finales de 2009 había nueve oficinas en las misiones más grandes, más 78 personas de apoyo y 12 "focal points" trabajando en misiones pequeñas, de forma que las oficinas asesoras y los "focal points" forman ya parte integral de toda misión de paz de Naciones Unidas.

3.2. El sistema de capacitación/adiestramiento en VIH/SIDA de las Naciones Unidas

Es en 2008 cuando todo el sistema de adiestramiento del DPKO evoluciona hacia el denominado *Strategic Peacekeeping Training Needs Assessment*, implicando al propio Departamento, al DFS (*Department Field Support*) y a los ITS (*Integrated Training Services*). El rol de estos ITS es:

- Desarrollar estándares, políticas, guías y buenas prácticas para los educadores y adiestradores especialistas tanto de los departamentos citados como de los Estados Miembros y sus instituciones de adiestramiento asociadas.
- Desarrollar y proporcionar programas de adiestramiento sobre cuestiones prioritarias en el ámbito de las operaciones de paz.

- Supervisar las actividades de adiestramiento (incluyendo el soporte técnico a los responsables en zona) así como supervisar el presupuesto destinado por los Departamentos a los Cuarteles Generales, para asegurar que los estándares y prioridades se están cumpliendo.

En cuanto al adiestramiento en sí, consta de tres fases:

- Pre-Deployment Trainning (PDT) –adiestramiento predespliegue–, destinado a un entrenamiento tanto genérico como específico y, en ocasiones, adaptado a la misión y que, como su nombre indica, tiene lugar antes del despliegue. Los encargados de facilitarlo para militares y policías son los propios Estados Miembros[296], mientras que en el caso del personal civil, son los ITS los encargados de proporcionarlo (*Civilian Pre-Deployment Training Course*). Para esta fase, se entregan documentos guías y diversos materiales a los adiestradores, materiales que cubren las áreas esenciales de conocimiento requeridas para un desempeño efectivo del trabajo por parte de todo el personal de las operaciones (por ejemplo, principios fundamentales de las operaciones de paz, autoridad, comando y control, y VIH/SIDA).
- *Induction Training* –adiestramiento inicial o de ingreso– es el adiestramiento que recibe todo el personal que se incorpora bien al Cuartel General de Nueva York bien al terreno en una misión de Naciones Unidas. Incluye charlas y presentaciones especialmente relevantes en relación con el lugar de trabajo. En el caso del adiestramiento en NY, son los ITS los encargados de coordinarlo; en el caso del personal desplegado, es el *Integrated Mission Training Centre* o el *Mission Training Focal Point.* Este adiestramiento es obligatorio para todo el personal y está basado en lo aprendido durante la fase de pre-despliegue.

---

[296] De acuerdo con la Resolución de la Asamblea General "Examen amplio de toda la cuestión de las operaciones de mantenimiento de la paz en todos sus aspectos". Doc. A/RES/49/37.

- *On-going Training*, como el nombre indica, se trata de un adiestramiento que se proporciona durante el periodo de estancia o despliegue y se centra en cubrir lagunas de conocimiento transversales identificadas en el plan de 2008 antes citado, así como en fortalecer las capacidades del personal para implementar el mandato.

Dentro del marco del adiestramiento para las operaciones de paz, existen también los programas especializados para los líderes o líderes potenciales. Hay dos Programas: *The Senior Leadership Induction Programme* y *The Senior Mission Leaders Course.* El primero está destinado a aquellos jefes designados como tales por primera vez para una misión de las UN, y está centrado en los principales retos que van a enfrentar a la hora de implementar el mandato, así como las relaciones entre zona de operaciones y el HQ de UN. Es un programa obligatorio que proporcionan los ITS.

En cuanto al segundo curso está destinado a preparar líderes potenciales (Jefes de misión y sus segundos, futuros jefes militares o Comandantes de la fuerza, así como otros líderes de misión civiles). Se organiza conjuntamente por un Estado Miembro y el DKPO y sus objetivos son:

1. Preparar a dichos jefes para los papeles y responsabilidades que asumirían
2. Proporcional a los oficiales de los Estados Miembros un mayor conocimiento y entendimiento de la gestión y desarrollo de las operaciones de paz de las NU.

Este Programa hace especial hincapié en la optimización de las relaciones entre las operaciones de paz y los equipos de Naciones Unidas que se encuentran ya desplegados en los países, así como en la importancia de las cuestiones de género y de la implementación de la repetida Resolución 1325.

En 2008 el módulo de entrenamiento sobre VIH se convirtió en parte integral de los diecisiete módulos que conforman el paquete de adiestramiento obligatorio (*Compulsory United Nations Standardized Generic Training Module for United Nations Peacekeeping for countries contri-*

buting troops and police) [297], pero es necesario hacer referencia también a otros módulos de especial relevancia destinados al género[298], la violencia sexual, la explotación sexual y el abuso y explotación infantil. La necesidad de recordar la existencia de la capacitación específica destinada a cuestiones de género y violencia sexual deviene de la conexión que venimos reiterando entre el VIH/SIDA en contextos de conflicto y postconflicto y la vulnerabilidad de las mujeres a dicha enfermedad, lo que pone en primera línea de atención el hecho de que en la capacitación sobre el virus siempre debe atenderse a cuestiones de género y al nexo entre SIDA, violencia y empoderamiento de la mujer, de forma que el adiestramiento en su conjunto se oriente a que los miembros de los contingentes tomen conciencia de cómo su actuación en toda una multiplicidad de ámbitos, incluido el de la prevención y tratamiento del VIH, influye en el empoderamiento de las mujeres y las niñas y en la reducción de las violaciones de sus derechos humanos, concienciación que debe llevarse a cabo a través no sólo de una "formación teórico-práctica adecuada sino también de una sensibilización que ayude al desarrollo de sentimientos y empatía hacia las personas objeto de protección"[299].

En relación con la capacidad y adiestramiento en contextos de conflicto y postconflicto, podemos realizar algunas breves referencias a la existencia de dichos programas en el contexto de otras organizaciones: Así, en la OSCE encontramos el Plan de Acción para la promoción de la igualdad de género (2004), así como una Sección de capacitación que incluye un módulo sobre género. Además, en su publicación *Handbook for National Human Rights Institutions on Women's Rights and Gender Equality*[300] pueden encon-

[297] El adiestramiento inicial sobre SIDA en el ámbito de los operadores de paz se ha incrementado significativamente en los últimos años, pasando de un 11% en 2005 a un 55% en 2010, todo ello teniendo en cuenta que el propio número de operadores de paz ha aumentado de 69.838 a cerca de 100.000. *On the front line.* Op. Cit.

[298] Vid. Especialmente las *DPKO/DFS Guidelines: Integrating gender perspective into the work of the United Nations Military in Peacekeeping Operations*, United Nations DPKO, New York, 2010.

[299] Vid. Capítulo 3 del presente texto.

[300] OSCE, *Handbook for National Human Rights Institutions on Women's Rights and Gender Equality*, OSCE/ODHIR, Warsaw, 2012; pág:127.

trarse referencias específicas al hecho de que resulta esencial el adiestramiento de los oficiales para erradicar la discriminación y aumentar la concienciación sobre la igualdad, el acoso y la violencia. Al mismo tiempo, la Organización presta su ayuda y apoyo a diversos programas de capacitación sobre VIH/SIDA, como aquellos destinados a preparar a jóvenes activistas en la prevención de la enfermedad en sus comunidades en zonas de gran impacto de la enfermedad, como Asia, con incidencia también en el componente de abuso de drogas/alcohol y violencia doméstica.

En cuanto a la OTAN, como organización de carácter específicamente militar, cuenta con la Directiva (Bi-SC Directive 40-1) destinada a la integración de la Resolución 1325 y de la perspectiva de género en las estructuras de mando, incluyendo medidas para la protección durante los conflictos armados (2009) [301], en la que se incluye la necesidad de una capacitación específica en la materia, si bien en el último informe sobre *The Practical Implications of UNSCR 1325 for the Conduct of NATO-led Operations and Missions: The Way Ahead* de agosto de 2013[302], se destaca que la principal área en la que debe seguir trabajándose a este respecto es la de capacidad y adiestramiento en cuestiones de género, ya que hay una preocupante falta de programas de adiestramiento pre-despliegue, haciéndose hincapié, además, en el hecho de que la prevención de la violencia sexual en conflictos armados y en situaciones postconflicto tiene que ser incluida en el ámbito del adiestramiento. Se recomienda además que la capacitación en género sea un requerimiento para acceder o mantener puestos de mando de alto rango.

Sin embargo, debemos resaltar que en el marco de estas organizaciones no existen módulos concretos destinados a una capacitación específica en VIH/SIDA, y si bien se pueden encontrar referencias a las interconexiones entre la violencia, las situaciones

---

[301] NATO, Bi-SC Directive 40-1 "Integrating UNSCR 1325 and Gender Perspective in the NATO Command Structure, including measures for Protection during Armed Conflicts", NATO, 2009.

[302] *The Practical Implications of UNSCR 1325 for the Conduct of NATO-led Operations and Missions: The Way Ahead*, 2013.

de emergencia e inseguridad, el género y el virus, no son cuestiones que formen una parte especialmente destacada en los programas de adiestramiento.

3.3. La prevalencia del VIH entre los Operadores de Paz

Existe una elevada concienciación en el ámbito internacional de que el personal militar y policial presenta un alto riesgo de contagio y propagación, y es frecuente encontrar diversas referencias al respecto en todo tipo de documentos relacionados con las crisis y conflictos internacionales, como es el caso de las *Guidelines for HIV/AIDS interventions in emergency settings*[303], elaboradas por la *Inter-Agency Standing Committee Task Force on HIV/AIDS in Emergency Settings (IASC TF)*[304], con la contribución de diversos organismos como UNAIDS, UNICEF o la Cruz Roja Internacional.

Debe siempre partirse de que en el ámbito de las instituciones de seguridad, el impacto del VIH en la capacidad operativa estará determinado por la distribución de la prevalencia entre los diversos empleos y el ámbito de reclutamiento, así como por los efectos asociados en la cohesión, disciplina y moral de la unidad.

Individualmente, dicha prevalencia va a depender de diversos factores como la edad, el empleo, el tiempo de servicio, los traumas sexuales, y las políticas y actividades de la cadena de mando[305], al tiempo que los riesgos estarán determinados por el acceso a los sistemas de prevención, tratamiento y cuidado.

Los riesgos de transmisión se pueden ver mitigados o exacerbados por la efectividad de cuestiones como la estructura de mando, incluyendo específicamente los sistemas o mecanismos de aplicación de la disciplina y las normas relativas al uso de drogas y alcohol, abuso y explotación sexual, y políticas de des-

---

303 IASC TF, *Guidelines for HIV/AIDS interventions in emergency settings*. http://www.unfpa.org/upload/lib_pub_file/249_filename_guidelines-hivemer.pdf

304 Agencia establecida en 1992 como respuesta a la Resolución de la Asamblea General de Naciones Unidas 46/182 que pedía una mayor coordinación internacional en la provisión de asistencia humanitaria.

305 *HIV/AIDS, Security and conflict*, Op. Cit.; pág. 12.

canso y recreación (moral y bienestar)[306]. Es más, se reitera continuamente la necesidad de que las políticas relativas a la prevención de la violencia sexual se vinculen más claramente con las políticas y estrategias de prevención del VIH en conflictos y postconflicto[307].

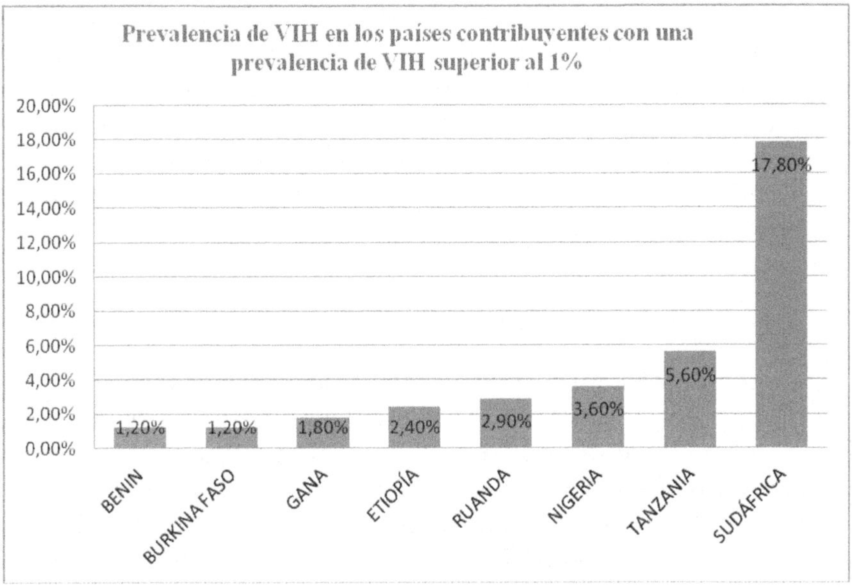

FUENTE: *On the front line...*, Op. Cit., p. 14.

Pero, sobre todo, y como hemos señalado en diversas ocasiones, en esta cuestión persiste el problema de la recopilación y fiabilidad de los datos. Así, por ejemplo, si bien los datos disponibles respecto a la prevalencia del virus en el personal militar varían desde el cero con seis por ciento de Vietnam al diez por ciento de Guinea Ecuatorial, no hay datos fiables respecto a Sudáfrica, uno de los países en los que se sabe que la epidemia es severa, siendo inferido que la prevalencia del VIH en el personal militar de los

306 *The Responsibility of the Security Council in the maintenance of international...* Op.Cit.

307 *HIV/AIDS, Security and Conflict...*, Op.Cit.; pág:. 13.

países del sur del continente ronda entre el quince y el treinta por ciento.

3.4. Evaluación, Monitoreo y Recomendaciones

Llevar a cabo procesos de evaluación y monitoreo de los programas de adiestramiento se evidencia como una tarea difícil y de desarrollo lento. El análisis de la evaluación practicada en el ámbito general del adiestramiento, así como las reflexiones respecto al desarrollo de indicadores sobre cuestiones de eficacia de dicha capacitación, se analizará con más detenimiento en el siguiente capítulo del presente texto, pero no queríamos cerrar las cuestiones relativas a la capacitación específica en materia de VIH/SIDA sin presentar algunos datos y recomendaciones sobre esta materia concreta.

3.4.1. Evaluación y Monitoreo

Como señalábamos, el desarrollo de los sistemas y mecanismos de monitoreo y evaluación es lento[308], cuestión que se produce también en este ámbito, pero como cuestión primordial podemos remarcar que los datos indican que los niveles de capacitación sobre VIH/SIDA no se correlacionan con los niveles de conocimiento ni con los cambios de conducta sexual[309]. Ello muestra la necesidad de subrayar la importancia de los "controles de calidad" del sistema de adiestramiento, con una profundización y refuerzo

---

[308] Sigue remarcándose la necesidad de que Naciones Unidas, en cooperación con los Estados Miembros y la sociedad civil recupere y analice datos relativos al VIH en el marco de los conflictos y las operaciones, y que se desarrollen estudios sobre la efectividad de los programas de prevención, asegurando que la información sea tenida en cuenta en contextos de post-conflicto y también en el propio marco del monitoreo, análisis e informe sobre violencia sexual en estos contextos. *The Responsibility of the Security Council in the maintenance of international of Peace and Security…*, Op. Cit.; pág: 23. Del mismo modo, los propios servicios médicos de la Fuerza deberían recoger adecuadamente datos sobre repatriación, evacuación y mortalidad relacionados con el VIH. Ibid.; pág: 20

[309] Sigue existiendo una conducta de alto riesgo, por lo que aún no está claro o definido cuál debería ser la forma más efectiva de aproximación en estas cuestiones. *On the Front Line*, Op. Cit.; pág: xvi.

de los mensajes clave sobre esta temática, principalmente aquellos que, yendo más allá de la mera información sobre el virus y su contagio, se dirijan a lograr una capacitación integral que logre el desarrollo de una sensibilización y empatía en materia de género y empoderamiento y que pueden conducir a un efectivo cambio de conducta sexual.

A pesar de estas dificultades en el monitoreo, se pueden proporcionar algunas informaciones sobre las cuestiones abordadas en este Capítulo, así, según el último estudio realizado por el DPKO[310], y en relación con el denominado *induction training* en las misiones que ya están implementadas, los datos son muy variados, y los asesores tienen que desarrollar métodos innovadores y alternativos con el fin de llegar a los operadores de paz que se encuentran en el terreno. Por ejemplo, en Haiti, MINUSTAH tiene dos centros fijos de asesoramiento y realización de pruebas, pero también un equipo móvil que despliega con cierta regularidad en las diferentes zonas del país para proporcionar a los contingentes la oportunidad de recibir terapia así como de realizarse pruebas médicas.

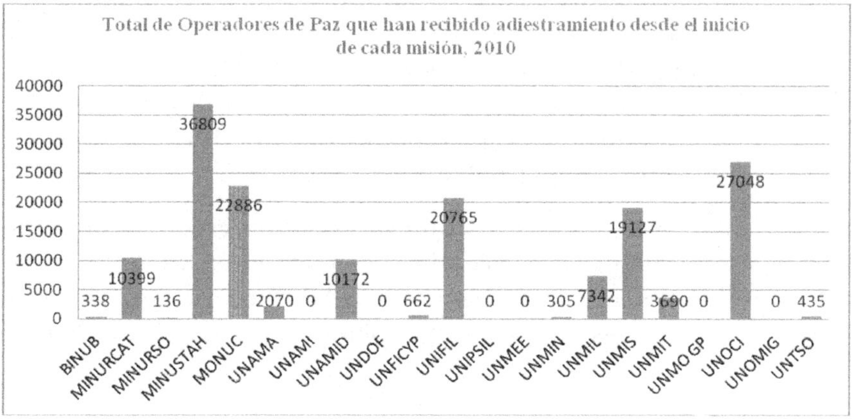

FUENTE: *On the Front Line*...Op.Cit., p.26.

310 *On the Front Line*...Op.Cit.

En cuanto al enfoque del entrenamiento de los compañeros (*peer education*), los resultados son variados (con un incremento en 2005 y una bajada en 2009 debido a los recortes de presupuesto), pero, sobre todo, existen diversas opiniones sobre su sostenibilidad, especialmente cuando se habla de personal militar que es desplegado por periodos de seis a nueve meses, sin que sea predecible si van a volver a formar parte de las misiones de Naciones Unidas. Eso ha llevado a señalar la posibilidad de que esa capacitación no se proporcione a militares, sino a civiles cuyos periodos de estancia en las zonas de operaciones vayan a ser más largos. En todo caso, UNAIDS ha puesto siempre un especial hincapié en esta cuestión, de tal forma que desarrolla instrumentos al respecto desde inicios de la década como el *Peer Educatión Kit for Uniformed Services,* publicado en 2003[311], y donde también se habla de las dificultades para llevar a cabo una monitorización y evaluación del funcionamiento de este tipo de entrenamiento[312], sugiriéndose indicadores como los siguientes:

- Número de individuos enviados por los educadores a los centros de salud para el tratamiento o a los VCT.
- Número de preservativos vendidos o proporcionados por los educadores y usados por los *peers.*
- Cantidad de material educativo distribuido.
- Experiencias y anécdotas narradas por los educadores.
- Conocimiento/reconocimiento de la existencia de estos educadores entre los demás.

Directamente vinculados con esta cuestión están los denominados sistemas BCC (*Behavior-Change Comunication*), que ya en 2003 también eran señalados por UNAIDS en su Guía Programática como un sistema muy apropiado en el ámbito militar[313];

[311] UNAIDS, *Peer Educatión Kit for Uniformed Services, Implementing HIV/AIDS/STI peer education for uniformed services.* UNAIDS series: Engaging Uniformed Services in the Fight against HIV/AIDS Document 2, UNAIDS, Geneva, 2003.

[312] Idem, págs: 39-48.

[313] *Uniformed services are highly structured and their personnel highly disciplined which facilitates the implementation of BCC strategies,* Idem; pág: 39.

sin embargo, actualmente no se consideran tan universalmente efectivos o adecuados para dicho ámbito, dado que se basan en procesos participativos y estrategias de *peer communication* que sólo funcionan si existe una implicación de los oficiales superiores, de forma que el proceso y el mensaje se vean reforzados por la jerarquía militar. Estos sistemas, además, suelen infravalorar la influencia de factores sociales que conforman los comportamientos individuales como la edad, las relaciones de género, las dinámicas familiares, las prácticas culturales y religiosas, la independencia económica y la libertad política[314].

Podemos hablar también de la distribución de preservativos, una de las estrategias de DPKO en este tema, combinado con la implementación de reglas claras sobre la conducta sexual y la tolerancia cero en explotación y abuso, y que ha pasado de doscientos diez mil cuatrocientos en 2005 a seis millones quinientos veintisiete mil en 2009[315].

Distribución de preservativos

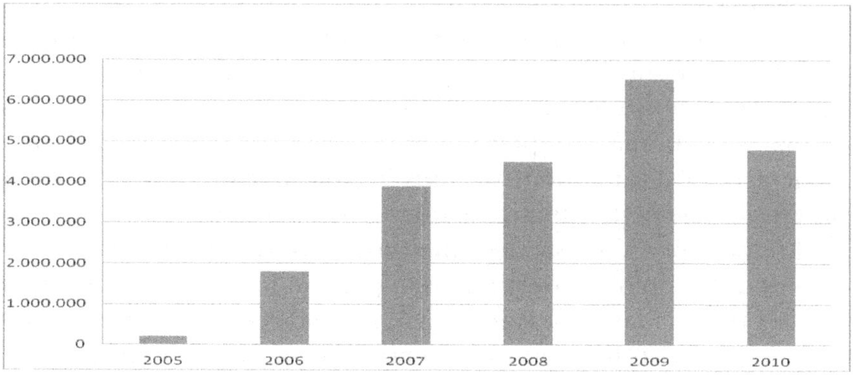

FUENTE: *On the Front Line*...Op.Cit., p.28.

[314] *The Responsibility of the Security Council*...Op.Cit.; pág:. 16.

[315] UNAIDS también distribuye la *Awareness Card*, una tarjeta de plástico que contiene los datos básicos sobre el VIH/SIDA, código de conducta para los militares, instrucciones respecto a prevención y espacio para llevar un preservativo. Está disponible en 11 idiomas.

En cuanto a los servicios relacionados con el virus y con todo el sistema de terapia y pruebas médicas, así como la calidad de dichos servicios, difiere ampliamente entre misiones; aunque en todas hay programas basados en una sensibilización básica en VIH hay muchas diferencias en la disponibilidad de otros servicios, como profilaxis post-exposición. En 2007, los asesores en VIH y los "focal points" acordaron en su reunión anual promocionar e implementar estándares mínimos de estos servicios en todas las misiones.

Por otro lado, diversos ejemplos demuestran que la movilidad de los equipos así como la participación de la cadena de mando mejoran la disposición a someterse a las pruebas, por ejemplo, en UNIFIL (Líbano) en 2009, la oficina del Comandante de la Fuerza tomó el liderazgo en la organización del día mundial contra el SIDA. Siguiendo una sesión de orientación sobre el tema, el Comandante de uno de los contingentes europeos se sometió voluntariamente a una prueba, lo que animó a muchos miembros de las tropas a realizarse test voluntarios.

En todo caso, y abordando con carácter general el tema del asesoramiento, los estudios más recientes señalan que las aproximaciones actuales a dicho asesoramiento en VIH no han incorporado suficientemente diversas perspectivas que incluyan tanto los requerimientos operacionales como las necesidades de los soldados, sus familias y dependientes, ya que si no se proporciona dicho acceso al tratamiento es muy improbable que los militares o sus familiares/dependientes acudan por su cuenta.

En ocasiones, existe además poca coordinación/armonización de estas políticas destinadas al personal militar con políticas de VIH destinadas al personal civil, lo que es especialmente relevante cuando ambos son desplegados en el mismo contingente, pero con diferentes condiciones de asistencia médica y turnos de servicio, y sujetos a diferentes programas sobre el SIDA.

Aunque Naciones Unidas y los Estados Miembros han adoptado formalmente como meta un acceso universal a la prevención, tratamiento y cuidado en el ámbito del VIH, Naciones Unidas no proporciona este servicio a los operadores de paz por sí misma, sino que los tratamientos están destinados a los contingentes nacionales, de acuerdo con sus protocolos. Como venimos señalando, Naciones Unidas requiere que a todos los contingentes se les ofrezca asesoramiento y pruebas voluntarias con anterioridad al despliegue (VCT), pero como también hemos indicado, no se imponen las pruebas, si bien es cierto que hay muchas naciones que sí establecen test obligatorios y no despliegan al personal seropositivo.

Debemos añadir que el limitado número de estudios publicados sobre monitoreo y evaluación de las intervenciones en materia de VIH/SIDA provienen de problemas financieros y de capacidades escasas. Además, y como venimos repitiendo, en algunos países los estudios se realizan pero no se publican por razones de seguridad nacional[316].

3.4.2. Recomendaciones

En 2011, y como complemento a los estudios y análisis realizados que hemos ido desgranando, UNAIDS y DPKO publicaron una serie de recomendaciones, algunas de las cuales ya hemos venido mencionando, sobre el nuevo marco que debe configurarse en el ámbito de la lucha contra el VIH/SIDA en un contexto de conflicto o emergencia, entre las que destacamos las siguientes:

1°) Asegurar que las Resoluciones y/o mandatos de Naciones Unidas contienen las previsiones necesarias respecto a la prevención y tratamiento del VIH, reforzando la implantación de los mandos nacionales cuando sea posible. Al mismo tiempo, todas las agencias de Naciones Unidas, así como las diversas ONG envueltas en contextos de conflicto y emergencias humanitarias deben igualmente reforzar todos los elementos relacionados con la prevención, tratamiento y concienciación de la enfermedad.

---

316 COMMAN, DC., *Behavioural HIV prevention interventions* [slide presentation], 2010 International Military HIV/AIDS Conference, Arusha, United Republic of Tanzania, 12–15 April 2010, citado en *On the Front Line*, Op. Cit.; pág. 44.

2°) Asegurar que la prevención y respuesta al SIDA incorpore la perspectiva y preocupaciones de las comunidades locales, incorporando especialmente el enfoque de la violencia sexual y las necesidades de las mujeres y niños combatientes y/o vinculados a las Fuerzas Armadas. Del mismo modo, las políticas de prevención en los países que contribuyen con tropas deben estar basadas también en las propias características de dichas tropas, la naturaleza de la epidemia local y las infraestructuras sanitarias disponibles.

3°) Tomar especialmente en cuenta la dimensión de género, de forma que, entre otras cuestiones, la planificación y financiación en los programas de VIH/SIDA tengan en consideración la carga que soportan las mujeres en el cuidado de los enfermos y, de forma destacada, los propios riesgos que ellas sufren, reforzando la recogida de datos que evidencia la conexión entre la violencia sexual y la enfermedad, incluyendo dicha cuestión de forma rutinaria en los diálogos con las partes en conflicto que son sospechosas de utilizar la violencia sexual como método de guerra, reforzando el adiestramiento en la tolerancia cero y haciendo un especial esfuerzo en acabar con mitos como el que la violación de menores cura la enfermedad.

4°) Incrementar especialmente la prevención en situaciones post-conflicto. En este punto, podemos destacar, a modo de ejemplo, el caso de Sudán, donde UNDP, UNFPA y la misión de Naciones Unidas en el país (UNMIS) han trabajado conjuntamente con diversas organizaciones nacionales y regionales para desarrollar un programa de desarme, desmovilización y reintegración en el que se ha tenido especialmente en cuenta los efectos del virus y de la violencia doméstica en la promoción del desarrollo, y en cuyo marco se han llevado a cabo, entre otras actividades, programas de capacitación de excombatientes desmovilizados y miembros de la comunidad en VIH, derechos reproductivos y violencia sexual, así como la capacitación de asesores de desmovilización en VIH, salud reproductiva y violencia sexual[317]. También cabe destacar el caso de Costa de Marfil, con una de las tasas de infección más altas de África occidental, que representa un tres con cuatro por ciento entre la población adulta. Se ha desarrollado un programa conjunto entre UNDP, UNFPA, UNAIDS and UNOCI (misión sobre el terreno), que ha proporcionado al personal uniformado capacitación en VIH, derechos humanos, igualdad de género y apoyo para la desmovilización y reintegración, lo que ha reducido las cifras de nuevas infecciones, especialmente desde que tres mil excombatientes regresaron a sus comunidades de origen.

5°) Finalmente, las instituciones nacionales e internacionales deben proporcionar soporte financiero para el desarrollo de las capacidades sanitarias de los sistemas de salud de los diferentes países.

4. CONCLUSIONES

El empoderamiento social, político y económico de las mujeres se configura como un instrumento necesario y eficaz para la consecución de la igualdad, de forma que su incorporación en las diversas dimensiones de las operaciones de mantenimiento de la paz, tanto desde la perspectiva de sujetos activos de un conflicto (participación en la adopción de decisiones y la ejecución de programas en todos los procesos de prevención, solución y reconstrucción postconflicto) como desde la perspectiva de víctima del mismo, se revela como un objetivo prioritario en el marco de la paz y la seguridad internacionales.

En este contexto es en el que se inserta el adiestramiento integral sensible al género en el ámbito de las OMPs, cuestión reco-

---

[317] Fuente: *United Nations Population Fund* (2010), citado en *On the front line...*, Op.Cit.; pág.

gida, como se ha señalado en las páginas precedentes, en diversas Resoluciones del Consejo de Seguridad de las Naciones Unidas, tanto en la emblemática Resolución 1325, con referencias concretas a la capacitación especializada del personal en cuestiones relativas a la protección, las necesidades especiales y los derechos humanos de las mujeres en situaciones de conflicto armado, como en otras Resoluciones como las 1820 y 1888, donde se hace especial hincapié en cuestiones relativas a la violencia sexual. Paralelamente, y como hemos visto de forma más pormenorizada en el presente Capítulo, la importancia del adiestramiento en materia de VIH/SIDA también se ha señalado y promocionado como una temática prioritaria en el ámbito de las OMPs, de forma destacada a través de la Resolución 1308.

Pero fundamentalmente cabe destacar la progresiva conexión entre ambas dimensiones, género y VIH, tanto en el ámbito del adiestramiento/capacitación, como en el de la ejecución de programas específicos y de evaluación de situaciones, al ser percibida la interconexión real entre estos aspectos como especialmente relevante a la hora de lograr una efectiva consecución de los objetivos de prevención y lucha contra la violencia y la enfermedad, apareciendo como punto de conexión primordial entre ambas cuestiones la denominada *política de tolerancia cero* respecto a la explotación/violencia/abuso sexual, política que se configura como marco esencial en la actuación de todos los operadores de paz. Ahora bien, la interconexión entre las dimensiones género y VIH no se revela únicamente como prioritaria en el ámbito de la mujer como sujeto pasivo y víctima, sino que también debe tenerse en cuenta la faceta de sujeto activo de las mujeres en sus propios procesos de empoderamiento, en el sentido de que proveer a las mujeres y las niñas de mecanismos de control sobre su vida sexual y reproductiva y de reforzamiento en los ámbitos de toma de decisiones y de gestión conflicto y postconflicto puede contribuir significativamente a la prevención de la enfermedad en estos contextos. Así, aunque la doctrina de la *responsabilidad de proteger* a la que se hacía especial referencia en el Capítulo 3 del presente documento no permite su extensión a calamidades como la propagación del VIH/SIDA, la ausencia o un inadecuado adiestramiento en esta materia sí supondría una importante laguna en el ámbito del elenco de medidas de prevención destinadas a evitar situaciones de violencia y de progresiva profundización en situaciones desigualitarias.

Pasando ya más concretamente al tema del adiestramiento en VIH/SIDA y los operadores de paz que hemos analizado en este Capítulo, lo primero que debemos destacar es que aún quedan muchos retos prácticos por resolver en esta materia, de manera subrayada la realización de pruebas pre-despliegue y la provisión de tratamiento durante y después del despliegue. Se hace evidente la necesidad del desarrollo de políticas coherentes aplicables a la diversidad de los países que aportan contingentes a las operaciones de paz, ya que, como hemos visto, las necesidades varían en función de las características específicas de cada contingente, sus requerimientos funcionales y operacionales y, sobre todo, y como venimos repitiendo, la necesidad de integración de la estrategia de capacitación en VIH/SIDA y su prevención con la aplicación de la política de tolerancia cero de Naciones Unidas en relación con el abuso y la explotación sexual[318] y el adiestramiento integral sensible al género (necesidades especiales, derechos humanos de las mujeres, etc.).

Por otra parte, en el ámbito del VIH/SIDA ha habido un esfuerzo de prevención en el ámbito militar, pero se ha marginado el desarrollo de políticas y programas en el ámbito de la policía, así como de otros servicios armados, incluyendo aduanas, inmigración y penitenciaría[319]. Su rol en la prevención del VIH y en la protección de los grupos vulnerables sigue siendo muy bajo, aunque existen algunas iniciativas interesantes como la red *Law Enforcement and Harm Reduction Network* (LEAHRN) que ha sido creada en Asia, y en cuyo marco se ha desarrollado un abordaje amplio de la vinculación entre policía, crimen, ley y salud pública, junto con un programa para la reducción del impacto dañino

[318] *HIV/AIDS, Security and Conflict*...Op.Cit.; pág: 14.
[319] Idem; pág: 12.

en las políticas y prácticas de la policía de Camboya, Laos y Vietnam[320]. Sin embargo, la falta de coordinación en los programas de adiestramiento/capacitación entre estos colectivos intervinientes (militares y otros servicios uniformados, así como operadores civiles), lleva a importantes fallos en las estrategias de prevención y freno de la enfermedad entre los propios operadores y entre la población local.

También es necesario destacar cómo los periodos post-conflicto se han revelado como momentos de alto riesgo en la propagación del VIH/SIDA que han sido altamente ignorados. Los programas de desarme, desmovilización y reintegración se evidencian como de gran importancia, y deben contener cuestiones relativas a la prevención y respuesta frente a la enfermedad, especialmente entre los militares y las mujeres y niños que han tenido/tienen contacto con ellos[321], lo que hace imprescindible la integración de una perspectiva de género, que no pase por alto la capacidad de actuación de las mujeres y niñas como sujetos activos en dichos procesos.

En definitiva, la meta final es conseguir que las prácticas nacionales, regionales y de las propias Naciones Unidas en las cuestiones relativas al adiestramiento en VIH/SIDA se coordinen en un estándar universal aplicable a todos los países que contribuyen con tropas a las operaciones de paz[322], trabajando para que las autoridades nacionales logren una mayor coordinación con las políticas internacionales y regionales destinadas a los militares, policías y demás servicios uniformados y sus familias[323], al tiempo que en toda la capacitación en esta temática se refuerza la conexión con la política de tolerancia cero frente a la violencia sexual y se integra en un adiestramiento integral sensible al género.

---

320 *On the front line*...Op.Cit.; pág: 45.

321 Ibidem

322 *HIV/AIDS, Security and conflict*..., Op. Cit.; pág: 13.

323 *The Responsibility of the Security Council*...Op.Cit.; pág: 20.

5. BIBLIOGRAFÍA

Libros

AIDS SECURITY AND CONFLICT INITIATIVE, *Security and Conflict: New Realities, New Responses*, Social Science Research Council (SSRC) and the Netherlands, Institute of International Relations, AIDS Security and Conflict Initiative, New York, 2011.

BARNETT A, WHITESIDE A., *AIDS in the Twenty-First Century: Disease and Globalization*, Palgrave, Macmillan, New York, 2002.

KINGMAN, S.J., & YEAGER, R.D., *Military personnel: On the move and vulnerable to HIV/AIDS and other infectious diseases*, Switzerland, CMA, 2005.

KNIGHT, L., *UNAIDS, The first ten years, 1996-2007*, UNAIDS, Geneva, 2008.

OSCE, *Handbook for National Human Rights Institutions on Women's Rights and Gender Equality*, OSCE/ODHIR, Warsaw, 2012.

CORRÊA, S., CORNWALL, A., JOLLY, S., (Eds.), *Development with a Body: Sexuality, Human Rights and Development*, Zedbooks, London, 2008.

Capítulos de libros

SANZ CABALLERO, S., Mujer, violencia y seropositividad: La vulnerabilidad en estado puro. Estudio de la interrelación entre la violencia contra la mujer y el VIH/SIDA desde la perspectiva de las Naciones Unidas, en FERRER LLORET, J., y SANZ CABALLERO, S., *La protección de las personas y grupos vulnerables. Especial referencia al Derecho Internacional y Europeo*, Tirant lo Blanch, monografías, nº 526, Valencia, 2008.

Artículos de revista

CHRETIEN, J.P. (et. al), "The importance of militaries from developing countries in global infectious disease surveillance", en *Bulletin of the World Health Organization*; nº 85, March 2007; pp. 174-180.

LOWICKI-ZUCCA, KARMIN & DEHNE, "HIV among peacekeepers and its likely impact on prevalence on host countries' HIV epidemics", en *International Peacekeeping;* Vol. 3, nº 16, 2009; pp. 352–363.

PATEL, P., TRIPODI, P., "Peacekeepers, HIV and the role of masculinity in military behavior", en *International Peacekeeping*, Vol. 5, nº 14, 2007; pp. 584–598.

SMALLMAN-RAYNOR, M. R., CLIFF, A. D. "Civil war and the spread of AIDS in Central Africa" en *Epidemiol. Infect.*, n.º 107, 1991; pp.69-80.

Recursos Web

IASC TF, *Guidelines for HIV/AIDS interventions in emergency settings*. Disponible en: http://www.unfpa.org/upload/lib_pub_file/249_filename_guidelines-hivemer.pdf.

A) Naciones Unidas (documentos disponibles en las webs del DPKO y UNAIDS, www.un.org/en/peacekeeping y www.unaids.org)

DPKO, *DPKO/DFS Guidelines: Integrating gender perspective into the work of the United Nations Military in Peacekeeping Operations*, United Nations-DPKO, New York, 2010.

DPKO, *DPKO-DFS Policy Directive: the role and function of HIV/AIDS units in UN peacekeeping operations*, United Nations-DPKO-DFS, New York, 2007.

DPKO/DFS, *United Nations Peacekeeping Operations, Principles and Guidelines*, United Nations-DPKO/DFS, New York, 2008.

UNAIDS, *A framework for monitoring and evaluating HIV prevention programmes for most-at-risk populations*, UNAIDS, Geneva, 2007.

UNAIDS, *AIDS and the Military: UNAIDS Point of View*, –UNAIDS *Best Practice Collection: Point of View*–, UNAIDS, Geneva, 1998.

UNAIDS, *Guía para el monitoreo y evaluación de los Programas Nacionales de SIDA*, UNAIDS, Ginebra, 2000.

UNAIDS, *Peer Education Kit for Uniformed Services, Implementing HIV/AIDS/STI peer education for uniformed services*. UNAIDS series: Engaging Uniformed Services in the Fight against HIV/AIDS Document 2, UNAIDS, Geneva, 2003.

UNAIDS, *UNAIDS Global report on the AIDS epidemic*, UNAIDS, Geneva, 2002.

UNAIDS, *Uniformed Services Programming Guide: A guide to HIV/AIDS/STI programming options for uniformed services*, UNAIDS Series: Engaging Uniformed Services in the Fight against HIV/AIDS, Document 1, UNAIDS, Geneva, 2003.

UNAIDS, *Women, girls, gender equality and HIV*, Fact Sheet, UNAIDS, Geneva, 2011.

UNAIDS/DPKO, *On the Front Line. A review of programmes that address HIV among international peacekeepers and uniformed services 2005–2010*, United Nations-UNAIDS/DPKO, New York, 2011.

UNAIDS/DPKO, *On the Front Line. A review of programmes that address HIV among international peacekeepers and uniformed services*, United Nations-UNAIDS/DPKO, New York, 2003.

UNAIDS/DPKO, *The Responsibility of the Security Council in the maintenance of international of Peace and Security: HIV/AIDS and International Peacekeeping Operations*, United Nations-UNAIDS/DPKO Non-Paper, 2011.

UNAIDS/WHO, *2007 AIDS epidemic update*, UNAIDS/WHO, Geneva, November 2007.

B) Organización Mundial de la Salud (Documentos disponibles en www.who.int)

WHO, *Scaling up Antiretroviral Therapy in Resource-limited Settings: Guidelines for a Public Health Approach* (1st edition), WHO, Geneva, 2002.

WHO/GPA, *Report of the External Review of the World Health Organization Global Programme on AIDS*, WHO/GPA, Geneva, 1992.

C) OTAN (Documentos disponibles en la página web www.nato.int)

NATO, Bi-SC Directive 40-1 *Integrating UNSCR 1325 and Gender Perspective in the NATO Command Structure, including measures for Protection during Armed Conflicts*, NATO, 2009.

Documentación de las Naciones Unidas

Declaración del Presidente del Consejo de Seguridad de NU sobre VIH/SIDA y Mantenimiento de la Paz. Doc. PRST/2001/16.

Declaración Política de la Asamblea General de NU en VIH/SIDA: Intensificando nuestros esfuerzos para el eliminar el VIH/SIDA. Doc. A/RES/65/277.

Declaración y Plataforma de Acción de Beijing de la Asamblea General de Naciones Unidas. 1995. Doc. A/CONF.177/20/Rev.1

Declaration of Commitment on HIV/AIDS. Doc. A/RES/S-26.2.

Informe del Grupo sobre las Operaciones de Paz de las Naciones Unidas (Informe Brahimi). 2000. Doc. A/55/305–S/2000/809

Resolución 1308 del Consejo de Seguridad de Naciones Unidas sobre VIH/SIDA y las Operaciones Internacionales de Mantenimiento de la Paz. Junio 2000. Doc. S/RES/1308 (2000).

Resolución 1325 del Consejo de Seguridad de Naciones Unidas sobre Mujer, Paz y Seguridad. Octubre 2000. Doc. S/RES/1325.

Resolución 1820 del Consejo de Seguridad de Naciones Unidas sobre Mujer, Paz y Seguridad. Junio 2008. Doc. S/RES/1820 (2008).

Resolución 1888 del Consejo de Seguridad de Naciones Unidas sobre Mujer, Paz y Seguridad. Septiembre 2009. Doc. S/RES/1888 (2009)

Resolución 1983 del Consejo de Seguridad de Naciones Unidas sobre Mantenimiento de la Paz y Seguridad Internacionales. Doc. S/RES/1983 (2011).

Resolución de la Asamblea General de las Naciones Unidas "Examen amplio de toda la cuestión de las operaciones de mantenimiento de la paz en todos sus aspectos". Doc. A/RES/49/37.

PARTE III:
LA NECESIDAD DE EVALUACIÓN DEL SISTEMA Y EL DESARROLLO DE INDICADORES EFICACES PARA LA MEJORA DEL ADIESTRAMIENTO INTEGRAL

CAPÍTULO 6
EVALUACIÓN, MONITOREO E INDICADORES

Cristina Amich Elías

1. NACIONES UNIDAS Y LA EVALUACIÓN DE SU PROGRAMA DE ADIESTRAMIENTO

Como hemos visto a lo largo del este documento y como adecuada y repetidamente señala Naciones Unidas:

> *"Peacekeeping training is a strategic investment that enables UN military, police and civilian staff to effectively implement increasingly multifaceted mandates".*

Es decir, la capacitación y adiestramiento del personal civil y militar que actúa sobre el terreno en situaciones de emergencia, conflicto y postconflicto es clave para asegurar que cuentan con los conocimientos y habilidades necesarias para aplicar los mandatos del Consejo de Seguridad en los marcos concretos de actuación.

Ya desde la Resolución de la Asamblea General 49/37 de 1995[324], los Estados Miembros reconocían su responsabilidad en

---

[324] *Examen amplio de toda la cuestión de las operaciones de mantenimiento de la paz en todos sus aspectos.* Doc. A/RES/49/37.

el adiestramiento y capacitación del personal uniformado en las misiones de paz de Naciones Unidas, y requerían al Secretario General que desarrollase los materiales necesarios, estableciendo, además, una serie de medidas para ayudar a los Estados en relación con esta cuestión[325].

Paralelamente, la educación, la capacitación y el adiestramiento en cuestiones de género en multiplicidad de ámbitos, y concretamente en el de las operaciones sobre el terreno, se ha configurado claramente como uno de los pilares estratégicos básicos para la consecución del empoderamiento de la mujer. Todo ello desde una perspectiva integral, que vincula educación y adiestramiento, como señala la OTAN:

- "Education is mainly for operational planners and decision makers, aiming on creating gender awareness. Education is non-specific and theoretical, and contributes to directives, operational plans and national plans including a gender perspective.
- Training is more concrete, interactive and should be scenario based for clearly defined and realistic situations. The gender training is practical and specific to the mission. The basis of good training is comprehensive directives. Therefore, all training should be based on education"[326].

La relevancia de la capacitación de los operadores de paz en una multiplicidad de cuestiones y más concretamente en ámbitos vinculados al género y el empoderamiento de la mujer, así como la propia conciencia de dicha relevancia en este ámbito han hecho que en el marco del DPKO/DFS[327] se haya ido desa-

---

325 Como se ha indicado a lo largo del presente texto, la capacitación es una responsabilidad compartida entre los diversos actores, de forma que los Estados Miembros deben asegurar el entrenamiento pre-despliegue del personal uniformado, y el DPKO/DFS está al cargo de todo el proceso de adiestramiento del personal civil y de los llamados *induction training* y *on-going training* del personal uniformado.

326 NATO, *Template for Pre-Deployment Gender Training*, NATO, 2010. Disponible en: http://www.nato.int/cps/en/natolive/topics_50327.htm

327 Department of Peacekeeping Operations y Department of Field Support (NacionesUnidas).

rrollado un procedimiento de monitoreo y evaluación del propio sistema.

Se parte del hecho de que el personal desplegado proviene de múltiples países, con historiales culturales y profesionales muy variados y con diferentes experiencias y periodos de despliegue. Y es este mismo personal el que reconoce la importancia del adiestramiento para poder estar preparados para los retos reales de las misiones y para el cumplimiento de sus funciones.

1.1. Las primeras evaluaciones y resultados

En 2008, el Servicio de Adiestramiento Integral (*Integrated Training Service*-ITS) y la División de Políticas, Evaluación y Adiestramiento del DPKO realizaron un estudio[328]sobre el presente y el futuro de las necesidades de los operadores de paz de Naciones Unidas, con el objetivo de identificar prioridades del sistema de capacitación comunes a todos los intervinientes y cuyos resultados sirvieron de apoyo a los cambios que ya estaban llevándose a cabo en los estándares de la estrategia de capacitación de la Organización, con la implantación del nuevo sistema de adiestramiento, aprobado en mayo de 2008 por el *Expanded Senior Management Team* (ESMT).

Con carácter general, el estudio de 2008[329] reveló que uno de los principales fallos en la capacitación eran los propios materiales, demasiado genéricos, y sin contenidos adecuadamente dirigidos a los puntos clave de las operaciones y misiones específicas, con lagunas respecto a la complejidad multifacética de las operaciones.

---

[328] *Report on the Strategic Peacekeeping Training Needs Assessment*, United Nations-ITS/DPTE, 2008.Disponible en: http://www.peacekeepingbestpractices.unlb.org/pbps/Library/Strategic_Training_Needs_Assessment_-_Report[1].pdf.

La Metodología empleada fue: Entrevistas y reuniones conjuntas con operadores de paz; encuentras entre el personal de paz, encuestas y consultas con los Estados Miembros, las Fuerzas Armadas y las Instituciones de educación y capacitación, y encuestas y consultas con los denominados IMTC (Centros Integrados de Adiestramiento de la Misión) y los educadores de campo. Pág: 4.

[329] Hubo 6.000 encuestados de 17 operaciones de paz y cuarteles generales, lo que supuso un 15% del personal total. De ese número, 64% eran civiles, 11% militares y 25% policía. Ibidem.

Además, se identificaron deficiencias en el adiestramiento pre-despliegue del personal civil. Del mismo modo, cuatro áreas fueron destacadas como prioritarias: comunicación, gestión, liderazgo, y mejora de la cohesión entre los diferentes elementos de la misión.

En este estudio ya se hizo hincapié en recolectar información sobre la capacitación pre-despliegue en temas de género, abuso y explotación sexual y VIH/SIDA. Aunque los datos mostraron que un alto porcentaje de personal había recibido este tipo de capacitación, también se puso de manifiesto que los operadores reclamaban una mayor información respecto a las características específicas de la operación, lo que implica que se percibía la desconexión entre explicaciones teóricas sobre esas cuestiones y su vinculación con situaciones concretas y funciones específicas a desarrollar. Del mismo modo, y en el contexto del *induction training*[330], los resultados mostraron que había un alto grado de capacitación en información específica como la prevención de explotación y abuso sexual y el VIH/SIDA, aunque se reclamaba una información más concreta respecto a las necesidades culturales, la perspectiva de género y los derechos humanos en relación con las tareas y obligaciones a desarrollar.

También se observó que había un importante reclamo de materiales de adiestramiento basados en "lecciones aprendidas", en escenarios simulados o reales, en intercambio de programas entre el terreno y los Cuarteles Generales y en el intercambio de experiencias, es decir, se pedía una capacitación práctica orientada a la comprensión de situaciones reales.

Como hemos señalado, esta evaluación sirvió para reforzar los objetivos de la nueva estrategia de adiestramiento y capacitación de Naciones Unidas que se ha desarrollado durante el último lustro. Los cambios eran necesarios, ya que,como se indicaba en el Informe *Buildingon Brahimi Peacekeeping in an era of Strategic Uncertainty* de 2009:

> *"Training has traditionally been seen within DPKO (including within specific missions) as a routine, cyclical event, rather than as a tool to influence skills in the field, build necessary competencies, or implement a course*

330 Entrenamiento específico vinculado al puesto concreto.

correction in mission-specific implementation. Some recently authorized changes – including Integrated Mission Training Cells (which handle induction training rather than pre-deployment training) new web-based platforms for mission-specific information, and an Operational Advisory Team – should begin to improve this, though the scale of training resources at the UN is still miniscule by comparison to scale of operations (to say nothing of by contrast to NATO, EU or national military comparisons)".

El 21 de diciembre de 2010, el Secretario General de Naciones Unidas presentó el *Report on the progress of training in peackeeping*[331], destinado a clarificar el impacto de la citada nueva estrategia de adiestramiento desarrollada en 2008, subrayar una metodología para el coste de las actividades y para el monitoreo y evaluación de los programas, con el objetivo de asegurar el logro de los objetivos de los mismos, así como las metas operacionales.

En dicho informe se explicaba el nuevo sistema de capacitación, con la designación de áreas prioritarias, como la explotación sexual o el VIH/SIDA. Se señalaba también que en abril de 2010, el equipo de evaluación del DPKO/DFS había realizado un proceso de monitoreo de la capacidad de los centros de adiestramiento de misión (los IMTC), subrayando que su expansión y gestión efectiva dependía de tres factores clave:

(a) El compromiso de los líderes de misión en priorizar la implementación de las necesidades de adiestramiento vinculadas al mandato.

(b) Los vínculos directos entre el mandato y el plan de capacitación.

(c) El incremento de las capacidades de los IMTC para llevar a cabo enfoques centrados en las necesidades vinculadas al mandato, diseñando y aplicando programas de capacitación concordantes, y desarrollando procesos de evaluación de dicho adiestramiento.

En este informe se remarcaba igualmente que una de las principales dificultades históricas para llevar a cabo un proceso de mo-

---

[331] *Report of the Secretary-General on the progress of training in peacekeeping.*Doc. A/65/644.

nitoreo y evaluación del adiestramiento de los operadores de paz era la falta de datos (número y tipo de cursos impartidos, categoría de personal capacitado, etc.). Por ello, el primer paso para el desarrollo de la metodología de evaluación fue la creación de un instrumento integral de recolección de datos, el *electronic training management system* (e-TMS), una aplicación web que permite al personal de paz realizar cursos y mantener un "historial de capacitación", y además permite monitorear el adiestramiento, recolectando datos, no sólo cuantitativos, puesto que se incluye un formulario de evaluación sobre los cursos. En todo caso, este sistema solo es aplicable en el marco de Naciones Unidas, en el sentido de que no puede ser usado para monitorear y evaluar la capacitación pre-despliegue dada por los Estados Miembros a su personal uniformado. El sistema de control en este último caso es el llamado "mecanismo de reconocimiento" de los programas de adiestramiento,para confirmar si cumplen con los estándares de la organización.

Según se explica en el informe, el DPKO/DFS había comenzado además a trabajar en un procedimiento para evaluar el impacto de la capacitación en la mejora de las funciones, valorando los siguientes aspectos:

- Satisfacción con el programa;
- Cambios en los conocimientos, las habilidades y las actitudes;
- Cambios en conducta laboral;
- Cambios en los resultados organizativos como consecuencia de la aplicación de sus habilidades por los participantes;
- Las diferencias entre los beneficios y costes económicos del programa.

Debemos tener en cuenta que estos indicadores se toman como referencia especialmente en relación con cursos de gestión, logística o administración de recursos, permitiendo medir los vínculos entre el adiestramiento *técnico* recibido, la mejora de los conocimientos y habilidades y su aplicación en el trabajo, y el impacto en la consecución de objetivos operacionales. Realizar dichas mediciones en ámbitos vinculados no sólo al desarrollo de conocimientos técnicos sino a cambios de actitud y comportamiento, progreso en la sensibilización y empatía, y mejora de la situación local (como el empoderamiento de la mujer), presenta dificultades añadidas de medición y evaluación.

1.2. La evaluación de la eficacia de la nueva estrategia de capacitación

Para comprobar a través de datos empíricos la eficacia de los cambios que se habían introducido en el sistema de capacitación desde 2008, un nuevo estudio fue realizado en 2012[332] con los objetivos de:

> *"1) Determining the knowledge, skills and behaviors required for effective mandate implementation.*
>
> *2) Identifying performance and skill gaps that can be addressed through training.*
>
> *3) Assessing current peacekeeping training activities and mechanisms".*

Realizándose además en esta ocasión un claro hincapié en la vinculación entre la capacitación/adiestramiento y la implementación del mandato concreto del Consejo de Seguridad.La metodología empleada en esta nueva evaluación fue la siguiente:

- Un enfoque combinado que analizaba conjuntamente las aportaciones de todas las categorías de personal.
- Un enfoque amplio que incluía aportaciones relevantes de otros departamentos, agencias, programas, fondos, Estados Miembros e instituciones de adiestramiento.
- Una revisión del material escrito existente, con especial énfasis en los documentos guía del propio Departamento DPKO/DFS.
- Respuestas de más de 800 militares, policía y personal civil recogidas en entrevistas personales, paneles y grupos.

El estudio señala que, si bien el adiestramiento no es una panacea que pueda compensar un reclutamiento muy deficiente o la falta de

---

332 *The 2012-2013 Global Peacekeeping TNA* (Training NeedsAssesment), centrado en las necesidades de capacitación de militares policía y personal civil en todos los niveles de las operaciones de paz. ITS/DPKO/DFS,*Training: A Strategic Investment in UN Peacekeeping: Global Peacekeeping Training Needs Assessment, Final Report –2012-2013, United Nations*– ITS/DPKO/DFS, 2013. Disponible en:http://www.peacekeepingbestpractices.unlb.org/PBPS/Pages/Public/viewdocument.aspx?id=2&docid=1355.

capacidad clara de determinados individuos o unidades, usado estratégicamente puede ayudar a reducir las lagunas en la realización de las funciones, incrementando la productividad y eficacia del personal en el cumplimiento de la implementación del mandato.

A partir de ahí, se señalan una serie de prioridades de los diversos operadores de paz, así como una serie de recomendaciones:

- En el marco de los operadores de paz en general, sin distinción de grupo de pertenencia (civil, militar, policial), se hace hincapié, entre otras necesidades, en la de entender tanto el contexto local (historia, costumbres, cultura) como los mandatos específicos (protección de civiles, promoción de derechos humanos) y las materias transversales, como el género, y especialmente el modo de integrarlo todo en el propio trabajo.
- Cuando hablamos de necesidades prioritarias de los puestos "senior", se destaca la de lograr un mejor conocimiento de cómo desarrollar los códigos de conducta y los mandatos concretos (protección de civiles y niños).
- Entrando a analizar la información proveniente del diferente personal, operadores de paz civiles echan en falta un mayor conocimiento práctico de cómo integrar el mandato de la misión en las funciones concretas a desarrollar, así como un mejor conocimiento de objetivos como la protección de civiles en general y de los niños en particular. Dentro del personal civil, y en el marco de las áreas prioritarias, se reclama un conocimiento en profundidad de los derechos humanos y la protección de civiles, y en el marco de las denominadas áreas de apoyo se vuelve a reiterar la necesidad de aumentar la capacidad práctica de integración de los mandatos de la misión en el trabajo diario.
- Los militares muestran preocupación por conocer mejor la aplicación de su adiestramiento a la protección de civiles y niños, junto con otros aspectos de la implementación del mandato en relación con los derechos humanos; una concienciación mayor de las particularidades culturales y del código de conducta, incluyendo la prevención de la ex-

plotación y abuso sexual y las consecuencias de la conducta desviada.

- En cuanto a la policía, los requerimientos de su capacitación incluyen el desarrollo de habilidades para construir la confianza con la policía nacional y la población local, programas de mentoreo, entrenamiento, asesoramiento, desarrollo de funciones técnicas en las investigaciones criminales, prevención de tráfico de personas y colaboración en las políticas de cruce y seguridad de fronteras.

Además, el estudio se centró en tres indicadores destinados a revisar la eficacia de los mecanismos de adiestramiento: la propia concienciación sobre la existencia de políticas de capacitación, la implicación de los supervisores en el adiestramiento de su personal, y los datos de participación en el adiestramiento. Respecto a esta última cuestión, los datos son los siguientes:

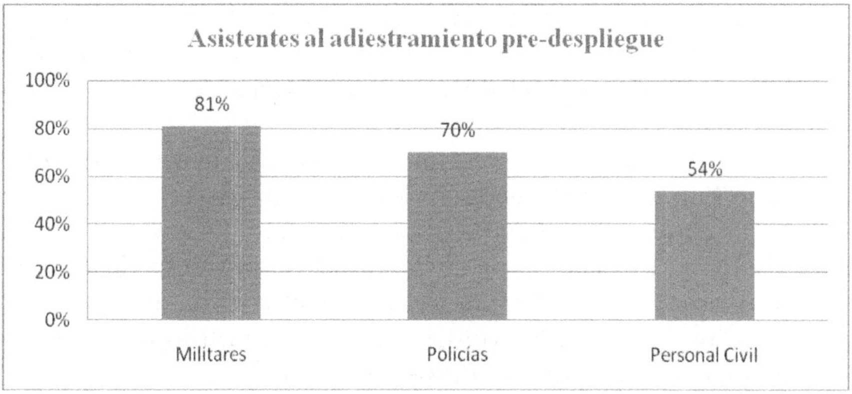

FUENTE: *The 2012-2013 Global Peacekeeping TNA*, p. 28.

En cuanto a la participación en programas de adiestramiento específicos de las misiones, la cifra se sitúa en un setenta y uno por ciento general, con variabilidad entre policías (noventa y tres por ciento), militares (ochenta por ciento) y personal civil (sesenta y seis por ciento). Además, también hay importantes diferencias entre misiones, así por ejemplo, las que presentan mayor participación son UNMIT, UNAMID y UNMIL y las que menos MINUSTAH y MONUSCO.

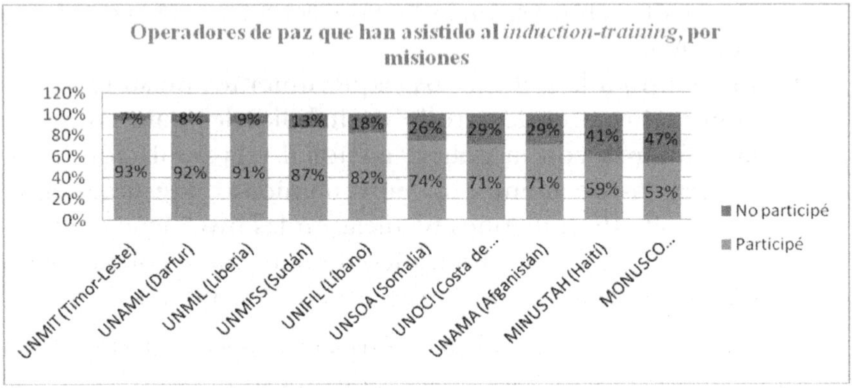

FUENTE: *The 2012-2013 Global Peacekeeping TNA*, p. 28.

Si pasamos a analizar los datos relativos al llamado *On-going training*, cursos como "Ética e Integración" y "Orientación en VIH/SIDA" aparecen como los que más asistentes han tenido durante los últimos tres años, pero aún así, el hecho de que sólo un cuarenta y dos por ciento haya asistido al curso obligatorio sobre SIDA hace necesario reevaluar la participación en estos cursos obligatorios.

Del mismo modo, cabe resaltar que sólo 3 de los 20 programas a los que han asistido más operadores de paz están relacionados con áreas clave y son "Género" (posición 7), "Protección de los niños" (19) y "Protección de civiles" (20), siendo muy destacable que sólo un nueve por ciento del personal civil ha asistido a los cursos de protección de civiles, cuando nueve misiones incluyen dicho objetivo entre sus mandatos específicos.

El personal militar y policial, sin embargo, sí ha asistido en un mayor porcentaje a programas de áreas clave como protección de la infancia, derechos humanos y protección de civiles, así como desarme, desmovilización y reintegración. En general, y en relación con la "protección de civiles", algunos operadores sugieren que el adiestramiento debería dividirse en diversos aspectos, de tal forma que el personal pueda entender claramente qué significa y cómo se relaciona con las funciones a desarrollar en el terreno, para lo cual se continúa pidiendo, como ya se hacía en 2008, la realización de una capacitación basada en el estudio de más casos prácticos y en la realización de ejercicios basados en escenarios reales o simulados, con el objetivo de incrementar la eficacia en el desarrollo de las propias funciones a desempeñar en el terreno.

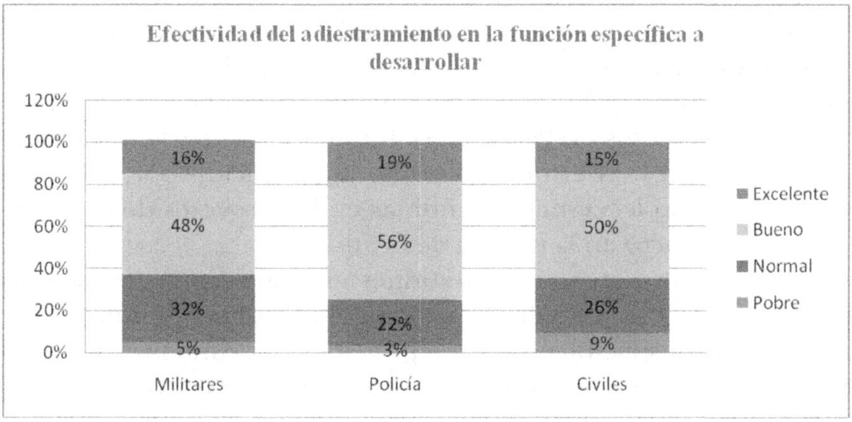

FUENTE: *The 2012-2013 Global Peacekeeping TNA*,(Anexos, p. 48).

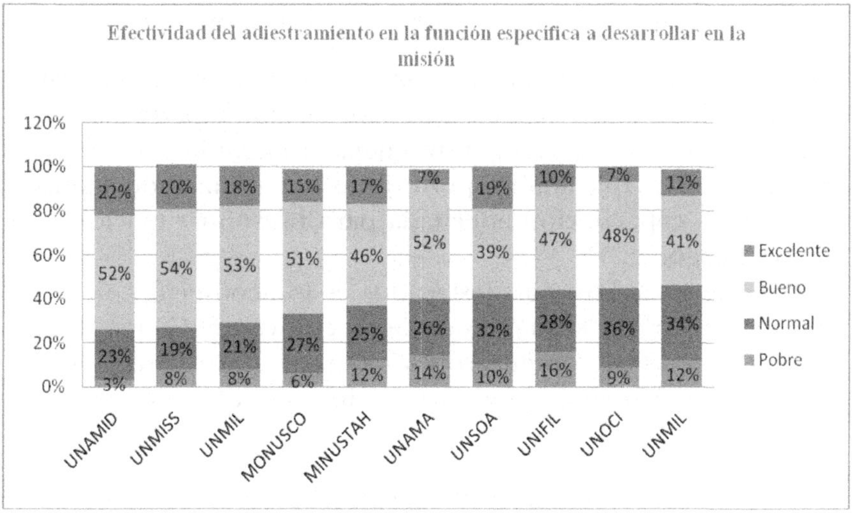

FUENTE: *The 2012-2013 Global Peacekeeping TNA*,(Anexos, p. 48).

En cuanto a las Recomendaciones más destacadas de esta evaluación, cabe señalar que se aboga por una atención más sistemática en el nivel "senior" en relación con los planes y presupuestos de adiestramiento para asegurar que son coherentes con las prioridades de la misión y que se monitorean los resultados.

Se recomienda también prestar una especial atención al impacto del adiestramiento, lo cual se relaciona, además con la necesidad de desarrollar una cultura de capacitación y aprendizaje. Dentro de este aspecto se señala que los líderes de misión en coordinación con los IMTCS deberían fomentar la participación de los supervisores en el monitoreo de la aplicación por parte del personal de las lecciones aprendidas en los procesos de capacitación y su impacto en la mejora de la misión.

Vistos estos datos, dos cuestiones emergen como constantes y prioritarias: Por un lado, se percibe la necesidad de una mayor capacitación específica para integrar los conocimientos teóricos respecto a cuestiones clave como la protección de civiles y los derechos humanos en las funciones diarias de los operadores de paz; por otro, las cifras muestran que la capacitación del personal civil está siendo más deficitario.

1.3. Casos prácticos, explotación y adiestramiento

No queremos finalizar el presente apartado sobre la evaluación del sistema de capacitación/adiestramiento de Naciones Unidas sin realizar algunas referencias a ejemplos de misiones concretas, en las que análisis posteriores han remarcado la importancia de la capacitación adecuada para prevenir situaciones de abuso y riesgo.

Uno de los casos más destacados es lo acontecido en la misión MONUC[333] en la República Democrática del Congo, donde a lo largo de 2004 comenzaron a emerger graves denuncias de casos de abusos sexuales por parte de los operadores de paz de la

[333] MONUSCO se hizo cargo de esta operación el 1 de julio de 2010, con arreglo a la Resolución 1925 del Consejo de Seguridad de 28 de mayo para reflejar la nueva fase alcanzada en el país.

ONU, tanto civiles como militares y policías. No es el lugar para entrar a analizar en profundidad este asunto, pero sí para destacar las "Lecciones Aprendidas" que fueron resaltadas en el Informe*Sexual Exploitation and Abuse: Lessons Learned Study. Addressing Sexual Exploitation and Abuse in MONUC*[334]y que señalaban muy enfáticamente que:

> *"Regular and systematic training and awareness-raising, and the expansion of a network of trainers, is the most effective preventive measure. A more strategic approach needs to be taken to training, advocacy and awareness-raising efforts, for all categories and levels of personnel, but especially senior managers and commanders. Training units in missions need to be strengthened with the appropriate seniority and experienced staff [...] Managers and commanders must be fully involved and committed in ensuring the implementation of policies and directives relating to sexual exploitation and abuse. This requires that they be adequately trained and sensitised".*

Del mismo modo, podemos destacar cómo en las Encuestas de Opinión Pública llevadas cabo en Liberia, Burundi o Sierra Leona, en relación con las misiones de Naciones Unidas en esos lugares (UNMIL, UNBOC y UNAMSIL), la población local denunciaba abusos, explotaciones e incremento de la prostitución. Por ejemplo, en Liberia cerca del veintidós por ciento de los participantes (167 de 770) denunciaron que:

> *"Some peacekeepers had raped women and young children and had contributed to the encouragement of prostitution among young girls, leading them to drop out of school [...] The Nigerian contingent was repeatedly blamed specifically for the increase in prostitution by the respondents in Montserrado country"*[335].

---

[334] DAHRENDORF, N., *Sexual Exploitation and Abuse: Lessons Learned Study. Addressing Sexual Exploitation and Abuse in MONUC,* 2006.Disponible en:http://www.peacekeepingbestpractices.unlb.org/pbps/Library/OASEA%20LL%20Paper%20Final%20Version%20WITHOUT%20Ref%20to%20Annexes.pdf

[335] KRASNO, J.,*Public Opinion Survey of UNMIL's Work in Liberia,* 2006. Disponible en: http://www.peacekeepingbestpractices.unlb.org/pbps/Pages/PUBLIC/ViewDocument.aspx?docid=749&cat=9&scat=54&menukey=_5_1

Y en Burundi y Sierra Leona se dieron denuncias de que algunos operadores de paz habían explotado sexualmente a mujeres y niñas, llevando a cabo una conducta de promiscuidad sexual y contribuyendo al incremento de la prostitución entre las jóvenes[336].

A raíz de estos casos, que si bien no suponían denuncias oficiales, sí mostraban claramente la existencia de conductas desviadas/criminales por parte del personal de paz de Naciones Unidas, el *Report of the Special Committee on Peace keeping Operations and its Working Group*[337] de 2007 se apresuró a remarcar que:

> *"The need so use preventive training more extensively and to strengthen the capacity of conduct and discipline [...] The Special Committee also recognizes that the United Nations should organize training sessions for national contingents on their arrival in the mission to emphasize the importance that the Organization attaches to the elimination of sexual exploitation and abuse".*

En resumen, Naciones Unidas muestra una alta concienciación, basada en la multiplicidad de instrumentos de monitoreo aplicados en zonas de conflicto, del nexo entre capacitación, adiestramiento y prevención de abusos sexuales, pero no debemos perder de vista el hecho de que cuando hablamos de un adiestramiento con impacto en el ámbito del empoderamiento de la mujer, la eliminación de conductas desviadas es uno de los primeros pasos en esa concienciación y sensibilización que el sistema de capacitación debe lograr en los operadores de paz. La integración de todos los enfoques (abusos, tolerancia cero, género, enfermedades, empoderamiento) parece perfilarse como el medio más adecuado para incrementar el impacto en cada uno de esos aspectos, de forma que un adiestramiento destinado a eliminar la explotación sexual deberá incidir en el desarrollo

---

336 KRASNO, J., *Public Opinion Survey of ONUB's Work in Burundi, 2006 y Public Opinion Survey of UNAMSIL´s Work in Sierra Leone.* Disponibles en: http://www.peacekeepingbestpractices.unlb.org/pbps/Pages/PUBLIC/ViewDocument.aspx?docid=795&cat=8&scat=61&menukey=_5_1

337 *Report of the Special Committee on Peacekeeping Operations and its Working Group,* 2007.Doc.A/61/19 Rev.1.

de una sensibilización hacia los derechos humanos de las mujeres y los riegos de VIH, y viceversa.

2. LA CAPACITACIÓN Y SU MEDICIÓN EN EL MARCO DE LA OTAN Y LA U.E.

La capacitación y el adiestramiento de los participantes en operaciones de paz, a través de diversos programas, está también presente en otras organizaciones, como la OTAN o la U.E., organizaciones que pueden estar al mando de determinadas misiones, en seguimiento de las Resoluciones del Consejo de Seguridad de las NU; No vamos a entrar a analizar esos programas, muchos de cuyos aspectos escapan del objetivo del presente documento, pero sí vamos a resaltar que dichas organizaciones han trabajado en el desarrollo de indicadores que, en el ámbito de sus propias competencias, sirviesen de base para conocer el grado de implementación de la repetida Resolución 1325 y otras Resoluciones vinculadas –especialmente aquellas relativas a la violencia sexual–, en sus políticas y estructuras. Dentro de esos indicadores, se incluyen algunos relacionados con el adiestramiento y las misiones sobre el terreno.

2.1. La capacitación sensible al género en la OTAN y su impacto

Como se ha señalado ya a lo largo del presente texto, la OTAN ha desarrollado una serie de iniciativas, fundamentalmente a partir de la Directiva Bi-SC 40-1[338], destinadas a la aplicación de la Resolución 1325 de Naciones Unidas en sus propias estructuras y operaciones. En ese marco, el adiestramiento en género figura como un elemento esencial, como también hemos indicado. Así, se especifica la necesidad de asegurar que todo el personal, incluidos jefes de unidad y miembros de las patrullas, tiene un

[338] NATO, Directive Bi-SC 40-01, *Implementing UNSCR Resolution 1325 and gender perspectives in the NATO command structures*.Disponible en: http://www.nato.int/nato_static/assets/pdf/pdf_2012_08/20130731_120808-bi-sc40-1-rev1.pdf

conocimiento genérico básico y del terreno en asuntos de género, adiestramiento práctico, relacionado con las circunstancias locales y focalizado en Tácticas, Técnicas y Procedimientos, más que en cuestiones exclusivamente teóricas. Se destaca igualmente la necesidad de desarrollar soluciones creativas para proporcionar dicha capacitación, de ofrecer oportunidades a los Comandantes de perfeccionar su conocimiento en género[339], así como crear oportunidades de intercambio de buenas prácticas y lecciones aprendidas.

Lo que ahora cabe destacar es que la OTAN ha trabajado también en la evaluación y monitoreo de la implantación de dicho sistema de adiestramiento, para lo cual desarrolló una serie de indicadores[340]:

- Número y porcentaje del personal desplegado que podría entrar en contacto con la población local y que ha recibido adiestramiento específico sobre cómo interactuar con las mujeres locales e incluir perspectivas de género en su trabajo.
- Número y porcentaje de asesores de género (incluidos los asesores sobre el terreno) que reciben capacitación específica para dichos puestos.
- Número y porcentaje de Naciones en las misiones lideradas por la OTAN que ofrecen módulos de adiestramiento pre-despliegue en género, con un adiestramiento práctico basado en las circunstancias locales y en tácticas y procedimientos más que en cuestiones teóricas.

Su último informe (2013[341]) sobre la Resolución 1325 y su aplicación en la OTAN recoge la capacitación como el primer punto clave en el que trabajar, destacando que el conocimiento general sobre la propia Resolución y los documentos de Naciones Unidas

---

339 Como el Programa para Generales de Brigada de las FAS suecas en género.

340 NATO, *How can gender make a difference to security in Operations –indicators–*, NATO, 2011; pág: 48. Disponible en: http://www.nato.int/cps/en/natolive/topics_50327.htm

341 *The Review of the Practical Implications of UNSCR 1325 for the Conduct of NATO-led Operations and Missions: The Way Ahead.*Doc. PO(2013)0426.

relacionados, el *mainstreaming* de género, así como de los propios documentos clave, políticos y militares, de la OTAN en relación con ello es bajo, y que existe una preocupante ausencia de capacitación pre-despliegue, recomendando que en el ámbito de dicha capacitación el Comando de Transformación (ACT) lleve a cabo demostraciones sobre los módulos (incluido el adiestramiento online) para que puedan ser incorporados en sus propios cursos por las Naciones aliadas. Del mismo modo, se hace hincapié en que los cursos a los Mandos deben incluir las cuestiones relacionadas con la violencia sexual y de género, y se ve necesario el desarrollo de módulos específicos para los líderes civiles y militares, así como identificar los mejores métodos de intercambio de información en relación con los tipos de adiestramiento disponible.

También se remarca la importancia de continuar implementando los módulos relativos al género en el entrenamiento pre-despliegue, convirtiéndolos en obligatorios y reforzándolos con módulos de capacitación en el teatro de operaciones. Dichos módulos se vinculan con la plantilla (*template*) sobre el adiestramiento pre-despliegue en materia de género[342], en el que algunos de los objetivos de aprendizaje resaltan los aspectos vinculados con el desarrollo de una sensibilización y empatía, más allá del conocimiento teórico. Así, por ejemplo, en el ámbito relativo a los estándares de comportamiento y violencia se indican como objetivos de aprendizaje:

- Conocer los contenidos básicos de los estándares de comportamiento y los códigos de conducta.
- Conocer el sistema de aplicación e informes respecto a dichos estándares.
- Ser capaz de dirigir y corregir un inadecuado comportamiento verbal y no verbal en temas de género.
- Entender la violencia de género y la violación de derechos humanos.
- Saber cómo reaccionar ante la violencia de género.

Así, y como hemos señalado, el estándar básico requerido no se limita al conocimiento del código de conducta (tolerancia

342 *Template for pre-deployment gender training*, Op.Cit.

cero, sistema disciplinario, etc.), sino a comprender dicho código y a reaccionar ante las situaciones prácticas. La cuestión será llevar a cabo una adecuada medición de la relación entre este adiestramiento/estándares y su efectividad.

En resumen, la OTAN, a través de la aplicación de los indicadores que desarrolló para la medición del adiestramiento en género, ha detectado la existencia de graves deficiencias en el desarrollo y aplicación práctica de este adiestramiento y capacitación sobre esta temática, en sus diversas dimensiones, del personal desplegado.

2.2. Indicadores de la Unión Europea y su PCSD en el adiestramiento

En 2008, la Unión Europea aprobó el documento *Implementation of UNSCR 1325 in the context of ESDP*[343]. En dicho texto se incluían cuestiones relativas al adiestramiento en el marco de las misiones PCSD[344], estableciéndose concretamente que el Comandante de la Operación debía recibir adiestramiento sobre la implementación de la Resolución 1325; se señalaba también que el entrenamiento pre-despliegue debía incluir estas cuestiones, con el desarrollo por parte de los Estados Miembros de cursos sobre género en el marco de las operaciones PCSD y con la inclusión de la perspectiva de género en el adiestramiento específico de PCSD a cargo del *European Security and Defence College* (ESDC). Igualmente se indicaba la necesidad de que durante las misiones en curso el personal reciba adiestramiento en género, incluyendo específicamente violencia sexual. Se remarcaba que esa capacitación durante la misión debía enfatizar la política de tolerancia cero. Para todo ello, se aconsejaba tomar en consideración el empleo de asesores de género, tanto de Naciones Unidas, como expertos externos, para ayudar en la preparación de los materiales, así como contar con ellos como conferenciantes en las actividades y programas de la PCSD.

---

343 Doc.15782/3/08. REV 3.

344 Política Común de Seguridad y Defensa de la U.E.

En 2010, el Consejo de la U.E. aprobó el documento "*Indicators for the Comprehensive approach to the EU implementation of the United Nations Security Council Resolutions 1325 and 1820 on women, peace and security*"[345]. Dicho "comprehensive approach" (enfoque integral) había sido a su vez adoptado por el Consejo en diciembre de 2008 y contenía el espectro completo de los instrumentos de acción exterior de la U.E. a este respecto, desde la prevención del conflicto y el manejo de crisis, hasta las situaciones de conflicto, reconstrucción de la paz y cooperación al desarrollo.

El documento contenía un indicador concreto relacionado con el adiestramiento en el contexto de la PCSD:

- Proporción de hombres y mujeres que han recibido capacitación específica en igualdad de género entre el personal diplomático, así como entre el personal civil y militar empleado por los Estados Miembros y las instituciones europeas, y por el personal civil y militar participante en operaciones de paz de la ONU y en las misiones de la PCSD.

En realidad, este indicador había sido adoptado ya en diciembre de 2008 con el objetivo de medir hasta qué punto la propia UE y sus Estados Miembros están interesados en fomentar la implicación del personal relevante en la consecución de los compromisos asumidos en el marco de la Resolución 1325.

Además de este indicador, se establecía uno destinado a medir el número de casos de explotación sexual perpetrados por personal PCSD investigados y cuyo objetivo era medir el grado de responsabilidad de las misiones PCSD en casos de conducta desviada/criminal y mostrar hasta qué punto la UE adopta un serio compromiso en relación con los códigos de conducta en el marco concreto del abuso y la explotación sexual.

Cabe destacar, por último, que el *EU Military Staff* (EUMS) ha desarrollado una base de datos interna para introducir lecciones aprendidas, en las que se incluyen 6 lecciones en dimensiones de género de la misión EUFOR DRC (Congo).

---

[345] Doc.11948/10.

3. DESARROLLANDO INDICADORES

En las líneas precedentes hemos visto que en el marco de Naciones Unidas se han llevado a cabo procesos de monitorización y evaluación de su sistema de adiestramiento genérico, y que, en el caso de organizaciones como la OTAN o la UE se han introducido algunos indicadores destinados a recabar información sobre la capacitación en género en las operaciones.

Ahora bien, lo que sobre todo se ha puesto de manifiesto es la propia dificultad que conlleva desarrollar y aplicar un sistema de monitoreo y evaluación destinado, en primer lugar, a recoger la información necesaria sobre los propios sistemas de adiestramiento y capacitación, pero, sobre todo, a la medición del impacto concreto que un determinado adiestramiento tiene sobre el terreno en diversas cuestiones, y más concretamente en el ámbito del empoderamiento de la mujer. Efectivamente, y como ya se ha señalado en otras investigaciones sobre la materia:

> *"The impact of gender training on the behaviour and attitude of peacekeeping perssonnel and their impact on the ground is an under-researched area, and such evaluation would be crucial for identifying the best training tools and methods as well as for advocating for further resources"*[346].

Por tanto, se evidencia como necesario desarrollar un sistema de monitoreo, basado en indicadores que, combinando los métodos cuantitativo y cualitativo, no sólo mida el número y porcentaje de asistentes a los cursos que puedan existir y su opinión sobre dicha capacitación, sino que profundice en el impacto que dicha capacitación ha podido tener en las actitudes/comportamientos de dichos operadores de paz y en el desarrollo de una concienciación y empatía que les permita vincular el mandato con la situación local.

---

[346] LYYTIKÄINEN, M., *Gender training for Peacekeepers: preliminary overview of United Nations peace support Operations,* INSTRAW, Gender, Peace and Security, Working Paper, 4, 2007;pág; 15. http://www.peacewomen.org/assets/file/Resources/UN/uninstraw_gendertrainingpk_2007.pdf

Ahora bien, ¿por qué centrarnos concretamente en la propuesta de indicadores en materia de adiestramiento/capacitación en el marco de las operaciones de paz? Partiendo de que los indicadores señalan, avisan, estiman y aluden a hechos o datos concretos que prueban la existencia de cambios conducentes hacia los resultados e impactos buscados[347], el uso de éstos parece especialmente apropiado en este ámbito, toda vez que, como se señala por parte de la OECD[348], aquello que es cuantificado se hace más visible, adquiriendo más relevancia y prioridad, de forma que la información proporcionada puede ser usada para abogar por los cambios que se evidencien como necesarios, contando con el respaldo de los datos obtenidos. Del mismo modo, los resultados permiten una mejor planificación y actuación futura, al revelar posibles barreras para la consecución de los objetivos teórico-prácticos. Los indicadores también permiten mostrar el compromiso real de los Estados y/o organizaciones con la temática, al revelar las diferencias entre las declaraciones formales y la implementación concreta de acciones. Y, finalmente, pueden ayudar a estimular el cambio, al inspirar el reconocimiento de la importancia de una materia entre los propios participantes en la recolección de la información.

Todo ello adquiere especial relevancia si tenemos en cuenta las implicaciones de carácter político-ideológico que el "género" aún mantiene en nuestras sociedades:

> *"The political nature of gender training raises challenges both at the institutional level, as well as in the class room. One of the greatest challenges at the institutional level is the lack of resources and political will allotted to gender training and the resultant gaps in institutional capacity. [...] the capacity to train peacekeeping troops in general, and with regards to gender in particular, is distributed very unevenly in geographic terms and the strongest training capacities tend not to coincide with the countries that contribute the most troops to UN missions, such as those in South Asia and*

[347] VALDÉS ECHENIQUE, T. (Coord.), *Guía para la transversalización de género en el PNUD Chile*, PNUD Chile, Santiago de Chile, 2006, pág: 195.

[348] OECD, *Gender Indicators: What, Why and How*, BRIDGE, 2007; pág:2. http://www.oecd.org/dac/gender-development/43041409.pdf.

Sub-Saharan Africa. Furthermore, the uneven coverage of pre-deployment gender training is also related to differing status that gender issues have in each troop-contributing country's peacekeeping agenda"[349].

Los indicadores pueden consistir en hechos, números, opiniones o percepciones usados para mostrar los cambios en unas determinadas condiciones o los progresos en la consecución de determinados objetivos[350]. En consecuencia, los indicadores de género miden los cambios o progresos en cuestiones relacionadas con dicha temática y los indicadores sobre un programa de capacitación miden los progresos en la efectividad de dicho adiestramiento.

Los indicadores pueden ser cualitativos o cuantitativos (porcentaje de niños y niñas inscritos en educación primaria en el país X), si bien debe tenerse en cuenta que una combinación de ambas metodologías permite comparar y cruzar datos de forma efectiva: así, una interpretación cualitativa de los datos cuantitativos puede proporcionar análisis más precisos[351]. Por ello, los indicadores que se desarrollen deben ser claros, prácticos, medibles, específicos y relevantes.

En todo caso, para el desarrollo de indicadores sobre programas de adiestramiento integral, debe partirse siempre de cuál es el objetivo de la evaluación, porque:

"The number and type of indicators to be used also depends on the final scope of the policy to be designed: a deep reform of the system (when is underdeveloped and does not respond properly to the requirements), or just an

---

349 LYYTIKÄINEN, M., Op. Cit., pág:15.

350 CANADIAN INTERNATIONAL DEVELOPMENT AGENCY*Guide to Gender-Sensitive Indicators*, CIDA, Canada, 1997; pág: 97.Disponible en:http://www.acdi-cida.gc.ca/INET/IMAGES.NSF/vLUImages/Policy/$file/WID-GUID-E.pdf

351 La Agencia Sueca para el Desarrollo y la Cooperación ha desarrollado una matriz para ayudar a la interpretación cualitativa de datos cuantitativos, así, por ejemplo, la estadística sobre la proporción de hombres y mujeres en el Parlamento se completa a través de datos sobre la correlación entre candidatas y electas y esto a su vez en comparación con la situación de los hombres. SWISS AGENCY FOR DEVELOPMENT AND COOPERATION (SDC), *Gender and Qualitative Interpretation of Data*, Swiss Agency for Development and Cooperation, Bern, 2006, pág.31.Disponible en: http://www.bridge.ids.ac.uk/docs/sdc_qualitativedata.pdf

improvement of the system performance (when is relatively well developed but insufficiently adapted to the changing needs). In both situations, the quality of information and its availability is crucial"[352].

Partiendo de ello, a lo largo del presente estudio, hemos podido observar que no se ha ofrecido por parte de Naciones Unidas ni otras organizaciones implicadas en la materia un documento de referencia que incluya un enfoque integral del adiestramiento especializado sensible al género, ni en relación con su contenido ni en cuanto a cómo se ha de adiestrar, si bien se hace evidente la repercusión que el mismo puede tener en el empoderamiento de la mujer, y por tanto la necesidad de que los operadores de paz tomen conciencia sobre la importancia de la aplicación práctica de su formación y sobre cómo incorporar esos conocimientos al ejercicio de sus funciones sobre el terreno.

No sólo no existen documentos de referencia sobre contenido, desarrollo y aplicación de un adiestramiento integral, sino que, por supuesto, no existen indicadores al respecto de la capacitación que puedan ayudar a medir el impacto real de la misma y los cambios producidos en el empoderamiento de la mujer. Así, como se indicó en el Capítulo 3 del presente texto, la única referencia en esta materia es el indicador número 20 de la lista presentada en el Informe del Secretario General de las Naciones Unidas de 2010 sobre *"la mujer y la paz y la seguridad"*[353], relativo a la rendición de cuentas sobre las horas de capacitación *per cápita* del personal con responsabilidad en adoptar decisiones en instituciones de justicia que atiende casos de violencia sexual y violencia basada en el género, si bien no se establece ningún control en relación con el contenido de dicha capacitación, al tiempo que "no se establecen

---

[352] INTER-AGENCY WORKING GROUP ON TVET INDICATORS, *Proposed Indicators for Assessing Technical and Vocational Education and Training*, Inter-Agency Working Group on TVET Indicators, 2012.Disponible en: http://www.etf.europa.eu/webatt.nsf/0/E112211E42995263C12579EA002EF821/$file/Report%20on%20indicators%20April%202012.pdf

[353] Informe del Secretario General de las Naciones Unidas de 2010 sobre *"la mujer y la paz y la seguridad"*, de 28 de septiembre de 2010. Doc. S/2010/498; págs.:38 a 54.

indicadores en relación con la capacitación del resto de los operadores de justicia que no adoptan decisiones"[354].

Por tanto, parece que el objetivo va más allá de la mejora de los sistemas de capacitación tanto a nivel nacional como internacional, apuntándose la necesidad de realizar una profunda reforma del sistema, en el sentido de que el adiestramiento no se configure en compartimentos estanco y el monitoreo se destine únicamente a la evaluación de programas de "gender training", sino que se trabaje en el desarrollo de programas integrales. Con ese objetivo, concretizado en la medición y análisis de la efectividad de la capacitación, también es importante tener en cuenta los llamados Indicadores genéricos de un adiestramiento inefectivo[355] y que serían, de forma destacada:

1°) Falta de apoyo real al desarrollo de un sistema de adiestramiento/capacitación por parte de los puesto superiores encargados de desarrollarlo, lo cual puede tener una perspectiva financiera u organizacional (el adiestramiento no se considera algo central o relevante, sino periférico). Ya hemos señalado las complejidades políticas que conllevan las cuestiones vinculadas con el género en los diferentes países contribuidores de tropas.

2°) Falta de una conexión clara entre el adiestramiento y los objetivos y programas de la entidad en la que está incardinado, de forma que la capacitación o la asistencia se configuran como un mal necesario, por ejemplo.

3°) Inadecuados o limitados patrones de necesidades de adiestramiento, basados en números (asistentes a los cursos) pero no en si dichos cursos responden a las ne-

---

[354] DE TOMÁS MORALES, S., "El abogado defensor: pieza clave en el sistema de reparación de la mujer víctima del crimen internacional de violación", en CARRETERO GONZÁLEZ, C. Y DE MONTALVO JÄASKELÄINEN, F., *"Retos de la abogacía ante la sociedad global"*, Civitas-Thomson Reuters, Pamplona, 2012; pág.:1558.

[355] KUNDER, L.H., E*mployees' perceptions of the status and effectiveness of the training and development system and of the value of training and development*, Falls Church, VA, 1998, págs.: 2-5. Disponible en:http://scholar.lib.vt.edu/theses/available/etd-32098-161240/unrestricted/COMPLET1.PDF

cesidades de los asistentes y de la organización (o del mandato).

4º) Falta de un apoyo para el desarrollo posterior en el marco práctico de los conocimientos adquiridos, por ejemplo, si los mandos o superiores ignoran o incluso "castigan" las iniciativas de uso de esos conocimientos vinculados a un empoderamiento de la mujer, el operador de paz se refugiará en antiguos patrones de comportamiento, más seguros dentro de la inmovilidad institucional.

5º) Evaluaciones inadecuadas, centradas de forma limitada en cuestiones como si a los asistentes les ha gustado el curso o no, sin análisis de otras dimensiones.

Así, por ejemplo, en el en el Capítulo 5 vimos que los datos procedentes de la evaluación de la capacitación en materia de VIH/SIDA indicaban un alto conocimiento sobre la materia, pero también la falta de correlación entre ese, podríamos denominar, "simple" conocimiento teórico, y los cambios en el comportamiento de riesgo. Ello lleva a las recomendaciones de Naciones Unidas y de los expertos a remarcar visiones más globales, abogando por un adiestramiento y capacitación que permitan integrar los suficientes elementos para impulsar un cambio de actitud, que de este modo estaría basado en algo más que el mero conocimiento del riesgo de contagio. La vinculación género, violencia sexual, derechos humanos y VIH/SIDA es reiterada continuamente, como explicamos en su momento, y se muestra como un claro ejemplo de la necesidad de interrelacionar los diversos módulos de adiestramiento que puedan existir en los programas internacionales y nacionales de capacitación[356], para conseguir una verdadera capa-

---

[356] Por ejemplo, el *Millennium Project Task Forceon Gender and Education* desarrolló un marco en el que se explica por qué razones el género es relevante para conseguir cada uno de los Objetivos del Milenio, y no sólo el vinculado al empoderamiento de la mujer, así, se señala para el Objetivo 6, luchar contra el SIDA y otras enfermedades: *Greater economic independence for women, increased ability to negotiate safe sex, and more awareness of challenges around traditional norms in sexual relations are essential for preventing the spread of HIV/AIDS and otherepidemics.* GROWN, C., RAO GUPTA, G. y KES, A., *Taking Action: Achieving Gender Equality and Empowering Women,* UN Millen-

citación/adiestramiento efectivos en el objetivo de la consecución del mandato y del empoderamiento de la mujer.

Por ello reiteramos que establecer compartimentos estanco, que sean percibidos como meras "cuestiones de mujeres", o como peajes necesarios a pagar para poder desplegar en operaciones, pero que no estén diseñados para desarrollar una sensibilización y empatía destinada a comprender, asimilar y desear ser parte del proceso de empoderamiento de la mujer, podría resultar no sólo ineficaz sino contraproducente.

4. PROPONIENDO INDICADORES

Estas reflexiones presentadas en las líneas precedentes nos llevan a proponer una serie de indicadores destinados a la medición de la existencia y efectividad de un adiestramiento integral de los operadores de paz en el empoderamiento de la mujer en las zonas de intervención, a fin de conseguir una visibilidad del asunto y, al tiempo, proporcionar elementos de análisis para la acción, para la consecución de programas coherentes y efectivos que lleven a una reforma en profundidad, teniendo especialmente en cuenta que:

> *"A nivel de programas y proyectos, los indicadores de género tienen la función de señalar en qué medida y de qué manera se han logrado los objetivos y resultados previstos en materia de equidad de género en los programas y proyectos"*[357].

De este modo, se ha optado por dividir los indicadores propuestos relativos a la capacitación en cuatro niveles principales, el primero de ellos referido a la fase pre-despliegue, el segundo a la fase sobre el terreno, el tercero a la fase de repliegue y el cuarto a la población local.

A su vez, cada nivel está orientado a abarcar diversas perspectivas. Así, con carácter general, los indicadores englobados en la

nium Project Task Force on Education and Gender Equality, London and Sterling, VA, Earthscan, 2005; pág: 31.

[357] VALDÉS ECHENIQUE, T., Op. Cit., pág: 198

fase pre-despliegue están destinados a obtener información tanto cuantitativa como cualitativa sobre la planificación/estrategia de capacitación concreta objeto de evaluación. El segundo nivel persigue los mismos objetivos, pero en relación con la capacitación primaria/secundaria planeada y ejecutada sobre el terreno. El tercer nivel engloba indicadores destinados a obtener información fundamentalmente cualitativa sobre las vinculaciones entre el adiestramiento recibido y la efectividad del mismo desde el punto de vista de los propios operadores de paz. Por último, el cuarto nivel engloba indicadores que persiguen la obtención de información en relación con el impacto del adiestramiento en la situación regional/local tras la intervención de los operadores de paz.

Este último nivel presenta especial dificultad ya que las modificaciones producidas en las zonas de despliegue pueden responder a una multiplicidad de factores no vinculados exclusivamente al adiestramiento recibido por los operadores, si bien, la combinación de estos indicadores, con aquellos referidos a la fase de repliegue, pueden proporcionar información valiosa al respecto.

4.1. Indicadores propuestos para la fase pre-despliegue

Como comentábamos, estos indicadores se centran en el propio sistema de capacitación, con un objetivo prioritario de obtención de datos de existencia y tipo de adiestramiento:

- Número de módulos/sistemas de capacitación específica respecto al género, la violencia sexual y la protección de la población civil contenidos en el Programa de adiestramiento para la Misión X (o el Programa general de adiestramiento).
- Número de módulos/sistemas de adiestramiento específico en las normas oportunas de DIH ligadas a las cuestiones de género, desde la perspectiva de la mujer.
- Número de módulos/sistemas de capacitación no específicos que incorporan referencias a dichas cuestiones.
- Obligatoriedad de estos Módulos y su correlación con el resto de los Módulos del Programa.

- Número de Módulos efectivamente impartidos en las diversas fases de la Operación (despliegue de sucesivos contingentes, en caso de que se produzca).
- Duración de los Módulos específicos en relación con el total de duración del programa de adiestramiento y del resto de los Módulos.
- Número y porcentaje sobre el total de personal civil, militar, y de otras fuerzas y cuerpos uniformados y de seguridad, disgregado por sexos, y por categoría de mando, que ha asistido a los módulos de capacitación específica.
- Tipo de contenido concreto de los Módulos específicos, con porcentaje de material teórico y práctico utilizado. La evaluación del contenido consistirá en analizar si se incorporan contenidos y materiales como las diferencias culturales en los roles de género, o las diferencias en roles, responsabilidades, inseguridades y vulnerabilidades entre hombres, mujeres, niños y niñas en situaciones de conflicto y postconflicto, si se habla de la igualdad de género en el marco de la propia organización, etc.
- Tipo de impartición: asistencial/a distancia/on-line/mixto.
- Fecha de edición/fecha de realización/fecha de suceso de los materiales/experiencias empleados.
- Número de expertos participantes en la impartición de los Módulos, e incorporación de éstos a Módulos no específicos para abordajes transversales.
- Diferencias, en caso de que existan, en el contenido de los programas destinados a civiles/militares/policía.
- Grado de homogenización de los Programas en relación con el origen nacional/regional de los miembros del contingente y de los lugares de despliegue.
- Formación de asesores de género: Número de cursos, obligatoriedad del despliegue de estos asesores, número de asistentes.

Como puede observarse, los indicadores propuestos para este nivel son en su mayoría de carácter cuantitativo, de forma que, como señalábamos, el objetivo prioritario es obtener datos objetivos sobre la existencia o no de un adiestramiento integral y la configuración del mismo, tanto en su contenido propio como en la posibilidad de existencia de diversas clases de programas en función de los destinatarios. En esta fase, no se mide la efectividad de los programas, sino que esa información provendrá de la puesta en relación de estos indicadores con los del resto de los niveles indicados. De esta forma, hablamos, con carácter general de indicadores "lista de verificación", que comprueban si existen o no y qué configuración concreta presentan, los programas y si se produce o no, y en qué porcentajes, la recepción. Así, lo que puede llevarse a cabo es la monitorización del avance en la creación, diseño, contenido y asistencia a los programas de capacitación integral, con análisis de grados de homogenización.

4.2. Indicadores propuestos para la fase sobre el terreno

En este nivel, los indicadores están destinados a obtener información sobre los programas de capacitación que se han planificado/ejecutado sobre el terreno:

- Existencia y número de programas de capacitación integral a impartir sobre el terreno.
- Vinculación/grado de complementariedad con los programas de la fase pre-despliegue.
- Obligatoriedad de asistencia a los Módulos.
- Número y porcentaje sobre el total de personal civil, militar, y de otras fuerzas y cuerpos uniformados y de seguridad, disgregado por sexos, que ha asistido a los Módulos de capacitación específica.
- Número y porcentaje del personal desplegado que puede entrar en contacto con la población local y que ha recibido formación específica.
- Tipo de contenido, bajo las mismas premisas que lo señalado en el ámbito pre-despliegue, con especial medición de la adecuación al contexto cultural concreto de la misión y al mandato[358].

---

[358] "Tener en cuenta que el género está estrechamente ligado a lo cultural constituye una herramienta muy útil y oportuna que incidirá en el manejo del riesgo y

- Uso de experiencias/material/personal local en la impartición[359].
- Número de asesores de género presentes sobre el terreno y capacidad de acceso al Jefe del Contingente.
- Relación entre el número de programas/horas de capacitación proporcionada y el número de asesores presentes.

Como vemos, en este nivel los indicadores responden en general a los mismos objetivos y características que en el nivel anterior, de forma que se orientan a la verificación de existencia, diseño, contenido y asistencia a los Módulos de capacitación, si bien incrementando la necesidad de obtener información sobre la conexión entre el adiestramiento y la situación socio-cultural del terreno, ya que:

> *"[...] in pre-deployment training the material should be broad and generic, incorporating a wealth of different examples. For in-mission training, it will be important to contextualize and offer local examples whose relevance the peacekeeper will immediately be able to test"*[360].

4.3. Indicadores propuestos para la fase de repliegue

En este nivel, el adiestramiento ya ha sido impartido y ha tenido una determinada repercusión en el trabajo desarrollados sobre el terreno, por lo que los indicadores se centran no en el diseño de los programas sino en la efectividad de los mismos:

- Percepción de la utilidad del adiestramiento recibido, disgregado por sexo, tipo de personal (civil/militar/otras

---

el cálculo del esfuerzo operacional". TALAMONI, A.F., "Alcanzar un entrenamiento eficaz en operaciones de paz bajo mandatos complejos. Desafíos de género", en VÁRNAGY, T. (Compilador), *Operaciones de Paz de Naciones Unidas*, Ed. Escuela de DefensaNacional, Buenos Aires, 2011;pág: 77.

[359] "When local representatives were included as part of a resource group during the training in the UN missions in Ethiopia and Eritrea, Sierra Leone and the Democratic Republic of Congo (DRC) the results were fantastic because the'peacekept' were able to provide context and translate 'gender' in that society for the peacekeepers". LYYTIKÄINEN, M.,Op. Cit., pág: 12.

[360] Mackay, A.,"Training the uniforms: gender and peacekeeping operations", *Development in Practice*, Vol.13.2&3, 2003.

fuerzas y cuerpos uniformados y de seguridad/mando/tropa) módulos y tipo de programa (pre-despliegue, sobre el terreno).

- Lagunas detectadas en el adiestramiento recibido en relación con la situación práctica, disgregado por sexo, tipo de personal (civil/militar/otras fuerzas y cuerpos uniformados y de seguridad/mando/tropa) módulos y tipo de programa (pre-despliegue, sobre el terreno).
- Grado de comprensión del contenido de los programas específicos, disgregado por sexo, tipo de personal (civil/militar/otras fuerzas y cuerpos uniformados y de seguridad/mando/tropa) módulos y tipo de programa (pre-despliegue, sobre el terreno).
- Percepción personal de modificaciones en la empatía y sensibilización respecto a las cuestiones vinculadas al género (violencia, situación económica y política de la mujer, salud, etc.), disgregado por sexo, tipo de personal (civil/militar/otras fuerzas y cuerpos uniformados y de seguridad/mando/tropa) módulos y tipo de programa (pre-despliegue, sobre el terreno).
- Percepción del impacto del contingente sobre la situación de la mujer en la zona, disgregado por sexo, tipo de personal (civil/militar/otras fuerzas y cuerpos uniformados y de seguridad/mando/tropa) módulos y tipo de programa (pre-despliegue, sobre el terreno).
- Número de iniciativas/programas concretos desarrollados en zona de operaciones y destinado a la mejora de las condiciones de la mujer en diversos ámbitos.
- Número y porcentaje de informes de final de misión que incluyen información sobre contactos y actividades con mujeres de la zona.

Así, vemos que pasamos a tener una presencia especialmente relevante de indicadores de carácter cualitativo, que precisan de un profundo esfuerzo en la recolección de datos, y que pueden resultar altamente útiles para medir la eficacia del adiestramiento existente, evaluando los sistemas, y, en consecuencia, ayudar al desarrollo de estrategias de mejora de los programas de capacitación y a la toma de decisiones a este respecto.

4.4. Indicadores propuestos para el personal local afectado

Finalmente, este nivel proporciona el *feed-back* necesario sobre el impacto percibido en relación con la presencia de los operadores sobre el terreno, información que debe ponerse en relación con los datos anteriores:

- Número de casos informados e investigados sobre violencia sexual/discriminación.
- Percepción sobre el trato recibido por parte del personal de la misión.
- Percepción del impacto del contingente sobre la situación/empoderamiento de las mujeres en la zona, en relación con educación/salud/acceso a recursos/violencia.

Debemos tener en cuenta que en este nivel, el empleo de indicadores ya existentes destinados a medir los cambios efectivos producidos en el empoderamiento de la mujer, es decir, indicadores de género cuantitativos y cualitativos de nivel local también pueden resultar muy útiles, para llevar a cabo una correlación eficiente entre la configuración del contingente en relación con el adiestramiento recibido por los miembros del mismo y dichos cambios observados. Para ello, resulta obvio, es necesario realizar un trabajo conjunto de comparación de datos proporcionados por los indicadores específicos desarrollados para la medición de cuestiones concretas relativas a los programas de capacitación y aquellos indicadores de género pre-existentes sobre la región/país y aplicados desde diversas organizaciones.

5. CONCLUSIONES

La complejidad de la realidad a la que nos enfrentamos en materia de operaciones de paz, con multiplicidad de sujetos, de contextos, de factores y de objetivos conlleva enormes dificultades a la hora de realizar análisis destinados a la mejora de las intervenciones en el terreno y al incremento de la efectividad de las propias operaciones desde todos los ángulos.

Si asumimos que el empoderamiento de la mujer en las zonas de conflicto y postconflicto debe aparecer unido a cualquier objetivo estratégico y operacional concreto, ya que dicho empoderamiento siempre redundará en beneficio de la situación económica, política, sanitaria y cultural de una determinada zona, entonces una capacitación útil y efectiva de los operadores intervinientes se configura como un componente imprescindible en cualquier tipo de programa o iniciativa que pueda derivar en la presencia sobre el terreno de ese personal. Es decir, deben existir programas de adiestramiento y capacitación de los operadores de paz y deben estar diseñados con el objetivo de lograr un incremento del conocimiento teórico y un desarrollo de la sensibilización y empatía, todo ello destinado a comprender, asimilar y desear ser parte del proceso de empoderamiento de la mujer. Pero, yendo incluso más allá, y a pesar de no haber sido objeto del presente texto, un verdadero adiestramiento integral no debería comenzar únicamente en la fase pre-despliegue de una determinada misión, sino que debería estar clara y eficazmente incorporado en las academias militares y de otras fuerzas y cuerpos uniformados y de seguridad, y en todos aquellos programas de formación destinados a civiles potencialmente participantes en operaciones de paz.

En todo caso, en el presente Capítulo hemos visto que las evaluaciones realizadas hasta el momento sobre los programas de adiestramiento de las Naciones Unidas se revelan como insuficientes, si bien muestran datos a tener en cuenta en posteriores desarrollos, principalmente la necesidad de que lo transmitido sea útil en zona de operaciones, proporcionándose materiales y contextos eficaces para la aplicación práctica de los conocimientos teóricos.

Hemos puesto de manifiesto la importancia y utilidad de desarrollar indicadores específicos destinados a señalar, estimar y medir la existencia, diseño, desarrollo, impacto y eficacia de un programa de adiestramiento, con el objetivo final de que la información recolectada y su análisis pormenorizado pueda llevar a un incremento de la visibilidad del problema y a las reformas integrales necesarias de los programas de capacitación/adiestramiento de operadores civiles y militares, que lleven a un verdadero empoderamiento de la mujer, configurado a su vez como un resultado del despliegue indisolublemente unido a cualquier otro objetivo de la misión de paz, siempre teniendo en cuenta como punto especialmente destacado:

> *"[...] how to introduce the concept of gender and how to teach gender analysis in a non-confrontational as well as a practice-oriented way. One goal of gender training is to highlight, and to some extent challenge, prevailing gender relations and norms, and not just discuss women as a homogeneous "vulnerable group". This may involve problematizing dominant constructions of masculinity, which the military and police often draw on, and trainers have to find innovative ways toavoid causing a sense of accusation and encourage participants to consider new ways of seeing the world"*[361].

6. BIBLIOGRAFÍA

Libros

GROWN, C., RAO GUPTA, G., KES, A., *Taking Action: Achieving Gender Equality and Empowering Women,* UN Millennium Project Task Force on Education and Gender Equality, London and Sterling, VA, Earthscan, 2005.

VALDÉS ECHENIQUE, T. (Coord.), *Guía para la transversalización de género en el PNUD Chile,* PNUD Chile, Santiago de Chile, 2006.

Capítulos de Libros

DE TOMÁS MORALES, S., "El abogado defensor: pieza clave en el sistema de reparación de la mujer víctima del crimen internacional de violación", en CARRETERO GONZÁLEZ, C. Y DE MONTALVO JÄÄSKELÄINEN, F., *"Retos de la abogacía ante la sociedad global",* Civitas-Thomson Reuters, Pamplona, 2012.

---

[361] LYYTIKÄINEN, M.,Op. Cit., pág: 16.

TALAMONI, A.F., "Alcanzar un entrenamiento eficaz en operaciones de paz bajo mandatos complejos. Desafíos de género", en VÁRNAGY, T. (Compilador), *Operaciones de Paz de Naciones Unidas,* Ed. Escuela de DefensaNacional, Buenos Aires, 2011.

Recursos Web

CANADIAN INTERNATIONAL DEVELOPMENT AGENCY,*Guide to Gender-Sensitive Indicators,* CIDA, Canada, 1997. Disponible en: http://www.acdi-cida.gc.ca/INET/IMAGES.NSF/vLUImages/Policy/$file/WID-GUID-E.pdf.

DAHRENDORF, N., *Sexual Exploitation and Abuse: Lessons Learned Study. Addressing Sexual Exploitation and Abuse in MONUC,* 2006.Disponible en:

http://www.peacekeepingbestpractices.unlb.org/pbps/Library/OASEA%20LL%20Paper%20Final%20Version%20WITHOUT%20Ref%20to%20Annexes.pdf.

INTER-AGENCY WORKING GROUP ON TVET INDICATORS,*Proposed Indicators for Assessing Technical and Vocational Education and Training,* Inter-Agency Working Group on TVET Indicators, 2012.Disponible en:http://www.etf.europa.eu/webatt.nsf/0/E112211E42995263C12579EA002EF821/$file/Report%20on%20indicators%20April%202012.pdf.

ITS/DPET, *Report on the Strategic Peacekeeping Training Needs Assessment,* United Nations-ITS/DPTE,2008. Disponible en:

http://www.peacekeepingbestpractices.unlb.org/pbps/Library/Strategic_Training_Needs_Assessment_-_Report[1].pdf.

ITS/DPKO/DFS, *Training: A Strategic Investment in UN Peacekeeping: Global Peacekeeping Training Needs Assessment, Final Report –2012-2013,* United Nations– ITS/DPKO/DFS, 2013. Disponible en http://www.peacekeepingbestpractices.unlb.org/PBPS/Pages/Public/viewdocument.aspx?id=2&docid=1355.

KRASNO, J.,*Public Opinion Survey of UNMIL's Work in Liberia,* 2006. Disponible en: http://www.peacekeepingbestpractices.unlb.org/pbps/Pages/PUBLIC/ViewDocument.aspx?docid=749&cat=9&scat=54&menukey=_5_1

KRASNO, J., *Public Opinion Survey of ONUB's Work in Burundi, 2006.* Disponible en: http://www.peacekeepingbestpractices.unlb.org/pbps/Pages/PUBLIC/ViewDocument.aspx?docid=795&cat=8&scat=61&menukey=_5_1

KRASNO, J., *Public Opinion Survey of UNAMSIL´s Work in Sierra Leone.* Disponible en: http://www.peacekeepingbestpractices.unlb.org/pbps/Pages/PUBLIC/ViewDocument.aspx?docid=795&cat=8&scat=61&menukey=_5_1

KUNDER, L.H., E*mployees' perceptions of the status and effectiveness of the training and development system and of the value of training and development*, Falls Church, VA, 1998.Disponible en: http://scholar.lib.vt.edu/theses/available/etd-32098-161240/unrestricted/COMPLET1.PDF

LYYTIKÄINEN, M., *Gender training for Peacekeepers: preliminary overview of United Nations peace support Operations*, INSTRAW, Gender, Peace and Security, Working Paper, 4, 200. Disponible en http://www.peacewomen.org/assets/file/Resources/UN/uninstraw_gendertrainingpk_2007.pdf

NATO, *How can gender make a difference to security in operations –indicators–*, NATO, 2011. Disponible en: http://www.nato.int/cps/en/natolive/topics_50327.htm

NATO, *Template for Pre-Deployment Gender Training*, NATO, 2010. Disponible en: http://www.nato.int/cps/en/natolive/topics_50327.htm

OECD, *Gender Indicators: What, Why and How*, BRIDGE, 2007. Disponible en http://www.oecd.org/dac/gender-development/43041409.pdf.

SWISS AGENCY FOR DEVELOPMENT AND COOPERATION (SDC), *Gender and Qualitative Interpretation of Data*, Swiss Agency for Development and Cooperation, Bern, 2006.Disponible en: http://www.bridge.ids.ac.uk/docs/sdc_qualitativedata.pdf.

Otras fuentes

A) OTAN

Directive Bi-SC 40-01, Implementing UNSCR Resolution 1325 and gender perspectives in the NATO command structures.

The Review of the Practical Implications of UNSCR 1325 for the Conduct of NATO-led Operations and Missions: The Way Ahead.Doc. PO(2013)0426.

B) Unión Europea

Implementation of UNSCR 1325 in the context of ESDP. Doc.15782/3/08. REV 3

Indicators for the Comprehensive approach to the EU implementation of the United Nations Security Council Resolutions 1325 and 1820 on women, peace and security.Doc.11948/10.

C) Naciones Unidas

Informe del Secretario General de las Naciones Unidas sobre *"la mujer y la paz y la seguridad"*. 28 de septiembre de 2010. Doc. S/2010/498.

Resolución de la Asamblea General, Examen amplio de toda la cuestión de las operaciones de mantenimiento de la paz en todos sus aspectos. Doc. A/RES/49/37.

Report of the Special Committee on Peacekeeping Operations and its Working Group, 2007.Doc.A/61/19 Rev.1.

Report of the Secretary-General on the progress of training in peacekeeping.Doc.A/65/644.

CAPÍTULO 7
REFLEXIONES FINALES

Susana De Tomás Morales

A lo largo de la presente obra se ha abordado la necesidad de ofrecer un adiestramiento sensible al género desde un enfoque integral que tenga como centro de atención a la mujer. A través de la primera parte del libro, se han atendido a cuestiones relativas al género y a las Operaciones de Paz, desde un enfoque politológico, lo que nos ha permitido situarnos en el contexto en el que se ha de ofrecer el referido adiestramiento. De esta manera, el adiestramiento ha de ser atendido desde la conceptualización, explicación teórica y determinación del contenido de las Operaciones de Paz, lo que, de por sí, constituye un notable desafío como consecuencia, entre otros motivos, de los cambios en el contexto en que deben desarrollarse tales operaciones.

Por otra parte, el atender a la base teórica sobre género sirve para sustentar una base práctica que ha inspirado la acción de los Estados y de las organizaciones internacionales en seguridad internacional. Tanto las Naciones Unidas, como la OTAN o la Unión Europea han asumido los principales postulados de género en lo que a las doctrinas de seguridad se refiere. Por ello, en el capítulo segundo se ha podido concluir que la perspectiva de género se presenta como uno de los aspectos más relevantes para el futuro de la seguridad en general. Si bien, como se ha indicado en el capítulo primero, las Operaciones de Mantenimiento de la Paz se encuentran en un proceso de transformación para adaptarse al nuevo entorno internacional, en dicho proceso deberá incluirse la perspectiva de género.

En la segunda parte del libro, se ha realizado un análisis pormenorizado sobre qué cuestiones deberían ser incluidas dentro de un adiestramiento especializado como el que nos ocupa, así como sobre cómo debería ser ofrecido. Este adiestramiento ha de ofrecerse desde un enfoque integral que permita empoderar a la mujer, eliminando la brecha existente entre el reconocimiento de *iure* y de *facto* del principio de igualdad entre hombres y mujeres. En este sentido, debería atenderse a qué funciones ha de desempeñar el personal civil y militar en la Zona de Operaciones para lo que resulta necesario reflexionar sobre el contenido de los mandatos y el adiestramiento ofrecido. Ante ello se debería cuestionar si los mandatos se están dotando de objetivos de género.

Por otra parte, resulta imprescindible atender a la necesaria coherencia entre la formación y adiestramiento del personal civil y militar que desarrolle sus funciones en una misma Zona de Operaciones.

Un cuestión destacable del capítulo tercero es la progresiva evidencia de la necesidad de desarrollar un adiestramiento integral que permita al personal civil y militar capacitado ser, a su vez, formadores de la población civil y de las Fuerzas Armadas y cuerpos de seguridad de los Estados donde se desarrolla una Operación de Paz sobre el terreno. En este sentido, se muestra la exigencia de que dicha capacitación cumpla una destacada función sensibilizadora y consiga la receptividad de quienes lo reciben, traspasando la mera transmisión de conocimientos teóricos y permitiendo una asunción práctica de comportamientos y estrategias aplicables en contextos de emergencia y conflicto concretos y a los mandatos particulares de cada misión. Esto nos permite reflexionar sobre si la ausencia o ineficacia de la capacitación, adiestramiento, y formación ofrecidos puede llegar a suponer la exigencia de la responsabilidad del Mando, llevándonos a concluir que se puede exigir responsabilidad del Mando por omisión en ambos casos, ausencia e ineficacia, en especial, si nos encontramos enmarcados en la llamada obligación de prevención.

En todo caso, se hace manifiesto que un adiestramiento sensible al género ha de incluir una sólida formación en las normas del Derecho Internacional Humanitario. Del mismo modo, se ha detectado también la necesidad de incorporar en dicho adiestramiento integral, la capacitación en VIH/SIDA, debido fundamentalmente a la evolución de la pandemia y a las evidencias sobre la desconexión entre conocimiento teórico de la misma y comportamientos preventivos, especialmente en contextos de conflicto, postconflicto y emergencias.

En relación con la primera cuestión, esto es, con la capacitación en materia de Derecho Internacional Humanitario, el adiestramiento sensible al género se hace necesario tanto en relación con el empoderamiento de la población civil, en general, como de la mujer, en particular. Así, el hecho objetivo del incremento de la participación de la mujer, tanto en las hostilidades como en los contingentes que participan en Operaciones de Mantenimiento de la Paz, hace cada vez más ineludible una especial sensibilización en materia de género que tenga como centro de atención a la mujer. En esta labor sensibilizadora juega un importante papel la presencia de los asesores de género que aporten una visión integral en esta materia al planeamiento y ejecución de las operaciones. Ese adiestramiento y sensibilización, como se indica en el capítulo cuarto, se presentan como elementos imprescindibles en una correcta y efectiva aplicación del Derecho Internacional Humanitario que permita erradicar las violaciones más graves de sus obligaciones.

Paralelamente, como ha quedado recogido de forma pormenorizada en el capítulo quinto, la importancia del adiestramiento en materia de VIH/SIDA también se presenta como una temática prioritaria en el ámbito de las Operaciones de Mantenimiento de la Paz, destacando la progresiva conexión entre género y VIH/SIDA, tanto en el ámbito del adiestramiento y capacitación, como en el de la ejecución de programas específicos y de evaluación de situaciones. La interconexión entre ambas dimensiones no se revela únicamente como prioritaria en el ámbito de la mujer como sujeto pasivo y víctima, sino que también debe tenerse en cuenta la faceta de sujeto activo de las mujeres en sus propios procesos de empoderamiento, debido, entre otros factores, a que cuestiones como el control de la propia sexualidad se configura como un pilar de dicho empoderamiento.

Al mismo tiempo, cabe destacar que sería deseable la consecución de un mayor grado de coordinación entre las prácticas nacionales, regionales y de Naciones Unidas en las cuestiones relativas al adiestramiento en materia de VIH/SIDA, con el objetivo de configurar un estándar universal aplicable a todos los Estados que envían contingentes civiles y militares a las Zonas de operaciones. Ello podría incrementar la eficacia de los programas de capacitación, logrando una mayor incidencia en la modificación de los comportamientos de riesgos, y sus ineludibles vinculaciones con la violencia sexual y el género, superando la ya citada mera transmisión de conocimientos teóricos sobre la enfermedad.

Finalmente, en esta tercera parte, se ofrecen, a modo de conclusión, unas reflexiones de orden práctico sobre evaluación, monitoreo y establecimiento de indicadores de la voluntad de los Estados sobre cómo se está ofreciendo una capacitación/adiestramiento sensible al género. Se parte de un análisis sobre los principales mecanismos de evaluación e indicadores en estas materias empleados en Naciones Unidas y otras organizaciones internacionales; dicho análisis permite evidenciar la necesidad de desarrollar una serie de indicadores más específicos que, combinando los métodos cuantitativo y cualitativo, puedan mostrar la existencia y eficacia de programas de adiestramiento integral sensible al género en el marco de las operaciones de paz, a fin de conseguir una mejora completa del sistema de capacitación de las misiones, que redunde en un incremento de la formación teórica y la sensibilización práctica de los operadores de paz en materia de género y empoderamiento.

BIBLIOGRAFÍA

Libros

AIDS SECURITY AND CONFLICT INITIATIVE, *Security and Conflict: New Realities, New Responses*, Social Science Research Council (SSRC) and the Netherlands, Institute of International Relations, AIDS Security and Conflict Initiative, New York, 2011.

BARNETT A, WHITESIDE A., *AIDS in the Twenty-First Century: Disease and Globalization*, Palgrave, Macmillan, New York, 2002.

BELLAMY, A., Y WILLIAMS, P.D., *Understanding Peacekeeping*, Polity Press, Cambridge, 2010.

BUTLER, J., *Bodies that Matter: On the Discursive Limits of Sex*, Routledge, London, 1991.

BUTLER, J., *Gender Trouble: Feminism and the Subversion of Identity*, Routledge, London, 1993.

BUZAN, B., AND HANSEN, L., *The Evolution of International Security Studies*, Cambridge University Press, Cambridge, 2009.

CASTLE, F., LEIBFRIED, S., LEWIS, J., OBINGER H., AND PIERSON, C., *The Oxford Handbook of Welfare State*, Oxford University Press, Oxford, 2010.

CENTRE FOR THE DEMOCRATIC CONTROL OF ARMED FORCES, *Ten years of Resolution 1325: Accomplishments, gaps, lessons learned and the way forward. Summary of seminar proceedings. Women, peace and security: from resolution to action. Ten years of Security Council Resolution 1325*. Compilation of presentations made at the ninth joint seminar of the United Nations Office at Geneva (UNOG), and the Geneva Centre for the Democratic Control of Armed Forces (DCAF) held on 15 September 2010, Centre for the Democratic Control of Armed Forces (DCAF), Geneva, 2010.

CORRÊA, S., CORNWALL, A., JOLLY, S., (Eds.), *Development with a Body: Sexuality, Human Rights and Development*, Zedbooks, London, 2008.

COTT, N., *The Grounding of Modern Feminism*, Yale University Press, New Haven, 1987.

CUNCLIFFE, P., BIKERTON, C., Y GOUREVITCH, A. (Eds.), *Politics without Sovereingty: A critique of Contemporary International Relations*, University College London Press, New York, 2007.

DE TOMÁS MORALES, S., *La mujer y las Operaciones de Mantenimiento de la Paz*, Dykinson, Madrid, 2010.

DURCH, W. (Ed.), *Twenty First Century Peace Operations*, United States Institute of Peace, Washington, 2006.

FRIEDAN, B., *The Femenine Mistique*, W.W. Norton and Co, New York, 1963.

GROOTHEDDE, S., *Gender Makes Sense. A way to improve your mission*, Civil-Military Cooperation Center for Excellence (CCOE), The Netherlands, 2013.

GROWN, C., RAO GUPTA, G., KES, A., *Taking Action: Achieving Gender Equality and Empowering Women*, UN Millennium Project Task Force on Education and Gender Equality, London and Sterling, VA, Earthscan, 2005.

HENCKAERTS, J.M.; DOSWALD-BECK, L. Contribuciones: ALVERMANN, C.; DORMANN, K.; ROLLE, B. CICR. Centro de Apoyo en Comunicación para América Latina y el Caribe. Buenos Aires, 2007.

HUMM, M., *Feminism criticism: Women as contemporary critics*, The Harvester press, Sussex, 1986.

KINGMAN, S.J., & YEAGER, R.D., *Military personnel: On the move and vulnerable to HIV/AIDS and other infectious diseases*, Switzerland, CMA, 2005.

KNIGHT, L., *UNAIDS, The first ten years, 1996-2007*, UNAIDS, Geneva, 2008.

KOLAWOLE, M.M., *Womanism and African consciousness*, African world press, Treton, 1997.

MOON, K., *Sex Among Allies: Prostitution in US Korea Relations*, Columbia University Press, New York, 1997.

NEWMAN, E., *A Crisis of Global Institutions?*, Routledge, Abingdom, 2007.

OSCE, *Handbook for National Human Rights Institutions on Women's Rights and Gender Equality*, OSCE/ODHIR, Warsaw, 2012.

PARIS, R., *At War's End: Building Peace After Civil Conflict*, Cambridge University Press, Cambridge, 2004.

PARIS, R., *At War's End: Building Peace After Civil Conflict*, Cambridge University Press, Cambridge, 2004.

RITTBERGER, V., Y ZANGL, B., *International Organization*, Palgrave McMillan, Basingstoke, 2006.

SMITH, S., BOOTH, K., ZALEWSKY, M., *International Theory: Positivism and Beyond,* Cambridge University Press, Cambridge, 1996.

SNYDER, C.A. (Ed.), *Contemporary Security and Strategy*, Palgrave Macmillan, Londres, 2008.

SWEETMAN, C., Gender, *Peacebuilding and Reconstruction*, Oxfam, Oxford, 2005.

TICKNER, A.J, *Gender in International Relations: Feminist Perspectives on Achieving International Security*, Columbia University Press, New York, 1991.

TICKNER, A.J., *Gendering World Politics: Issues and Approaches in the Post-Cold War Era*, Columbia University Press, New York, 2001.

VALDÉS ECHENIQUE, T. (Coord.), *Guía para la transversalización de género en el PNUD Chile*, PNUD Chile, Santiago de Chile, 2006.

VVAA., *SCR 1325 and the Peacebuilding Commision. Security Council Resolution 1325 on Women, Peace and Security-Six years on Report,* United Nations, New York, 2006.

WIHARTA, S., MELVIN, N. Y AVEZOV, X., *The New Geopolitics of Peace Operations: Mapping the Emerging Landscape*, SIPRI, Estocolmo, 2012.

Capítulos de libros

DE TOMÁS MORALES, S. El abogado defensor: pieza clave en el sistema de reparación de la mujer víctima del crimen internacional de violación, en CARRETERO GONZÁLEZ, C. Y DE MONTALVO JÄASKELÄINEN, F., *"Retos de la abogacía ante la sociedad global"*, Civitas-Thomson Reuters, Pamplona, 2012; pp.1551-1560.

DE TOMÁS MORALES, S., El empoderamiento de la mujer en situaciones de conflicto armado, en BRITO, W. Y PUEYO LOSA, J. (Dir), *Conflictos Armados, Gestâo Pós-Conflictual e Reconstruçâo. Conflictos Armados, Gestión Posconflicto y Reconstrucción,* Actas del I Encuentro Luso-Español de Profesores de Derecho Internacional Público y Relaciones Internacionales, Braga 18-19 de febrero de 2011; SCIENTIA IVRIDICA-Andavira Editora, Santiago de Compostela, 2011; pp.139-156.

DIEZ PERALTA, E. "Los crímenes de género ante la Corte Penal Internacional", en REQUENA, M. (Coord.), *Seguridad y conflictos: una perspectiva multidisciplinar*, Instituto Universitario Gutiérrez Mellado, Madrid, 2012; pp.15 a 40.

GIL RUIZ, J.I., "Mujer, OTAN y Unión Europea", en AA.VV, *Cuadernos de Estrategia*, nº 157: *El papel de la mujer y el género en los conflictos,* Ministerio de Defensa, Madrid, 2012; pp.89-137.

KINSELLA, H., "Securing the Civilian: Sex and Gender in the Laws of War" en BARNETT M., AND DUVALL, R., (Eds) *Power in Global Governance*, Cambridge University Press, Cambridge, 2005.

OJINAGA RUIZ, R., "La protección de la mujer en el Derecho Internacional Humanitario", en RODRÍGUEZ-VILLASANTE Y PRIETO, J.L. (Coord.), *Derecho Internacional Humanitario*, 2ª Edición, Tirant lo Blanch, Valencia, 2007; pp.583-614.

PUECHGUIRBAL, N., "Involving women in peace processes: Lessons from four African countries", en KARAMÉ, K., (Ed) *Gender and Peacebuilding in Africa*, NUPI, Oslo, 2004.

SANZ CABALLERO, S., "Mujer, violencia y seropositividad: La vulnerabilidad en estado puro. Estudio de la interrelación entre la violencia contra la mujer y el VIH/SIDA desde la perspectiva de las Naciones Unidas", en FERRER LLORET, J. Y SANZ CABALLERO, S., *La protección de personas y grupos vulnerables. Especial referencia al Derecho Internacional y Europeo*, Tirant lo Blanch, monografías, nº 526, Valencia, 2008; pp.15-30.

SMITH, D., "Las mujeres, la guerra y la paz", en BREINES, I; GIERYCZ, D. Y REARDON, B., *Mujeres a favor de la paz. Hacia un programa de acción.* UNESCO, París, 2002; pp.77-102.

TALAMONI, A.F., "Alcanzar un entrenamiento eficaz en operaciones de paz bajo mandatos complejos. Desafíos de género", en VÁRNAGY, T. (Compilador), *Operaciones de Paz de Naciones Unidas*, Ed. Escuela de Defensa Nacional, Buenos Aires, 2011; pp.68-87.

ZUCKERMAN, E AND GREENBERG, M., "The gender Dimension of post conflict reconstruction: an analytical framework for policy makers", en SWEETMAN, C., *Gender, Peacebuilding and Reconstruction*, Oxfam, Oxford, 2005.

Artículos en revistas

ALLISON, M., "Women as Agents of Political Violence. Gendering Security" en *Security Dialogue*, 35.

ANDERSSON, A., "Democracies and UN Peacekeeping Operations" en *International Peacekeeping*, nº 7, Vol. 2, 2000; pp: 1-22.

BANTEKAS, I., "The contemporary Law of superior responsibility", en *American Journal of International Law;* Vol.I, 93, nº2, 1999; pp. 573-595.

BELLAMY A. J. Y WILLIAMS, P.D., "Who's Keeping the Peace? Regionalization and Contemporary Peace Operations", en *International Security*, nº 29, Vol. 4; pp:157-95.

CAPRIOLI, M., "Gendered Conflict", en *Journal of Peace Research*, 37.

CAPRIOLI, M., "Gendered Violence and International Conflicts" en *Journal of Conflict Resolution*, 45.

CATLING, H., "Is liberalism a force for peace in the world", *e-ir.info*, 5 de agosto de 2011.

CHINKIN, C. "Rape and Sexual Abuse of Women in International Law". Symposium The Yugoslav Crisis: New International Law Issues. *European Journal of International Law.* Issue Vol. 5 (1994) No. 1; pp.326 a 341.

CHRETIEN, J.P. (et. al), "The importance of militaries from developing countries in global infectious disease surveillance", en *Bulletin of the World Health Organization*; nº 85, March 2007; pp. 174-180.

COHN, C., "Sex and Death in the Rational World of Defense Intellectuals" en *Signs,* Vol. 12, No. 4, Summer 1987.

DURAND, L., "How Did the Brahimi Report Improve the Effectiveness of UN Peacekeeping Operations?", *e-ir.info,* 5 de septiembre de 2012.

EICHENBERG, R., "Gender Differences in Public Attitudes toward the Use of Force by the United States, 1990-2003", en *International Security,* Vol. 28, no.1, 2003.

GARDAM, J., "La mujer, los derechos humanos y el derecho internacional humanitario". *Revista Internacional de la Cruz Roja,* 23, 1998, pp. 453-467.

GLOVER, N., "A Critique of the theory and practice of R2P", *e-ir.info,* 27 de septiembre de 2011.

HUDSON, H., "Human Security and Peacebuilding through a Gender Lens. Challenges of Implementations in Africa", en *DIIS Working Paper,* no 2006/37.

JACOBY, S., "Feminism. Nationalism and Difference: Reflections on the Palestinian Women's Movement", en *Women's Studies International Forum Vol.*22, Issue 5.

KORAC, M., "Ethnic Nationalism, War and the Pattern of Social, Political and Sexual Violence against Women: The Case of the Post-Yugoslav Countries" en *Identities,* Vol. 2 Issue 5.

KRILL, F. "La protección a la mujer en el derecho internacional humanitario", en *Revista Internacional de la Cruz Roja,* 1 de noviembre de 1985.

LOWICKI-ZUCCA, KARMIN & DEHNE, "HIV among peacekeepers and its likely impact on prevalence on host countries' HIV epidemics", en *International Peacekeeping,* Vol. 3, nº 16, 2009; pp. 352–363.

MITCHELL, A., "Can Peace-Building be and Act of Violence?", *e-ir.info,* 25 de agosto de 2012.

NORVILLE, V., "The Role of Women in Global Security", en *Special Report –United States Institute of Peace,* January 2011.

PARIS, R., "Peacekeepting and the Constraints of Global Culture", en *European Journal of International Relations,* nº 9, Vol. 3, 2003; pp: 441 – 473.

PATEL, P., TRIPODI, P., "Peacekeepers, HIV and the role of masculinity in military behavior", en *International Peacekeeping,* Vol. 5, nº 14, 2007; pp. 584–598.

PAVON GUINEA, A., "Expanding UN Peackeeping Operations Since 1990", *e-ir.info,* 18 de enero de 2013.

REGAN, P.M. AND PASKEVICIUTE, A. "Women's Access to Politics and Peaceful States", en *Journal of Peace Research,* 40.

RITLI, E. "United Nations Peackeeping and the Question of Reform", *e-ir. info,* 18 de Julio de 2011.

SMALLMAN-RAYNOR, M. R., CLIFF, A. D. "Civil war and the spread of AIDS in Central Africa" en *Epidemiol. Infect.*, n.º 107, 1991; pp.69-80.

STERN-PETTERSON, M., "Reading Mayan Women's In/Security", en *International Journal of Peace Studies,* vol.3, no.2, 1998.

TICKNER, A.J., "You Just Don't Understand", en *International Studies Quarterly,* vol. 41, 1997.

Artículos en prensa

STORR, W., "The rape of men", en *The Observer,* 17 de julio de 2011

SHERWELL, P., " How British hones the skills of killers" en *The Telegraph,* 10-09-2000.

Recursos Web

A) Naciones Unidas (documentos disponibles en las webs del DPKO y UNAIDS, www.un.org/en/peacekeeping y www.unaids.org)

DPKO, *DPKO/DFS Guidelines: Integrating gender perspective into the work of the United Nations Military in Peacekeeping Operations,* United Nations-DPKO, New York, 2010.

DPKO, *DPKO-DFS Policy Directive: the role and function of HIV/AIDS units in UN peacekeeping operations,* United Nations-DPKO-DFS, New York, 2007.

DPKO/DFS, *United Nations Peacekeeping Operations, Principles and Guidelines,* United Nations-DPKO/DFS, New York, 2008.

ITS/DPET, *Report on the Strategic Peacekeeping Training Needs Assessment*, United Nations-ITS/DPTE, 2008.

ITS/DPKO/DFS, *Training: A Strategic Investment in UN Peacekeeping: Global Peacekeeping Training Needs Assessment, Final Report –2012-2013*, United Nations– ITS/DPKO/DFS, 2013.

UNAIDS, *A framework for monitoring and evaluating HIV prevention programmes for most-at-risk populations*, UNAIDS, Geneva, 2007.

UNAIDS, *AIDS and the Military: UNAIDS Point of View*, –UNAIDS *Best Practice Collection: Point of View*–, UNAIDS, Geneva, 1998.

UNAIDS, *Guía para el monitoreo y evaluación de los Programas Nacionales de SIDA*, UNAIDS, Ginebra, 2000.

UNAIDS, *Peer Education Kit for Uniformed Services, Implementing HIV/AIDS/STI peer education for uniformed services*. UNAIDS series: Engaging Uniformed Services in the Fight against HIV/AIDS Document 2, UNAIDS, Geneva, 2003.

UNAIDS, *UNAIDS Global report on the AIDS epidemic*, UNAIDS, Geneva, 2002.

UNAIDS, *Uniformed Services Programming Guide: A guide to HIV/AIDS/STI programming options for uniformed services*, UNAIDS Series: Engaging Uniformed Services in the Fight against HIV/AIDS, Document 1, UNAIDS, Geneva, 2003.

UNAIDS, *Women, girls, gender equality and HIV*, Fact Sheet, UNAIDS, Geneva, 2011.

UNAIDS/DPKO, *On the Front Line. A review of programmes that address HIV among international peacekeepers and uniformed services 2005–2010*, United Nations-UNAIDS/DPKO, New York, 2011.

UNAIDS/DPKO, *On the Front Line. A review of programmes that address HIV among international peacekeepers and uniformed services*, United Nations-UNAIDS/DPKO, New York, 2003.

UNAIDS/DPKO, *The Responsibility of the Security Council in the maintenance of international of Peace and Security: HIV/AIDS and International Peacekeeping Operations*, United Nations-UNAIDS/DPKO Non-Paper, 2011.

UNAIDS/WHO, *2007 AIDS epidemic update*, UNAIDS/WHO, Geneva, November 2007.

B) Organización Mundial de la Salud (Documentos disponibles en www.who.int)

WHO, *Scaling up Antiretroviral Therapy in Resource-limited Settings: Guidelines for a Public Health Approach* (1st edition), WHO, Geneva, 2002.

WHO/GPA, *Report of the External Review of the World Health Organization Global Programme on AIDS*, WHO/GPA, Geneva, 1992.

C) OTAN (Documentos disponibles en la página web www.nato.int)

NATO, Bi-SC Directive 40-1 *Integrating UNSCR 1325 and Gender Perspective in the NATO Command Structure, including measures for Protection during Armed Conflicts*, NATO, 2009.

NATO, *How can gender make a difference to security in operations –indicators–*, NATO, 2011._

NATO, *Template for Pre-Deployment Gender Training*, NATO, 2010.

D) Cruz Roja Internacional (Documentos disponibles en la página web www.icrc.org)

COMITÉ INTERNACIONAL DE LA CRUZ ROJA, *Women and war*, ICRC, 2008.

LINDSEY-CURTET,Ch.; HOLST-RONESS, F.T.; ANDERSON, L. *Addressing the Needs of Women Affected by Conflict: A Guidance Document.* ICRC, 2004.

XXXI Conferencia de la Cruz Roja y la Media Luna Roja, *Workshop: protection for Victims of Armed Conflicts: How can a gender perspective on International Humanitarian Law Make a Difference?* Ginebra, 2011.

E) Otros recursos web

CANADIAN INTERNATIONAL DEVELOPMENT AGENCY, Guide to Gender-Sensitive Indicators, CIDA, Canada, 1997. Disponible en: http://www.acdi-cida.gc.ca/INET/IMAGES.NSF/vLUImages/Policy/$file/WID-GUID-E.pdf.

DAHRENDORF, N., *Sexual Exploitation and Abuse: Lessons Learned Study. Addressing Sexual Exploitation and Abuse in MONUC*, 2006.Disponible en:

http://www.peacekeepingbestpractices.unlb.org/pbps/Library/OASEA%20LL%20Paper%20Final%20Version%20WITHOUT%20Ref%20to%20Annexes.pdf.

IASC TF, *Guidelines for HIV/AIDS interventions in emergency settings.* Disponible en: http://www.unfpa.org/upload/lib_pub_file/249_filename_guidelines-hivemer.pdf.

Informe de la Comisión Internacional sobre Intervención y Soberanía de los Estados, *La responsabilidad de proteger*, diciembre 2011. Disponible en:

http://www.iciss.ca/pdf/Spanish-report.pdf. (Fecha última consulta 27 de julio de 2013).

INTER-AGENCY WORKING GROUP ON TVET INDICATORS, *Proposed Indicators for Assessing Technical and Vocational Education and Training*, Inter-Agency Working Group on TVET Indicators, 2012. Disponible en:http://www.etf.europa.eu/webatt.nsf/0/E112211E42995263C12579EA002EF821/$file/Report%20on%20indicators%20April%202012.pdf.

Intervención del Secretario General de las Naciones Unidas ante la Asamblea General en el ámbito del diálogo interactivo sobre la responsabilidad de proteger, 11 de septiembre de 2013. Disponible en: http://www.un.org/spanish/News/story.asp?NewsID=27408#.UjWVzcapW-0.

KRASNO, J., *Public Opinion Survey of ONUB's Work in Burundi, 2006*. Disponible en: http://www.peacekeepingbestpractices.unlb.org/pbps/Pages/PUBLIC/ViewDocument.aspx?docid=795&cat=8&scat=61&menukey=_5_1

KRASNO, J., *Public Opinion Survey of UNAMSIL´s Work in Sierra Leone*. Disponible en: http://www.peacekeepingbestpractices.unlb.org/pbps/Pages/PUBLIC/ViewDocument.aspx?docid=795&cat=8&scat=61&menukey=_5_1

KRASNO, J., *Public Opinion Survey of UNMIL's Work in Liberia*, 2006. Disponible en: http://www.peacekeepingbestpractices.unlb.org/pbps/Pages/PUBLIC/ViewDocument.aspx?docid=749&cat=9&scat=54&menukey=_5_1

KUNDER, L.H., E*mployees' perceptions of the status and effectiveness of the training and development system and of the value of training and development*, Falls Church, VA, 1998. Disponible en: http://scholar.lib.vt.edu/theses/available/etd-32098-161240/unrestricted/COMPLET1.PDF

LYYTIKÄINEN, M., *Gender training for Peacekeepers: preliminary overview of United Nations peace support Operations*, INSTRAW, Gender, Peace and Security, Working Paper, 4, 200. Disponible en http://www.peacewomen.org/assets/file/Resources/UN/uninstraw_gendertrainingpk_2007.pdf

MINISTRY FOR FOREIGN AFFAIRS (STOCKOLM, SWEDEN), *International humanitarian law and gender. Report summary. International expert meeting: "Gender perspectives on International humanitarian law"*, Stockholm, Sweden, 4-5 October 2007. Disponible en: http://www.icrc.org/eng/resources/documents/report/ihl-women-report.

OECD, *Gender Indicators: What, Why and How*, BRIDGE, 2007. Disponible en http://www.oecd.org/dac/gender-development/43041409.pdf.

SWISS AGENCY FOR DEVELOPMENT AND COOPERATION (SDC), *Gender and Qualitative Interpretation of Data*, Swiss Agency for Development and Cooperation, Bern, 2006.Disponible en: http://www.bridge.ids.ac.uk/docs/sdc_qualitativedata.pdf.

F) Consultas generales

European Institute for Gender Equality (EIGE) www.eige.europa.eu

Gender Advisor at Alliaed Command Transformation (GENAD ACT)www.act.nato.int/gender-advisor

The Nordic Centre for Gender in Military Operations (NCGM) www.forcvarskten.se

The Nato Committee on Gender Perspective, www.nato.int/cps/natolive/topics_50327.htm

UN WOMEN www.unwomen.org

US Institute of Peace (USIP)www.usip.org

Documentación

A) Nacional

Plan de Acción: Mujeres y Construcción de la Paz de la Cooperación Española. Aplicación de la Resolución 1325 del Consejo de Seguridad de las Naciones Unidas en la Política Española para el Desarrollo. Ministerio de Asuntos Exteriores y Cooperación. Secretaría de Estado de Cooperación Internacional. Dirección General de Planificación y Evaluación de Políticas para el Desarrollo, Madrid, 2009.

Plan de Acción del Gobierno de España para la aplicación de la Resolución 1325 del Consejo de Seguridad de las Naciones Unidas (2000), sobre mujeres, paz y seguridad.

B) Tratados Internacionales

Convenio para mejorar la suerte que corren los militares heridos en los ejércitos en campaña. Ginebra, 22 de agosto de 1864.

Reglamento anexo a los Convenios de la Haya de 1899 y 1907, relativos a las leyes y usos de la guerra terrestre.

Convenio de Ginebra relativo al trato debido a los prisioneros de guerra. Ginebra, 27 de julio de 1929.

Convenio de Ginebra para la mejora de la suerte de los heridos, enfermos y náufragos de las fuerzas armadas en el mar. Ginebra, 12 de agosto de 1949. (BOE de 26 de agosto de 1952).

Convenio de Ginebra relativo a la protección de los prisioneros de guerra. Ginebra, 12 de agosto de 1949. (BOE de 5 de septiembre de 1952).

Convenio de Ginebra relativo a la protección de personas civiles en tiempo de guerra. Ginebra, 12 de agosto de 1949. (BOE de 2 de septiembre de 1952).

Protocolo Adicional a los Convenios de Ginebra de 1949 relativo a la protección de las víctimas de los conflictos armados internacionales. (BOE de 26 de julio de 1989).

Protocolo Adicional a los Convenios de Ginebra de 1949 relativo a la protección de las víctimas de los conflictos armados sin carácter internacional. (BOE de 7 de octubre de 1989).

Estatuto del Tribunal Penal para la Antigua Yugoslavia, establecido mediante Resolución 827 (1993), adoptada por el Consejo de Seguridad en sesión de 25 de mayo de 1993.

Estatuto del Tribunal Penal para Ruanda, establecido mediante Resolución 955(1994), adoptada por el Consejo de Seguridad en su sesión de 8 de noviembre de 1994.

Estatuto de la Corte Penal Internacional, aprobado en Roma el 17 de julio de 1998 y entrado en vigor el 1 de julio de 2002.

C) Documentación de las Naciones Unidas

Declaración del Presidente del Consejo de Seguridad de NU sobre VIH/SIDA y Mantenimiento de la Paz. 28 de junio de 2001. Doc. PRST/2001/16.

Declaration of Commitment on HIV/AIDS. 27 de junio de 2001. Doc. A/RES/S-26.2.

Declaración Política de la Asamblea General sobre el VIH y el SIDA, "Intensificación de nuestro esfuerzo para eliminar el VIH y el SIDA". 10 de junio de 2011. Doc. A/RES/65/277.

Informe del Consejo Económico y Social. 18 de septiembre de 1979. Doc. A/52/3.

Informe del Grupo sobre las Operaciones de Paz de las Naciones Unidas (Informe Brahimi). 2000. Doc. A/55/305–S/2000/809.

Informe del Secretario General de las Naciones Unidas *"Hacer efectiva la responsabilidad de proteger"*, presentado en el 63º período de sesiones de la Asamblea General de las Naciones Unidas. 12 de enero de 2009. Doc. A/67/677.

Informe del Secretario General presentado de conformidad con lo dispuesto en la Resolución 1820 (2008) del Consejo de Seguridad. 16 de julio de 2009. Doc. S/2009/362.

Informe del Comité Especial de Operaciones de Mantenimiento de la Paz. 10 de mayo de 2010. Doc. A/64/19.

Informe del Secretario General de las Naciones Unidas sobre *"la mujer y la paz y la seguridad"*. 28 de septiembre de 2010. Doc. S/2010/498.

Plan de Acción de la Plataforma de Beijing. Informe de la Cuarta Conferencia Mundial sobre la Mujer, celebrada en Beijing, del 4 al 15 de septiembre de 1995. Doc. A/CONF.177/20/Rev.1.

Resolución 60/1. Documento Final de la Cumbre Mundial 2005, aprobada por la Asamblea General en su 60° período de sesiones. 24 de octubre de 2005. Doc. A/RES/60/1.

Resolución 1265 (1999) sobre las causas de los conflictos y el fomento de la paz duradera y el desarrollo sostenible en África, adoptada por el Consejo de Seguridad de las Naciones Unidas en su 4046ª sesión, celebrada el 11 de septiembre de 1999. Doc. S/RES/1265 (1999).

Resolución 1308 (2000), adoptada por el Consejo de Seguridad de Naciones Unidas, en su 4172ª sesión de 17 de julio de 2000. Doc. S/RES/1308 (2000).

Resolución 1325 (2000), adoptada por el Consejo de Seguridad de las Naciones Unidas en su 4213ª sesión, celebrada el 31 de octubre de 2000. Doc. S/RES/1325(2000).

Resolución 1612 (2005), adoptada por el Consejo de Seguridad en su 5235ª sesión, celebrada el 26 de julio de 2005. Doc. S/RES/1612 (2005).

Resolución 1674 (2006), adoptada por el Consejo de Seguridad en su 5430ª, celebrada el 28 de abril de 2006. Doc. S/RES/1674 (2006).

Resolución 1738 (2006), adoptada por el Consejo de Seguridad en su 5613ª sesión, celebrada el 23 de diciembre de 2006. Doc. S/RES/1738 (2006).

Resolución 1820 (2008), adoptada por el Consejo de Seguridad en su 5916ª sesión, celebrada el 19 de junio de 2008. Doc. S/RES/1820 (2008).

Resolución 1882 (2009), adoptada por el Consejo de Seguridad en su 6176ª sesión, celebrada el 4 de agosto de 2009. Doc. S/RES/1882 (2009).

Resolución 1888 (2009), adoptada por el Consejo de Seguridad en su 6195ª sesión, celebrada el 30 de septiembre de 2009. Doc. S/RES/1888 (2009).

Resolución 1889 (2009), adoptada por el Consejo de Seguridad en su 6196ª sesión, celebrada el 5 de octubre de 2009. Doc. S/RES/1889 (2009).

Resolución 1894 (2009), adoptada por el Consejo de Seguridad en su 6216ª sesión, celebrada el 11 de noviembre de 2009. Doc. S/RES/1894 (2009).

Resolución 1960 (2010), adoptada por el Consejo de Seguridad en su 6453ª sesión, celebrada el 16 de diciembre de 2010. Doc. S/RES/1960 (2010).

Resolución 1983(2011), adoptada por el Consejo de Seguridad en su 6547ª sesión, celebrada el 7 de junio de 2011. Doc. S/RES/1983 (2011).

Resolución 2086 (2013), adoptada por el Consejo de Seguridad en su 6903ª sesión, de 21 de enero de 2013.

D) Documentación de la Unión Europea

Consejo de la Unión Europea, *Directrices actualizadas de la Unión Europea para fomentar la observancia del Derecho internacional humanitario.* 15 de diciembre de 2009. Doc. 2009/C 303/06.

Council of the European Union, *Generic Standards of Behaviour for ESDP Operations.* Doc. 8373/3/05 REV 3.

Implementation of UNSCR 1325 in the context of ESDP. Doc.15782/3/08. REV 3.

Indicators for the Comprehensive approach to the EU implementation of the United Nations Security Council Resolutions 1325 and 1820 on women, peace and security. Doc.11948/10.

Jurisprudencia

Corte Suprema de Estados Unidos, caso *Yamashita,* decisió decisión de 4 de febrero de 1946.

Sentencia Tribunal Constitucional 8/1981, de 30 de marzo.

Sentencia Tribunal Constitucional 10/1981, de 6 de abril.

Sentencia Tribunal Constitucional 22/1981, de 2 de julio.

Sentencia Tribunal Constitucional 23/1981, de 10 de julio.

Sentencia Tribunal Constitucional 49/1982, de 14 de julio.

Sentencia Tribunal Constitucional 81/1982, de 21 de diciembre.

Sentencia Tribunal Constitucional 34/1984, de 9 de marzo.

Sentencia Tribunal Constitucional 166/1986, de 19 de diciembre.

Sentencia Tribunal Constitucional 114/1987, de 6 de julio.
Sentencia Tribunal Constitucional 116/1987, de 7 de julio.
Sentencia Tribunal Constitucional 123/1987, de 15 de julio.
Sentencia Tribunal Constitucional 128/1987, de 16 de julio.
Sentencia Tribunal Constitucional 209/1988, de 10 de noviembre.

Made in United States
Orlando, FL
05 November 2026

90231091R00154